모든 나라에서 남성은
여성보다 더 높은 임금을 받고, 여성은
무급 노동에 더 많은 시간을 쓴다.

5억 2천만 명의 여성이
지금 이 글을 읽지 못한다.

남성 중심적인 권력과 특권이 결탁한
섹스 관광은 익명성을 띠고 있을 뿐만 아니라
처벌이 쉽지 않다는 이유로
지속되고 있다.

여성은 3일에 1번꼴로
친밀한 관계의 파트너에게
살해당한다.
프랑스, 일본, 아르헨티나에서
여성은 30시간마다 1번꼴로
친밀한 상대에게
살해당한다.

여성은 사회 정의 실현과 여권 신장을 위해
선거, 직장, 사적 모임, 예술, 문학, 법정 그리고
거리에서 연대하고 있다.

지금 THE WOMEN'S ATLAS 여성

이전 판에 대한 찬사

"급속도로 세계화가 진행되는 지금,
여성이 얼마나 중요한 존재인지 알려 주는 정확한 정보와 통계 수치가 절실했는데,
이 지도책이 바로 그 엄청난 일을 했다. 조니 시거가 또다시 큰 일을 해냈다!"

_ 쿰쿰 바브나니 Kum-Kum Bhavnani, **캘리포니아주립대학교 샌타바버라 캠퍼스 사회학과 교수**

"유례없이 창의적이고 유용한 책에 재미까지 더했다."

_ 앨리스 워커 Alice Walker, **작가**

"이 혁신적인 지도책은 남녀 불문하고 생각이 있는 사람이라면 반드시 읽어야 한다."

〈워싱턴 포스트 The Washington post**〉**

"지위, 직장, 건강, 교육, 개인의 자유 등 세계 여성이 직면한 현실을 집대성한 매력적인 지도책"

〈인디펜던트 The Independent**〉**

"교양인의 필독서로 손색이 없는 독창적인 참고 도서.
깔끔하게 정리된 통계 자료와 인포그래픽 덕분에 무거운 내용이 쉽게 전달된다."

〈도서관 저널 Library Journal**〉**

"책 장을 넘길 때마다 새롭게 알게 되는 사실이 충격적이다.
놀라운 정보가 가득한 귀한 책이다."

〈인디펜던트 매거진 Independent Magazine**〉**

"창의적으로 구성해 시선을 사로잡는 감동적인 아이디어"

〈타임스 고등교육 특집 Times Higher Education Supplement**〉**

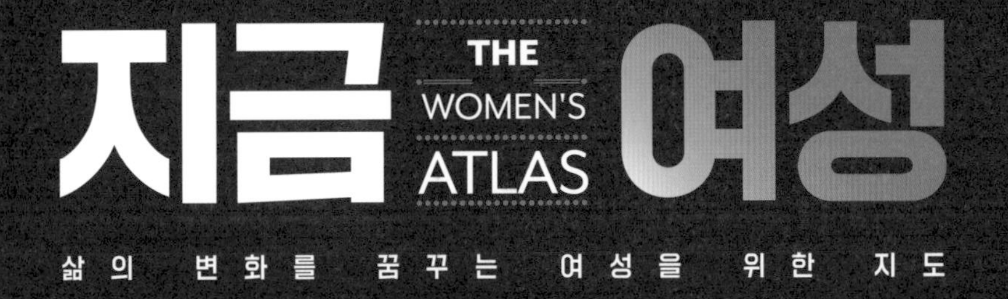

삶의 변화를 꿈꾸는 여성을 위한 지도

조니 시거 지음 · 김이재 옮김

청아출판사

목차

들어가며

**이 지도책은 단순히 여성에 관한 책이 아니다.
여성의 실제 경험에 기초해 그린 지도는
페미니스트 관점에서 세계를 새롭게 바라보게 한다.
나는 개인적으로 페미니즘을 통해
보통 남성에게 집중되던 관심, 호기심, 분석을
여성에게로 돌릴 수 있다고 생각한다.
평범한 남성과 여성의 삶은 비슷해 보이고
실제로도 그렇다. 하지만 현실에서
인간관계를 맺고, 생계를 꾸리고,
자율성을 얻는 과정에서 남녀 차이가 발생하고
여성 간에도 차이가 생긴다.**

페미니스트 작가들은 '왜 여자만' 고통받느냐는 질문에 시달린다. 치마만다 응고지 아디치에(Chimamanda Ngozi Adichie)는 《우리는 모두 페미니스트가 되어야 합니다》라는 책에서 이렇게 답한다.

> 어떤 사람은 "왜 굳이 페미니스트라는 용어를 쓰죠? 그냥 인권을 지지한다고 하면 될 텐데요."라고 반문하지만, 페미니즘 대신 인권을 옹호한다는 것은 가식적일 수 있다. 페미니즘은 물론 인권의 한 부분이지만 인권이라는 모호한 개념은 구체적이고 개별적인 젠더 문제를 제대로 다루지 못한다는 한계가 있다. 지난 수백 년 동안 여성에게 남성만큼 기회가 주어지지 않았다는 사실을 부정할 수는 없다. 젠더 문제가 여성의 삶에 집중되어 있기는 하지만, 그렇다고 오직 여성 문제 해결만을 목표로 하지는 않는다. 지난 수 세기 동안 성차별이 지속되는 가운데 여성을 억압하고 배제해 온 것은 역사적 사실이다. 공정하게 문제를 다루는 시작은 성차별이 있었다는 것을 있는 그대로 인정하는 것이다.

이 책의 초판이 발행된 1986년 이래로 여성의 지위는 놀라울 만큼 개선됐다. 여성의 문해율이 높아지고 교육 기간이 길어지는 등 전 세계 여성이 페미니즘의 성공 사례로 등장했다. 소수의 예외적인 국가를 제외하면 거의 모든 국가에서 여성이 투표권을 얻었고, 대부분의 국가가 여성 인권 향상을 위한 협약에 가입했다. 성별 임금 격차가 존재하는 것이 문제라고 인식하기 시작했고, 여성 단체의 활동 덕분에 이제 직장, 가정, 길거리에서 여성을 희롱하는 남성은 사회적으로 손가락질받는다.

대단한 성취를 이루었지만, 이러한 성공 신화는 안타깝게도 계속되지 않고 있다. 페미니즘에 무관심한 사람들은 '페미니스트는 항상 화를 낸다'라고 오해하는데, 나는 그

냥 '잠깐 열 받을 때가 있다'라는 식으로 응수한다. 솔직히 말하면, 늘 화가 나는 일 천지다. 지난 십 년 동안 많은 나라에서 여성이 경험하는 현실이 눈에 띄게 나빠졌다. 일부 지역에서 여성의 생활이 나아졌지만, 그 변화가 주변 지역으로 확산되지는 않았다. 여성이 누리는 삶의 질은 거주 지역에 따라 많이 달라진다.

빈부 격차가 극심해지자 국제통화기금(IMF)은 경제적 불평등을 전 세계적 위기로 보고 있다. 좀 더 큰 그림에서 바라보면 부는 점점 더 소수에게 집중되고 있고, 특히 소수의 남성이 부를 독점하고 있다. 세계 경제는 저임금 노동자를 필요에 따라 마음대로 고용하고 해고할 수 있는 착취 구조에 기대고 있다. 이러한 상황에서 임금을 받는 여성들이 증가했다고 해서 이것을 그대로 진보로 받아들이기는 어렵다.

무력 충돌이 계속되며 많은 나라에서 평범한 사람의 삶이 위협받고 있다. 특히 수단, 아프가니스탄에서는 수백만 명이 무장 테러 집단의 억압적 통치에 고통받고 있다. 여성은 마초적인 군사 문화 내에서 집단 강간당하고, 인권이 유린되는 혼란의 소용돌이 속에서 생계까지 책임져야 하는 부담감을 안고 살아간다. 전 세계에서 보수적이고 편협한 근본주의 종교 세력이 여성의 권리를 위협하는 가운데, 수백만 명에 달하는 여성이 어렵게 생계를 이어 간다. 여성을 억압하고 노예화하며 성매매를 강요하는 거대한 시스템도 여전히 작동 중이다.

여성의 세계에는 '선진국'이 거의 없다. 여성의 경험을 통해 세상을 바라보는 것은 '선진국'과 '저개발국'을 구분하는 전통적인 방식의 타당성에 의문을 제기한다. 마다가스카르, 키르키스스탄, 미국에서 정부의 여성 각료는 사실상 인구 구성비에 맞춰 선발된다. 하지만 현지 여성 살

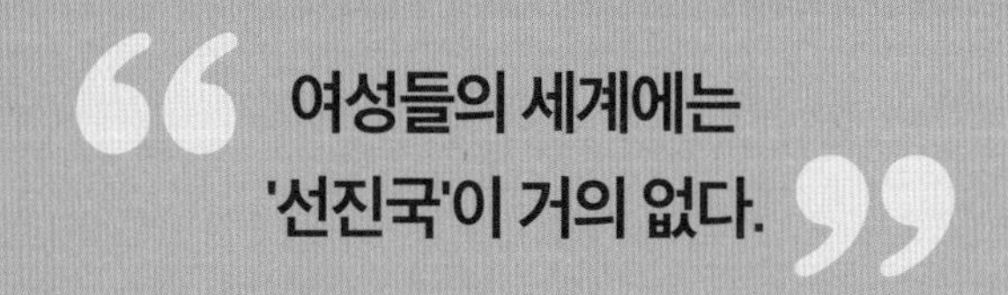

해 사건에 무심한 캐나다, 야지디교 여성 살해 사건을 덮는 이란, 마킬라도라* 공장에서 죽어 가는 여성에게 무관심한 멕시코를 보면 현대 사회에서 국가의 존재 이유를 되묻게 된다. 한국, 아랍 에미리트 연합국, 말라위에서는 기혼 여성이 낙태하려면 반드시 남편의 허락을 받아야 한다.

각 나라 여성의 현황을 글과 통계 수치로만 설명하며 실제 여성의 삶이 많이 나아졌다고 주장하는 것은 부당하다. 현실에서 고달픈 삶을 견디며 어렵게 살아가는 여성에게 다른 여성의 삶이 개선되었다는 말은 의미가 없다. 전체적으로 생활 수준이 향상되었다고 해서 모든 사람이 그 혜택을 누리는 것은 아니기 때문이다. 사회가 발전했다고 해서 그 열매를 여성이 자동으로 누리게 되는 것이 아니다. 성평등이 제대로 실현돼야 실제 여성의 삶이 개선된다.

페미니스트들은 여성에게 부여된 권한이 완전하지 않고, 언제든 과거로 되돌아갈 수 있으며, 사회적 압박은 여전하기에 여성이 어렵게 얻은 성취를 당연시해서는 안 된다고 끊임없이 경고해 왔다. 안타깝게도 페미니스트의 걱정은 기우가 아니었다. 폴란드부터 미국까지, 나이지리아에서 러시아까지 여성의 권한을 억압하는 권력은 여전히 공

* 1965년부터 미국과 멕시코 접경 지역의 국경 인근에서 내외국인 기업에 보세 가공 형태의 무역을 허용하는 형태로 출발한 산업 단지.

고하다. 실제로 2018년 많은 정부에서 여성의 자율성이 과거 수준으로 하락했다.

강력하고 노련한 페미니스트 단체들은 다양한 활동을 통해 여성의 삶을 실제로 개선하는 데 기여했다. 국제적인 페미니스트 네트워크는 고립된 여성들을 연결했고, 페미니스트들은 여러 나라에서 중요한 현안, 다양한 문화, 지역적 특성을 파악하게 됐다. 21세기 새로운 시대를 맞아 여성을 위한 사회 정의를 실현할 수 있는 지도자와 시민 사회 리더가 필요하다.

페미니스트로서 나는 국가 간 통계와 수치를 비교하는 국제 연구가 후속 연구와 실천을 촉진할 수 있다고 믿는다. 그러나 세계적인 관점에서만 접근하는 것은 지나친 일반화의 위험이 있고, 분석 대상에서 빠지는 사례가 생길 경우 페미니스트 연구 의의를 약화할 수 있다. 연구 대상이 되는 여성의 세계에는 개별 여성이 처한 상황의 차이점뿐만 아니라 공통점도 있다. 전 세계 여성은 임신과 출산, 양육의 경험을 공유하며, 생계를 유지하고 피임할 책임을 진다. 또한 빈부에 상관없이 세계 각국에서 많은 여성이 강간, 불법 낙태가 초래한 건강 문제와 심리적 상처, 포르노물로 인한 수치심으로 고통받는다. 현대 페미니스트 운동을 통해 우리는 여성 사이에 존재하는 실질적인 차이를 세계화라는 이름으로 일반화해서는 안 된다는 교훈을 배웠다. 여성들이 처한 상황과 구체적인 경험은 인종, 계급, 나이, 성적 취향, 종교, 지역에 따라 얼마든지 달라질 수 있기 때문이다.

지리학자로서 나는 전 세계 여성의 삶에서 나타나는 공통점과 차이점 사이에서 균형을 잡는 법을 찾아냈다. 최선의 방법은 자료를 지도화해서 시각적으로 보여 주는 것이다. 지도는 공통점과 차이점을 한눈에 보여 주며, 지역별 패턴, 지속 가능성까지 자연스럽게 드러낸다. 이 책에서 문제의 패턴을 보여 주고 힌트를 제시하기는 하지만, 나는 독자들이 지도를 보면서 각자 질문을 던지고 자신만의 해답을 찾아가기를 바란다.

이 프로젝트를 완수하기까지 어려움이 많았지만, 운 좋게도 여러분이 도와주셨다. 굳이 말하지 않아도 알겠지만, 내 친구와 가족의 지지가 큰 힘이 되었고, 그들은 나에게 희망, 정치적 연대, 유머에 더해 지적인 자극까지 주었다. 나의 파트너 신시아 인로가 없었으면 이 책은 나올 수 없었을 것이다. 그녀는 너그럽고 친절한 태도로 예리한 분석을 도와주고 좋은 아이디어를 제공해 주었을 뿐 아니라 내가 괜찮은 인간이 될 수 있도록 이끌어 주었다.

이 책은 규모는 작지만 비전 있는 미리어드 출판사가 출판했다. 편집자 캔디다 레이시, 콘텐츠 담당자 코린 펄먼은 상상력, 우정, 인내심을 발휘해 책을 완성했다. 던 새킷은 편집으로, 이사벨 루이스는 디자인으로 이 책의 완성도를 높여 주었다. 그 외에도 많은 이들이 수고했지만, 힘든 상황에서도 끝까지 평정심을 잃지 않고 애쓴 미리어드 출판사 덕분에 결국 이 책이 빛을 보게 되었다.

위에 언급한 분 이외에도 내가 사회적으로, 학문적으로 많은 도움을 받은 수많은 무명의 페미니스트에게도 감사의 마음을 전한다. 그들은 수년 동안 개인적인 희생을 감수하며, 고통스럽더라도 지금 여성 각자가 겪고 있는 일에 계속해서 질문을 던져야 한다고 주장한 용감한 사람들이다.

2018년
매사추세츠주 케임브리지에서
조니 시거

세계 속의 여성

여성의 삶에서 국가의 역할은 매우 중요하다. 정부와 통치 체제는 어떤 형태의 가정이 만들어지고 지속될지 결정하는 틀이 되기 때문이다.

국가 권력 체제는 사회에서 수용 가능한 행동, 성적 표현, 정치, 경제적 참여의 경계를 설정하며, 시민이 건강, 교육, 참정권, 재생산권, 안전, 지속 가능한 환경에 접근할 수 있는 조건을 결정한다.

국가는 미시적인 일상 세계뿐만 아니라 구조적, 제도적 차원에서 차별 조건을 규정함으로써 수백만 명의 사람을 혼란과 위기에 빠뜨릴 수 있다.

전 세계 어디서나 남성은 표준이 된다. 거주 국가와 상관없이 만연한 가부장제로 여성은 남성이 자연스럽게 얻는 혜택을 동등하게 누리지 못하고 있다.

"가부장제는 일상의 성차별이지만, 그 이상의 의미가 있다. 여성 혐오의 얼굴을 하고 있지만, 여성 혐오는 가부장제의 일부분일 뿐이다. 가부장제는 젠더 불평등으로 이어지지만, 그 영향은 거기서 끝나지 않는다."

신시아 인로, 《The Big Push》

차별 종식

유엔여성차별철폐협약(CEDAW)에 서명한 국가

2018년 3월 현재

서명은 했지만 비준하지 않음
서명하거나 비준하지 않음
서명하고 비준함

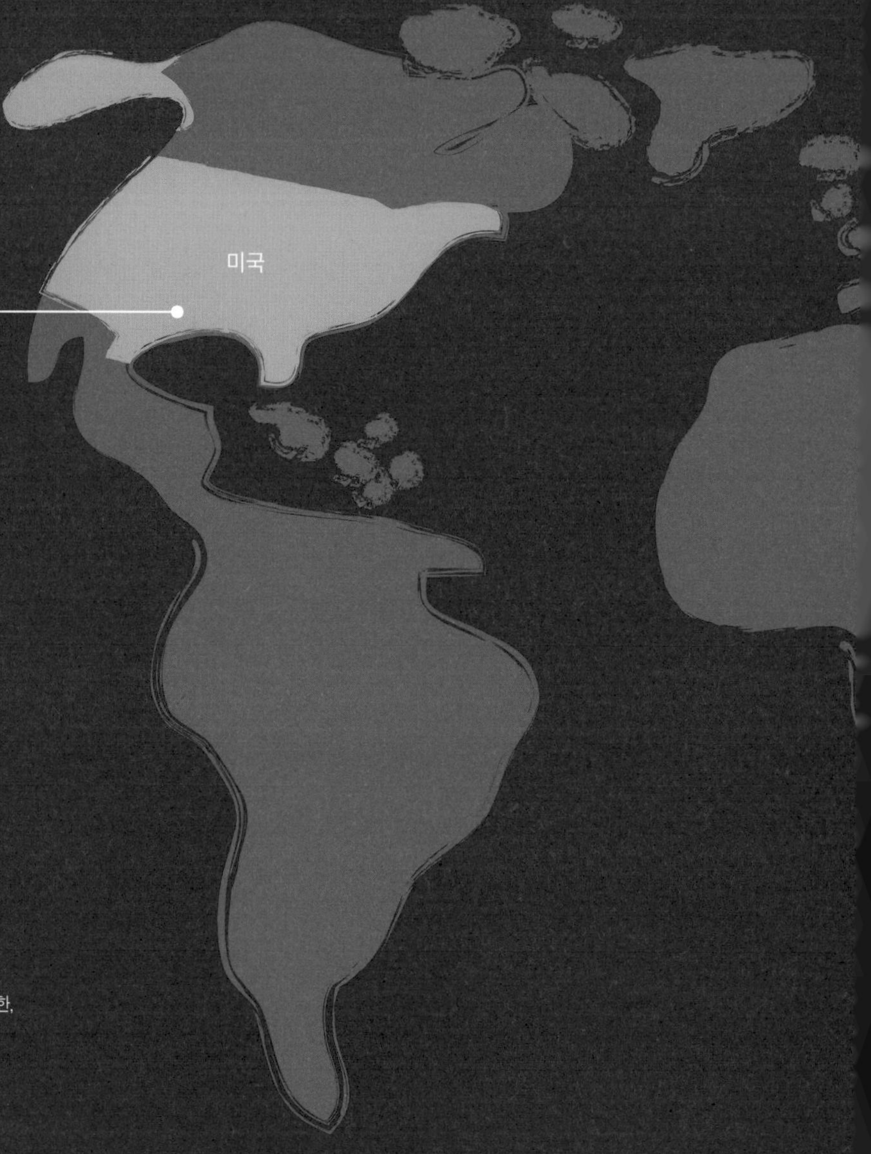

미국

미국

1980년 카터 대통령이 유엔여성차별철폐협약에 서명했으나 법으로 제정하려면 상원의 비준이 필요했다. 하지만 보수 정치인과 종교 단체가 강경하게 반대하며 무산됐다. 2010년 상원의원 청문회에서 패밀리 워치(FWI)*는 유엔여성차별철폐협약이 비준될 경우 사회에서 아내와 어머니로서 여성의 역할을 재정의함으로써 여성에 대한 보호 조치가 오히려 약화할 것이라는 주장을 펼쳤다. 유엔여성차별철폐협약의 최종 목표는 성 중립(gender-neutral) 사회인데, FWI는 미국인 대부분이 급진적인 여권 신장에 부정적이라며 비준에 반대하는 입장을 고수하고 있다.

* Family Watch International, FWI, 동성애, 낙태, 산아 제한, 성교육 등을 반대하는 근본주의 기독교 단체

후발주자

최근 CEDAW에 서명한 국가

- 2006년 쿡 제도, 브루나이, 마셜 제도, 오만

유엔여성차별철폐협약(CEDAW)은 여성 권리에 관한 유일한 국제 조약이다.
이를 비준한 국가는 적어도 형식적으로나마 여성에 대한 차별을 종식하기 위한 정책을 개발하는 데 노력해야 한다.

미국과 팔라우는 비준 없이 서명만 해서 조약에 구속받지 않는다.
수단, 소말리아, 이란, 통가는 서명과 비준을 모두 하지 않았다.

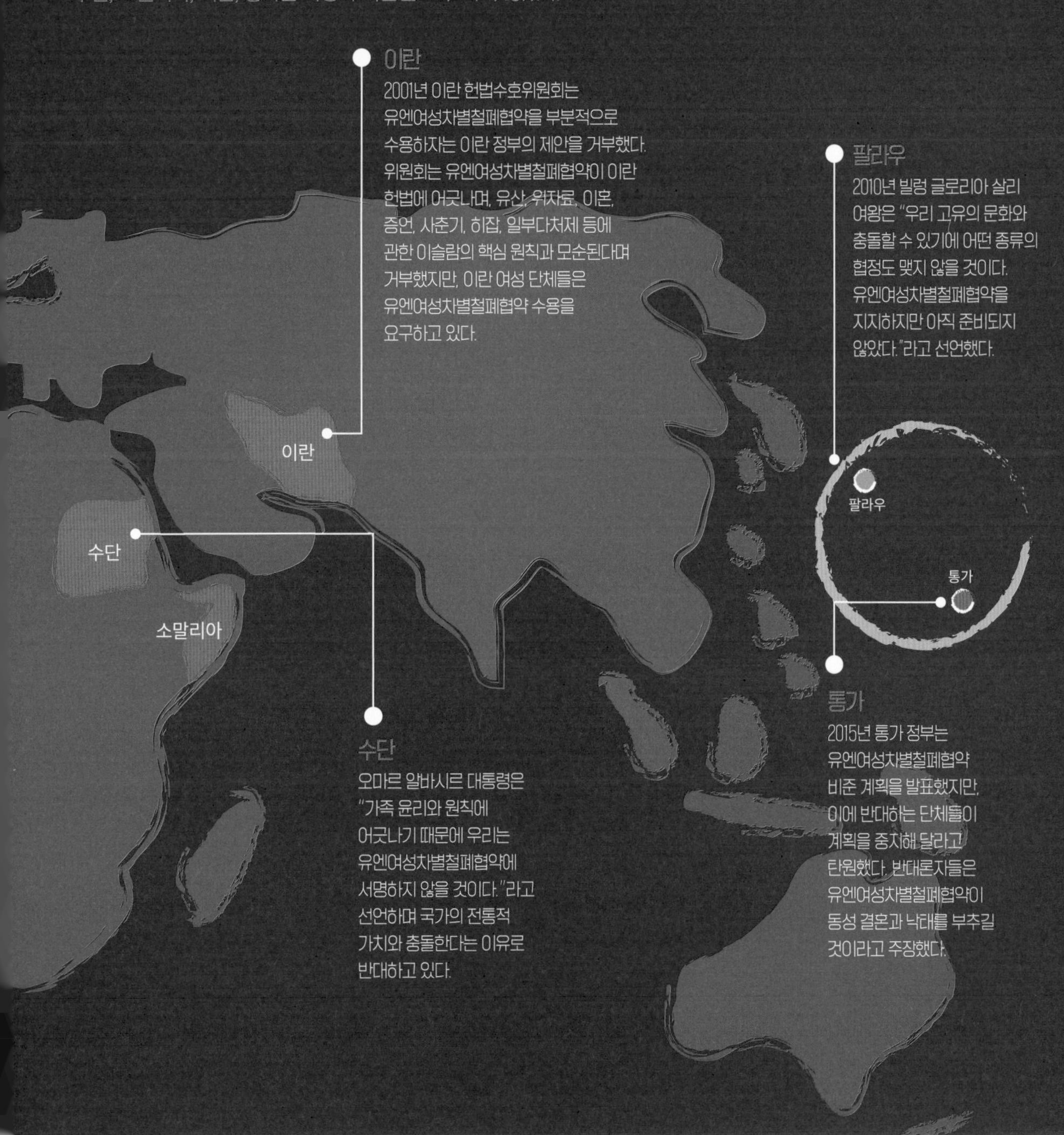

이란

2001년 이란 헌법수호위원회는 유엔여성차별철폐협약을 부분적으로 수용하자는 이란 정부의 제안을 거부했다. 위원회는 유엔여성차별철폐협약이 이란 헌법에 어긋나며, 유산, 위자료, 이혼, 증언, 사춘기, 히잡, 일부다처제 등에 관한 이슬람의 핵심 원칙과 모순된다며 거부했지만, 이란 여성 단체들은 유엔여성차별철폐협약 수용을 요구하고 있다.

팔라우

2010년 빌링 글로리아 살리 여왕은 "우리 고유의 문화와 충돌할 수 있기에 어떤 종류의 협정도 맺지 않을 것이다. 유엔여성차별철폐협약을 지지하지만 아직 준비되지 않았다."라고 선언했다.

수단

오마르 알바시르 대통령은 "가족 윤리와 원칙에 어긋나기 때문에 우리는 유엔여성차별철폐협약에 서명하지 않을 것이다."라고 선언하며 국가의 전통적 가치와 충돌한다는 이유로 반대하고 있다.

통가

2015년 통가 정부는 유엔여성차별철폐협약 비준 계획을 발표했지만, 이에 반대하는 단체들이 계획을 중지해 달라고 탄원했다. 반대론자들은 유엔여성차별철폐협약이 동성 결혼과 낙태를 부추길 것이라고 주장했다.

• 2009년 카타르 • 2011년 나우루 • 2014년 팔레스타인 • 2015년 남수단

성차별 측정

전 세계 여성의 지위를 한꺼번에 비교하기는 쉽지 않고,
단일한 관점으로 비교하는 것도 한계가 있다.
그러나 여성의 지위와 삶의 질을 어느 정도 가늠할 방법은 있다.

세계경제포럼에서 개발한 세계 성 격차 지수는
건강, 교육, 경제, 정치 참여 기회 등 다양한 측면에서
각국의 여성과 남성 격차를 측정한다.
가장 높은 순위를 차지한 국가들은
전체 성별 격차의 80% 이상을 줄였다.

OECD가 개발한 사회 제도 젠더 지수(SIGI)는
각국의 사회적 제도에 내재한 여성 차별을 측정한다.
SIGI는 여성에 대한 차별이 드러나는 시민 사회 기관과
사회 규범을 조사한다. 조사 대상 규범에는
가족 관련 법률, 신체적 자율권, 남아 선호,
기회와 부에 대한 접근성, 시민의 자유가 포함된다.
16쪽에 제시한 표는 해당 지역에 속한 국가의 차별 정도가 어떤지
다섯 단계로 나눠 단계별 구성 비율을 나타낸 것이다.

세계 성 격차 지수와 사회 제도 젠더 지수는
정부가 양성평등 원칙과 정책을 실현하는 데 노력하면
성차별 문제를 해소할 수 있음을 시사한다.
양성평등과 여권 신장을 국가 정책으로 명시한 북유럽 국가들이
두 지수에서 모두 상위권에 속한 것은 결코 우연이 아니다.

전 세계적으로 교육 분야의 성 격차는
약 2030년까지
많이 좁혀질 것으로 보인다.
하지만 현재 추세대로라면
경제 참여와 기회에서 나타나는
성 격차는 앞으로 217년 동안
좁혀지지 않을 것이다.

세계 성 격차 지수

2017년

국가별 순위

- 1~20(가장 동등하며 성 격차 지수가 작음)
- 21~55
- 56~90
- 91~125
- 126~144(거의 동등하지 않으며, 성 격차 지수가 큼)
- 순위에 포함되지 않음

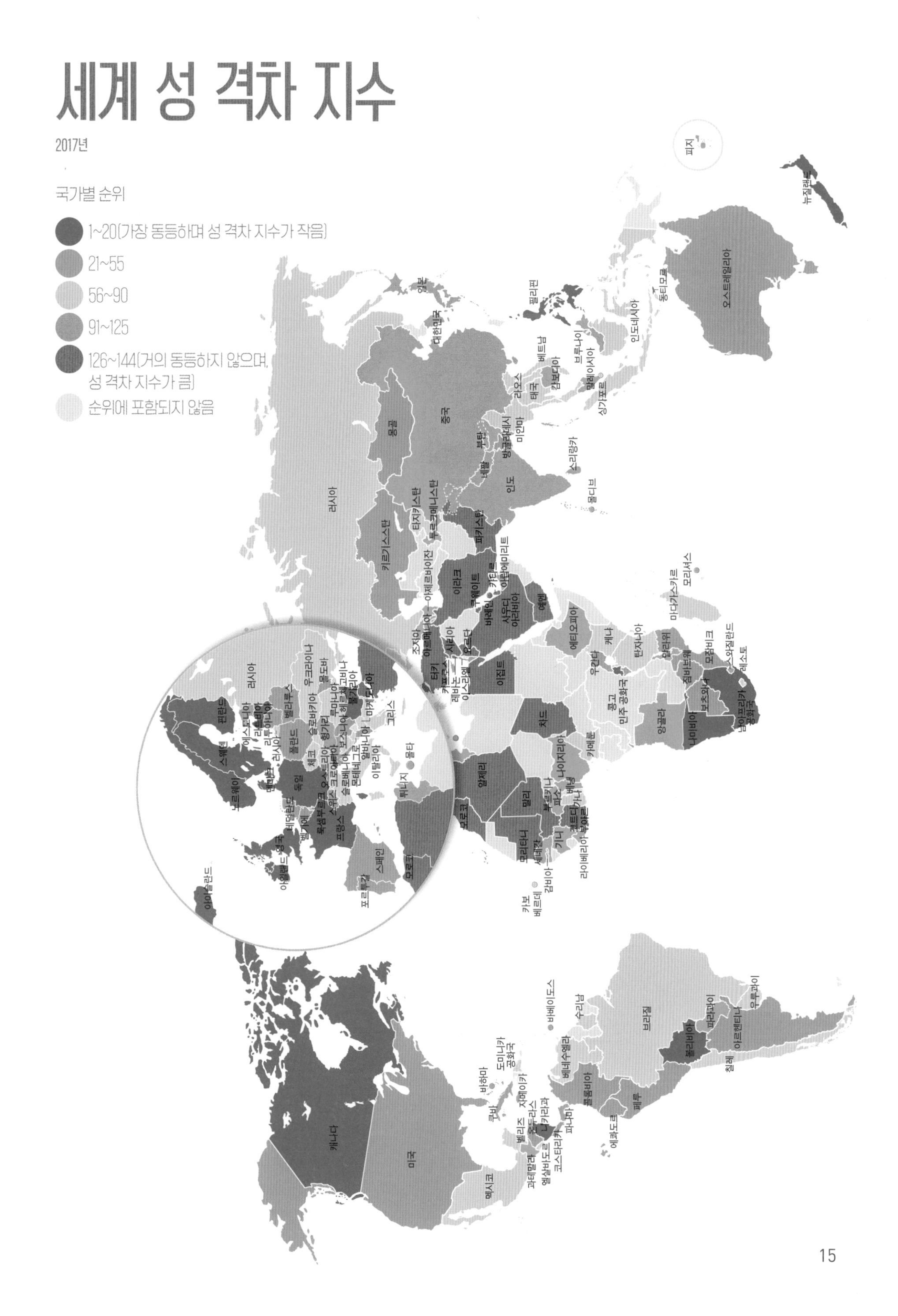

여성에 관한 차별

사회 제도 젠더 지수(SIGI)에 따른 사회의 차별 수준

조사 대상 지역의 차별 수준별 국가 비율

2014년

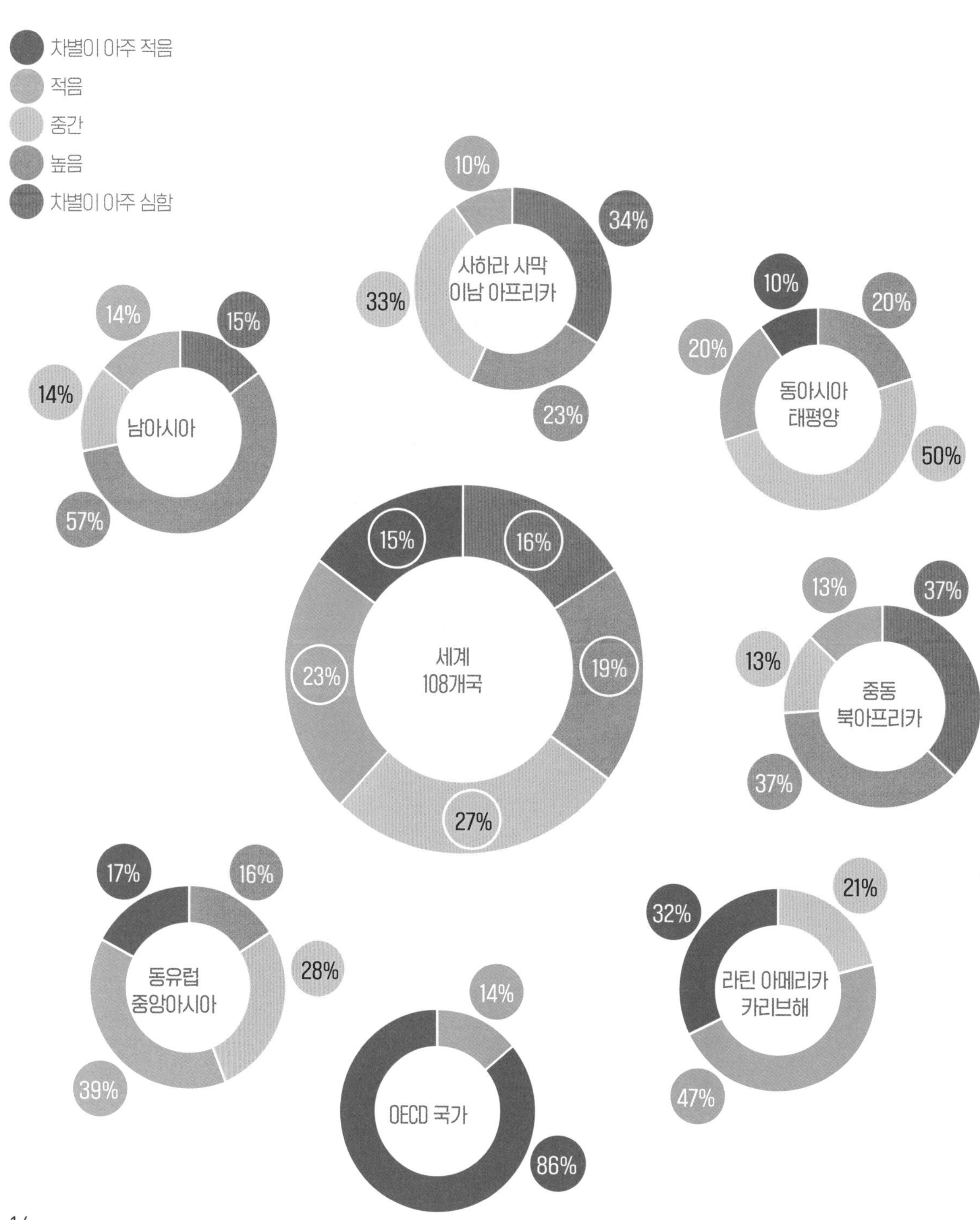

기대 수명

출생 시 여아의 평균 기대 수명
2015년

긴 순

전 세계 평균 기대 수명
여성 74
남성 70

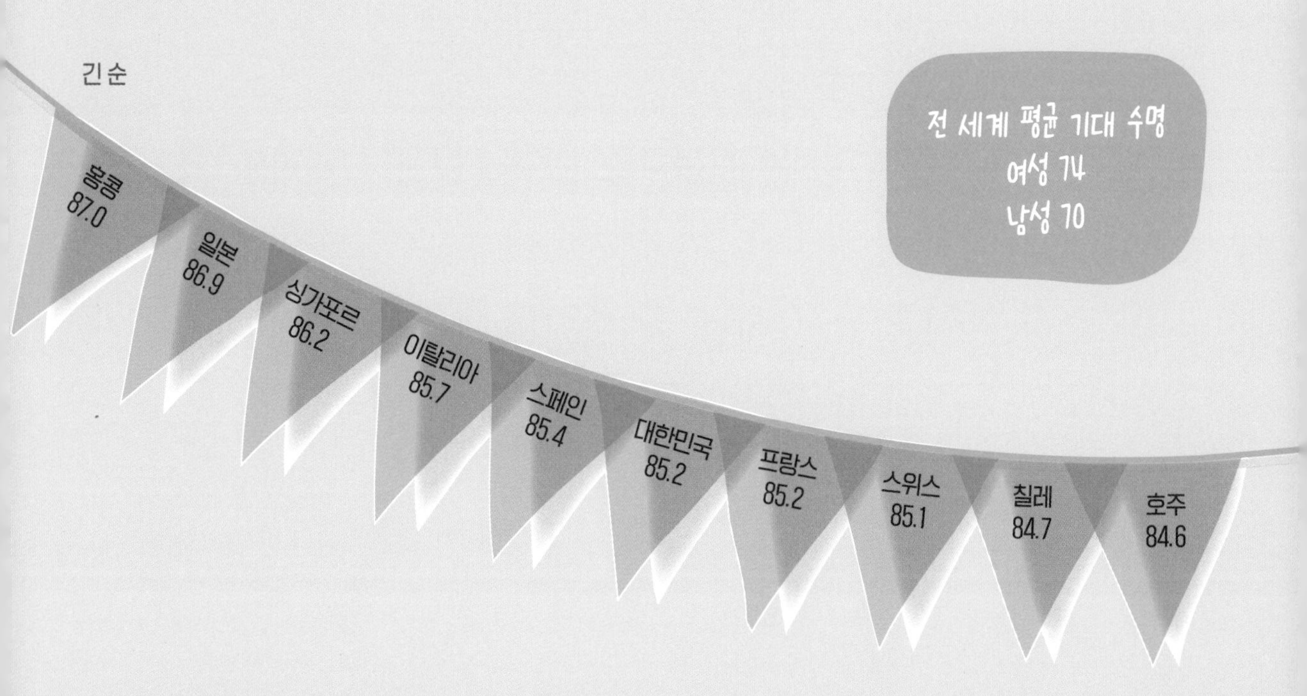

기대 수명은 전반적인 복지 수준을 나타내는 기본 지표이다.
전 세계에서 살아가는 인류의 인생은 짧고 험난하지만,
거의 모든 곳에서 여성이 남성보다 오래 산다.
그러나 기대 수명의 양극단을 살펴보면 성별 격차가
크지 않다는 것을 알 수 있다.

여성의 기대 수명이 60세 이하인 국가는 모두
사하라 사막 이남 아프리카에 있다.
동아시아 국가에서 여성과 남성 모두 기대 수명이 가장 길고,
기타 선진국의 기대 수명 또한 긴 편이다.

짧은 순

레즈비언의 권리

> 레즈비언의 존재는 금기를 허물고, 강제적인 삶의 방식을
> 거부하는 것 모두를 포함한다.
> 레즈비언의 존재는 여성에게 접근할 수 있는 남성의 권리에
> 의문을 던진다.
> 레즈비언의 존재는 초창기에는 가부장제에 대한 거부로만 알려졌지만,
> 실제로는 그 이상이며 저항이 이어지고 있다.

에이드리언 리치, 《강제적인 이성애와 레즈비언의 존재(Compulsory Heterosexuality and Lesbian Existence)》

여성이 이성애적 규범을 벗어나면 성 소수자, 남성의 권위를 거부하는 존재, 기존 사회 질서에 대한 불만 세력 등으로 인식된다.
레즈비언(여성 동성애자)은 일반적인 관습을 따르지 않는다는 이유로 교정 강간*, 명예살인, 사회적 기피, 신체 학대, 물질적 차별 등의 대가를 치른다. 희한하게도 동성애를 범죄로 규정하는 대부분의 나라에서 남성 동성애만을 범죄로 규정한다. 하지만 여성 동성애자를 처벌 대상에서 완전히 제외하는 것도 아니다. 국가가 원하면 여성 동성애자도 언제든지 처벌 대상이 될 수 있다. 이런 비일관성은 국가가 여성 중에서도 특히 레즈비언을 원칙도 없이, 얼마나 마음대로 무시하는지 보여 주는 흥미로운 지표이다.

물론 동성애가 합법인 국가에서도 성 소수자(LGBTI)** 의 인권은 충분히 보호받지 못하거나 심지어 인정받지 못하기도 한다. 그러나 지난 30년간 조직적으로 활동해 온 성 소수자 운동가들 덕분에 많은 국가에서 동성애자의 정체성을 완전히 받아들이지는 않더라도 인정하는 분위기다. LGBTI 커뮤니티에서는 주류 사회와의 통합 정책을 우려한다. 여성 동성애자가 가부장적 사회 구조에 수용되면 반드시 자유로워진다고 확신할 수 없기 때문이다.

* 주로 아프리카 등에서 레즈비언을 교정하겠다는 목적으로 자행되는 성폭행

** Lesbian(여성 동성애자), Gay(남성 동성애자), Bisexual(양성애자), Transgender(성전환자), Intersex(간성)의 머리글자

이분법을 넘어서는 성 정체성

전 세계적으로 법적 보호 체계가 트랜스젠더, 성전환자, 간성을 포함한 젠더 정체성 해방 운동의 시류를 따라잡지 못하고 있다.
성 정체성 활동가들은 다양한 젠더 정체성을 수용하도록 정부를 압박하고 있다. 다양한 젠더 정체성을 포용하는 정책은 성전환자, 성 소수자가 공식 문서에 등록된 이름과 성별을 바꾸는 데서 시작된다.

많은 국가에서 법적인 성별을 바꾸는 것은 사실상 불가능하다. 성전환 수술을 의무적으로 완료하는 등의 까다로운 조건을 충족해야만 성별을 변경할 수 있다.
변화는 느리지만, 호주, 방글라데시, 독일, 인도, 네팔, 뉴질랜드, 파키스탄에서는 이제 '제3의 성'을 공식 문서에 표시하는 것을 허용하고 있다.

개척자들

캐나다 2017년 여권을 포함한 정부 발행 문서에 X라는 성별 표시를 도입.

볼리비아 2016년 18세 이상 트랜스젠더가 요청할 경우 이름이나 성 정체성을 공식 문서상에서 변경할 수 있는 '성 정체성법'을 제정.

아일랜드 2015년 성인지법은 성 정체성에 관한 자기 선언을 허용.

방글라데시 2013년 여권, 국가 신분증 등에 히즈라***를 공식적인 세 번째 성으로 기입.

독일 2013년 출생 증명서 성별에 '미정'을 인정한 첫 번째 유럽 국가.

2017년 연방헌법재판소는 모든 공식 문서에서 성별 기입란을 삭제하거나 제3의 성을 선택해 기재할 수 있도록 해야 한다고 판결.

뉴질랜드 2012년 여권에 성이 지정되지 않음을 의미하는 X 기입 가능.

2015년 뉴질랜드 통계청은 '다양한 성별'을 새로운 성별 범주로 도입.

네팔 2007년 제3의 성 '기타(other)'를 공식 문서에 추가.

2011년 인구 조사 성별란에 여성도, 남성도 아닌 것으로 등록할 수 있도록 허용.

호주 2003년 호주 국민은 출생 증명서나 여권에 X를 성별로 선택 가능.

*** Hijras, 생물학적 남성이지만 여성의 정체성을 가짐.

동성애자의 법적 지위

2017년 5월

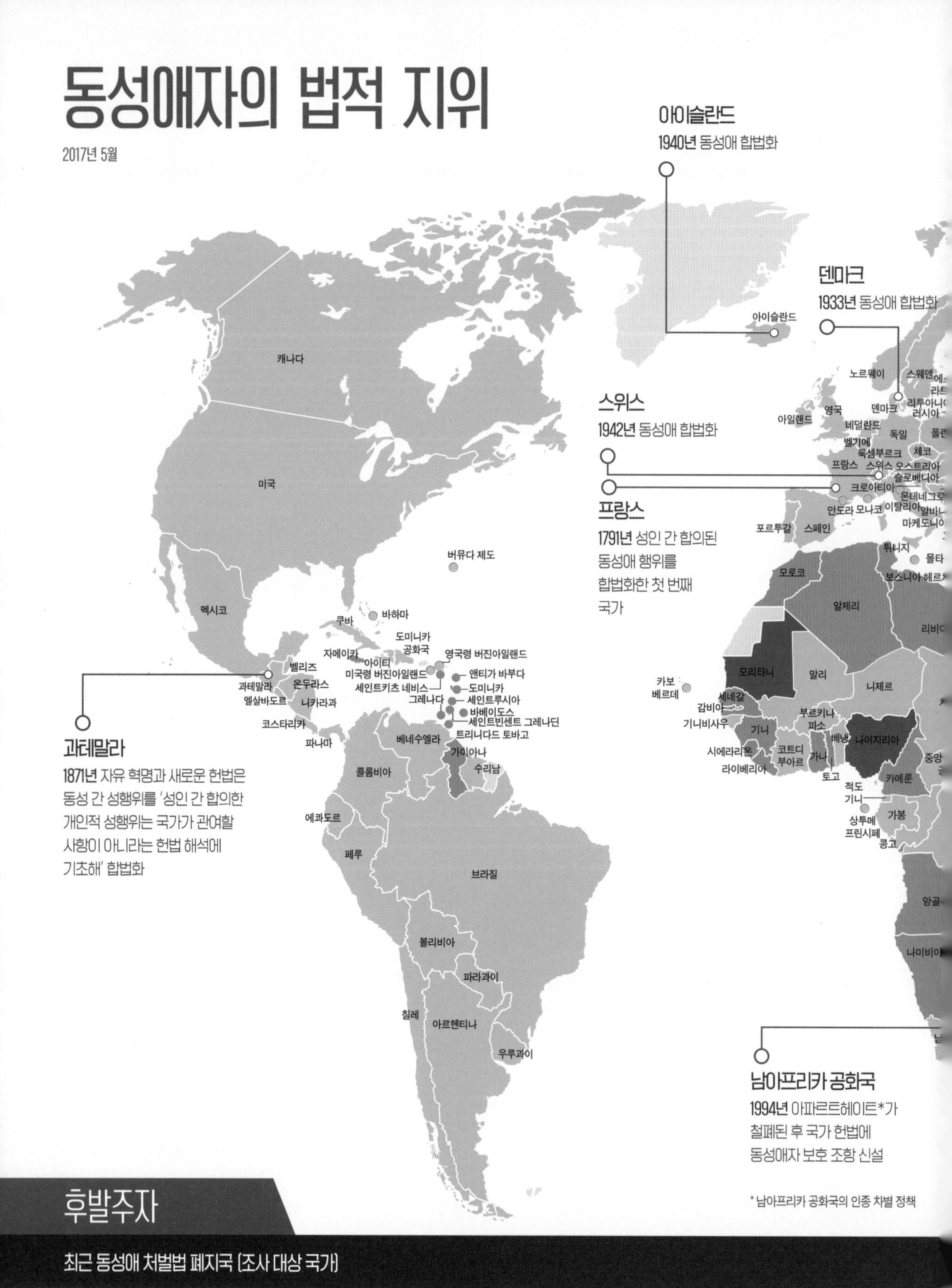

후발주자

최근 동성애 처벌법 폐지국 (조사 대상 국가)

동성애에 대한 각국 법률 현황

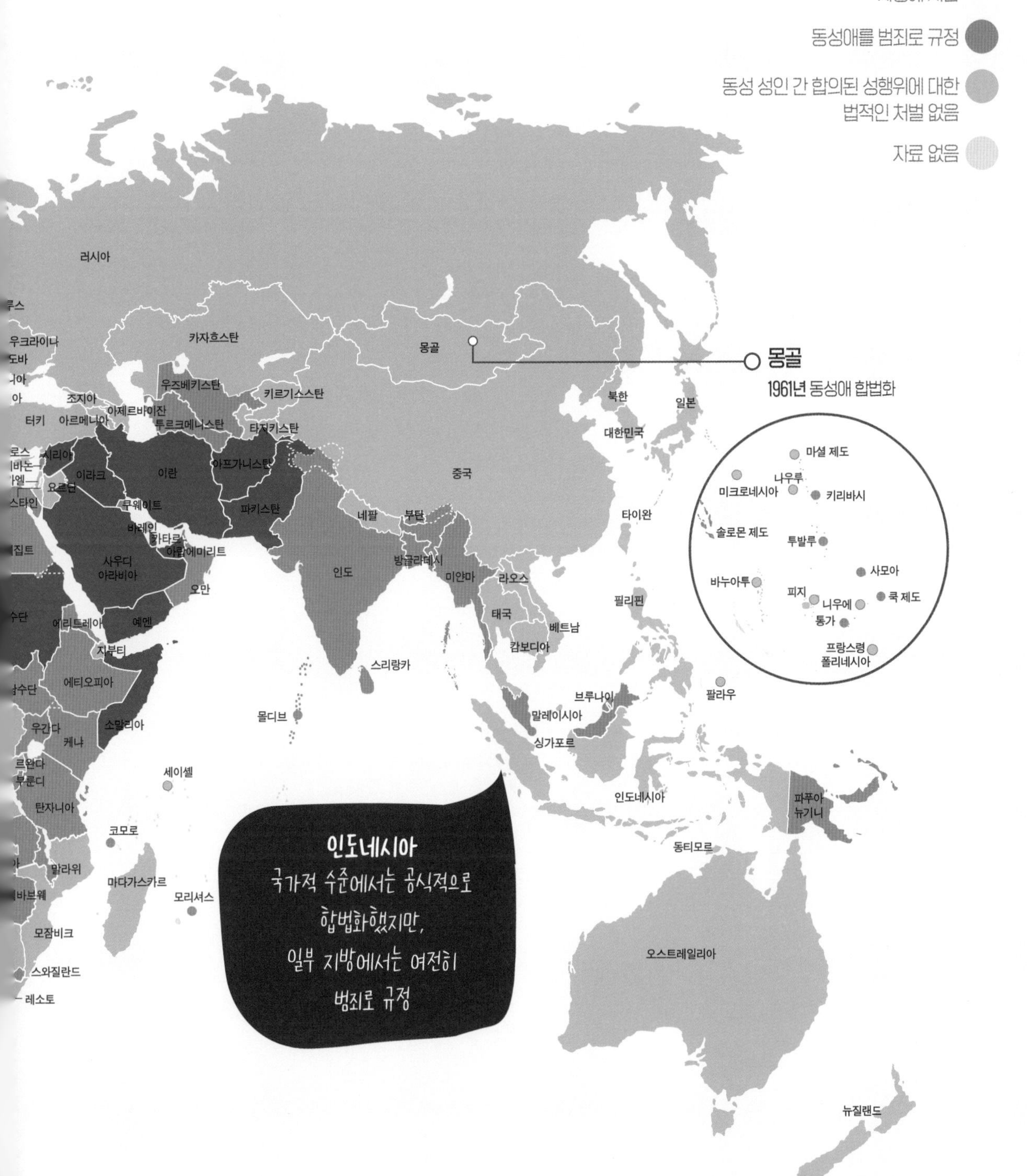

• 2016년 세이셸 공화국, 나우루, 벨리즈 • 2014년 모잠비크 • 2010년 피지, 레소토 • 2008년 니카라과 • 2005년 마셜 제도

결혼

여성의 평균 초혼 연령
2015년 혹은 최신 통계

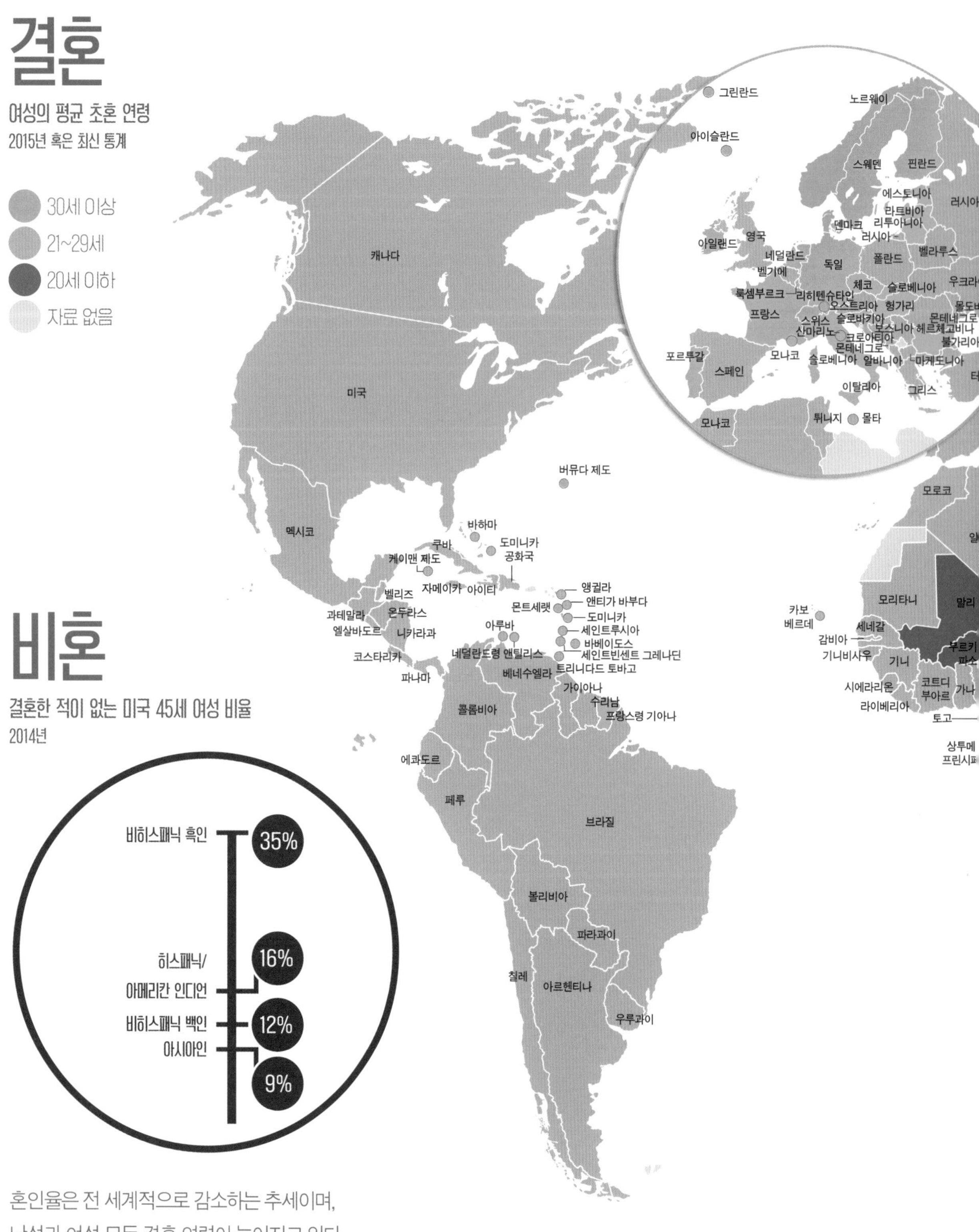

비혼

결혼한 적이 없는 미국 45세 여성 비율
2014년

혼인율은 전 세계적으로 감소하는 추세이며,
남성과 여성 모두 결혼 연령이 늦어지고 있다.
여성의 학력 수준 및 경제력 향상은 만혼과 비혼으로 이어졌다.
또한 다양한 형태의 동거도 만혼과 비혼에 영향을 끼쳤다.

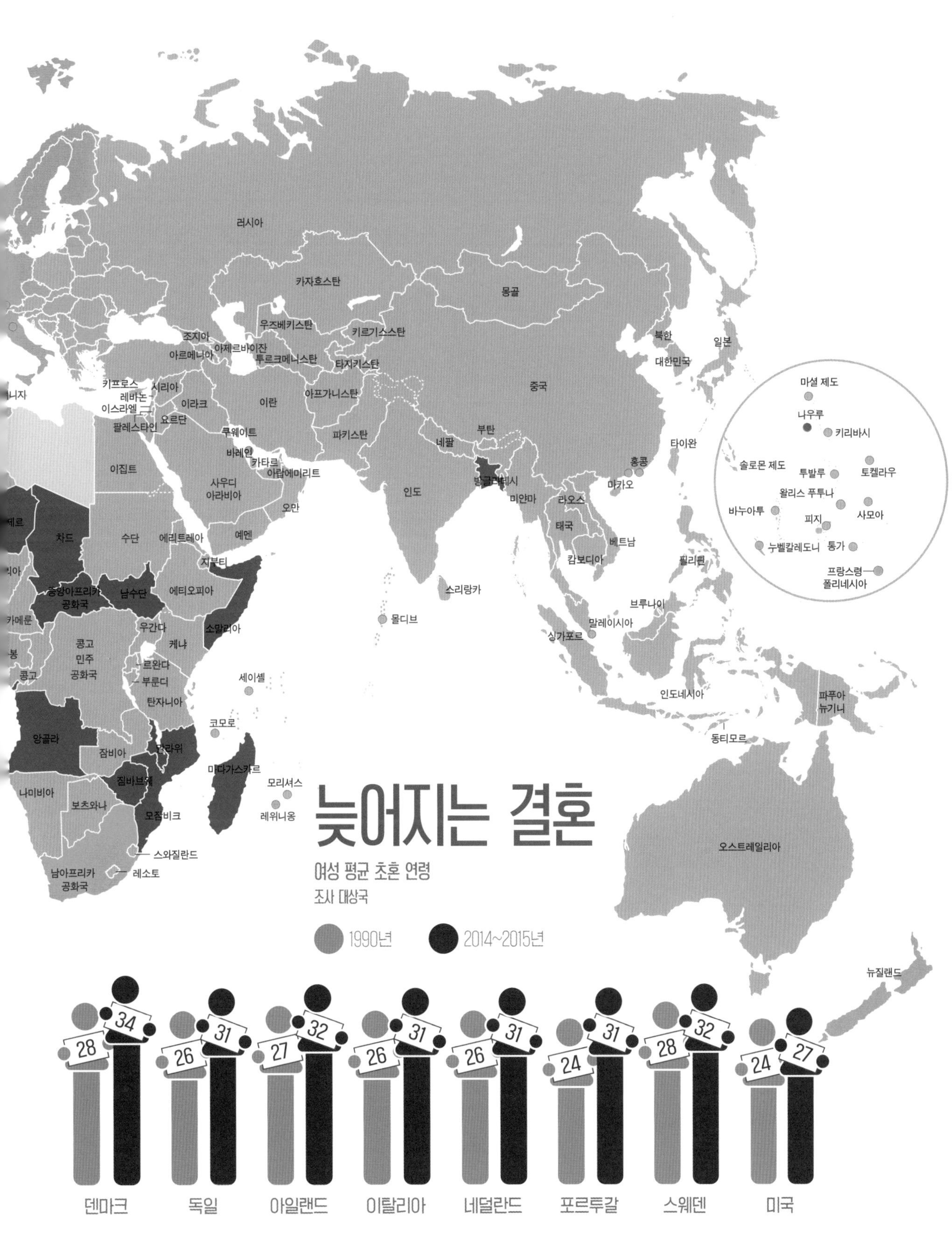

러시아
카자흐스탄
몽골
우즈베키스탄
키르기스스탄
조지아
아제르바이잔
아르메니아
투르크메니스탄
타지키스탄
북한
일본
대한민국
키프로스
시리아
레바논
이스라엘
이라크
이란
아프가니스탄
중국
요르단
팔레스타인
쿠웨이트
파키스탄
네팔
부탄
타이완
바레인
카타르
이집트
아랍에미리트
홍콩
마카오
방글라데시
사우디
아라비아
인도
미얀마
라오스
오만
차드
수단
에리트레아
예멘
태국
베트남
지부티
캄보디아
필리핀
중앙아프리카
공화국
남수단
에티오피아
스리랑카
브루나이
몰디브
말레이시아
소말리아
우간다
싱가포르
케냐
콩고
민주
공화국
르완다
부룬디
세이셸
콩고
인도네시아
파푸아
뉴기니
탄자니아
코모로
동티모르
앙골라
잠비아
말라위
마다가스카르
짐바브웨
모리셔스
나미비아
레위니옹
보츠와나
모잠비크
오스트레일리아
스와질란드
남아프리카
공화국
레소토
뉴질랜드
마셜 제도
나우루
키리바시
솔로몬 제도
투발루
토켈라우
왈리스 푸투나
바누아투
사모아
피지
누벨칼레도니
통가
프랑스령
폴리네시아
늦어지는 결혼
여성 평균 초혼 연령
조사 대상국
1990년
2014~2015년
28
34
26
31
27
32
26
31
26
31
24
31
28
32
24
27
덴마크
독일
아일랜드
이탈리아
네덜란드
포르투갈
스웨덴
미국

쉬워진 이혼

결혼 100건당 이혼 수
조사 대상 유럽 국가

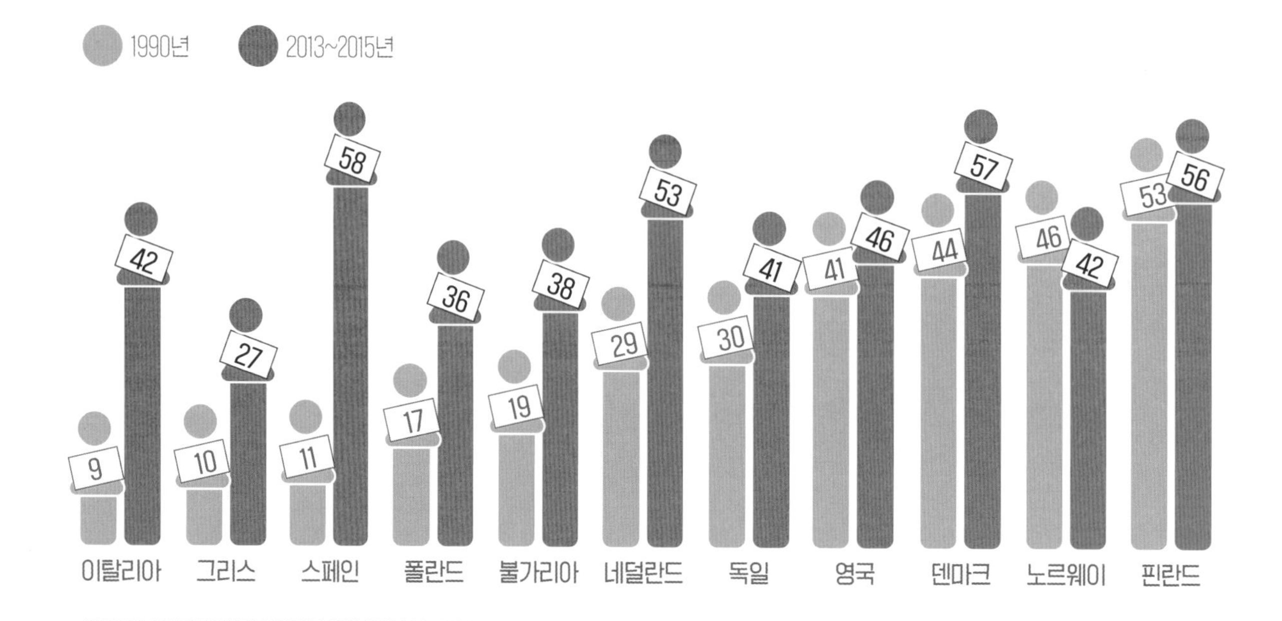

교육 수준에 따른 미국인 이혼율

초혼이 이혼으로 끝난 46세 여성 비율
2013년

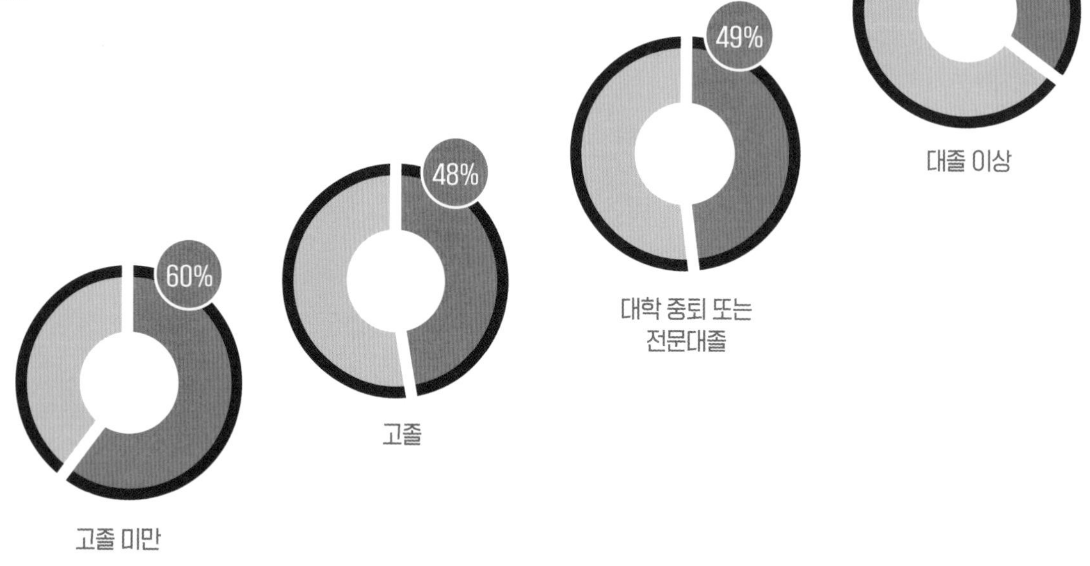

동성 결혼이 합법화된 시기

국내법으로 인정

2017년

2000	2003	2005	2006	2009	2010
네덜란드	벨기에	캐나다 스페인	남아프리카 공화국	멕시코(일부 관할 구역만 해당) 노르웨이 스웨덴	아르헨티나 아이슬란드 포르투갈

2012	2013	2014	2015	2016	2017
덴마크	브라질 잉글랜드/웨일스 프랑스 뉴질랜드 우루과이	룩셈부르크 스코틀랜드	핀란드 그린란드 아일랜드 미국	콜롬비아	호주 오스트리아 버뮤다 독일 타이완

하지만!

버뮤다 정부는 2018년 동성 결혼법을 세계 최초로 폐지했다.

동성 시민 동반자법*

결혼과 동일한 법적 근거를 지니는 것은 아니지만
국내법으로 승인한 국가

2017년 12월

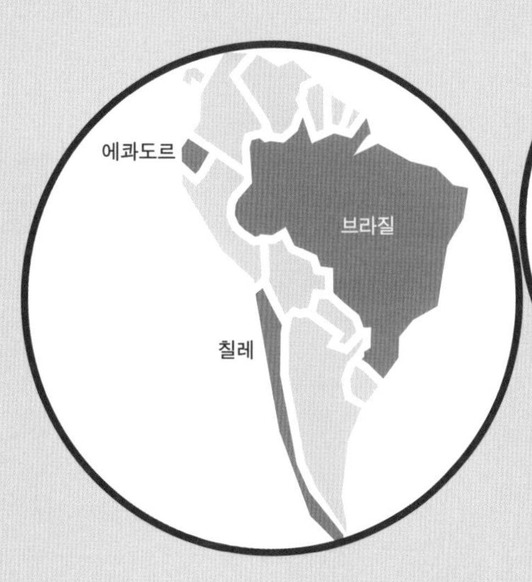

* same-sex civil partnership, 동성 커플에게 결혼과 비슷한 법적 권리를 허용하기 위해 만든 제도

미국의 아동 조혼

1만 쌍의 결혼 중 조혼 비율
2010년

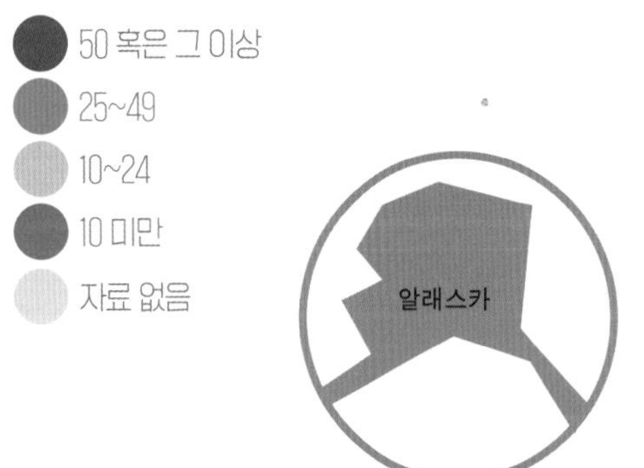

조혼은 미국 대부분 지역에서 합법이다.
미국 절반 이상의 주에 최소 결혼 연령에 대한 규정이 없고,
모든 주에서 18세 미성년자의 결혼을 허용한다.
대부분의 주에서 부모의 동의만으로도 16~18세 미성년자의
결혼이 법적으로 가능하며, 여성 청소년이 임신했다면
16세 이하의 미성년자라도 법원에서 절차를 거쳐 결혼이 허용된다.

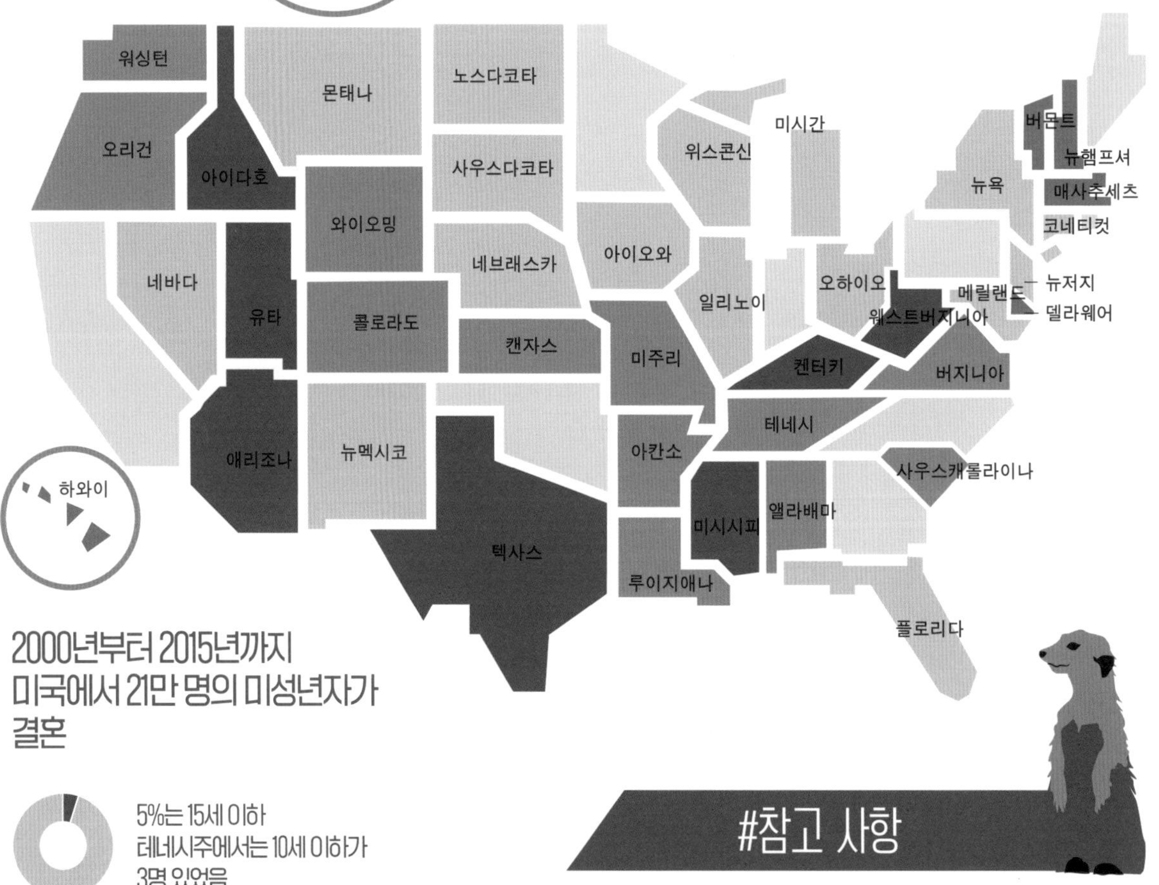

2000년부터 2015년까지 미국에서 21만 명의 미성년자가 결혼

5%는 15세 이하
테네시주에서는 10세 이하가 3명 있었음

87%는 소녀

86%는 성인과 결혼

#참고 사항

2017년 17세 걸스카우트에서 뉴햄프셔의 최저 결혼 연령을 18세로 하자는 입법 개혁 캠페인을 시작했지만, 뉴햄프셔주 공화당 의원들이 이 법안을 기각했다. 공화당 하원의원 데이비드 베이츠는 "만일 우리가 이 법안을 통과시키면, 앞으로 미성년자의 자녀는 영원히 사생아로 태어날 것"이라고 주장했다.

세계의 아동 조혼 현황

젠더 불평등, 전통 관습, 가문의 명예를 지키려면
남성의 보호가 필수라는 가부장적 사고, 사회적, 경제적 불안정,
관행을 묵인하는 종교법, 불합리한 입법 체계가 조혼을 부추긴다.
소녀들은 거래하는 상품 취급을 받으며,
특히 낙후된 시골의 가난한 소녀들이 조혼을 많이 한다.
1980년대 초에는 여성 세 명 중 한 명이 미성년자일 때 결혼했지만,
최근에는 네 명 중 한 명의 여성만이 미성년자 때 결혼한다.
전반적으로 조혼은 감소하는 추세다.

경제력이 있으면 결혼을 늦출 수 있다

조혼은 남아시아와
사하라 사막 이남
아프리카에서 가장 빈번하며,
전 세계 아동 신부의 33%가
인도에 살고 있다.

전 세계적으로 경제력 하위 20% 집단에 속한
소녀가 부모의 강요로 조혼하는 비율이 경제력 상위 20%
집단에 속한 소녀보다 2.5배나 높다.
인도의 경제력 상위 20% 여성의 평균 초혼 연령은 20세,
하위 20% 여성의 평균 초혼 연령은 15세이다.
도미니카 공화국 가난한 여성 절반이
약 17세에 결혼하며,
부유한 여성은 약 21세에 결혼한다.

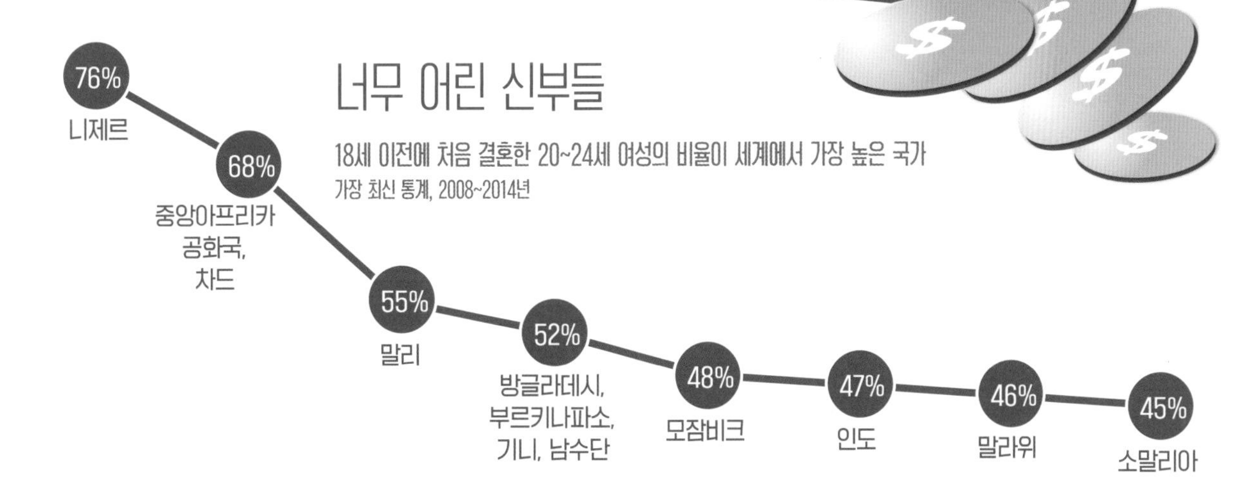

가족 구성원 수

가구 평균 인원수

2014년 후 가장 최신 통계

- 3명보다 적음
- 3~3.9명
- 4~4.9명
- 5~5.9명
- 6명 혹은 그 이상
- 자료 없음

아이슬란드
노르웨이
41%
핀란드
52%
스웨덴
38%
에스토니아
31%
영국
43%
덴마크
30%
라트비아
34%
리투아니아
24%
아일랜드
37%
네덜란드
41%
독일
폴란드
44%
29%
벨기에
23%
22%
우크라이나
36%
룩셈부르크
37%
체코
슬로바키아
오스트리아
헝가리
33%
몰도바
35%
프랑스
스위스
루마니아
불가리아
15%
22%
포르투갈
26%
스페인
35%
슬로베니아
24%
크로아티아
알바니아
29%
터키
이탈리아
33%
31%
그리스
10%
마케도니아
키프로스
24%
20%
몰타

캐나다
미국
멕시코
도미니카 공화국
자메이카
과테말라
온두라스
엘살바도르
니카라과
코스타리카
파나마
베네수엘라
콜롬비아
페루
브라질
볼리비아
파라과이
칠레
아르헨티나
우루과이
튀니지
모로코
니제르
시에라리온
코트디부아르
가나
나이지리아
나미
남아공

1인 가구가 대세인 유럽

1인 가구는 세계적으로 가장 빠르게 늘어나는 가구 유형이다.
전 세계 20억 가구 중 1인 가구의 비율은 15%에 불과하지만,
선진국, 특히 유럽 지역에서는 1인 가구가 대세다.
2016년 유럽연합(EU)의 전체 가구 중 33%가 1인 가구이며,
특히 스웨덴은 52%가 1인 가구로 세계 최고 수준이다. 1인 가구는 남성보다는 여성일 확률이 더 높다.

불평등한 가정

미국의 빈곤, 인종, 젠더

2016년

빈곤층 가정 비율

미국 평균, 모든 가구 10%

결혼한 부부 5%

남성이 가장, 부인 없음 13%

여성이 가장, 남편 없음 27%

남편 없이 아내가 홀로 가장인 가정의 빈곤층 비율

비히스패닉 아시아인 19%

비히스패닉 백인 27%

비히스패닉 흑인 34%

히스패닉 35%

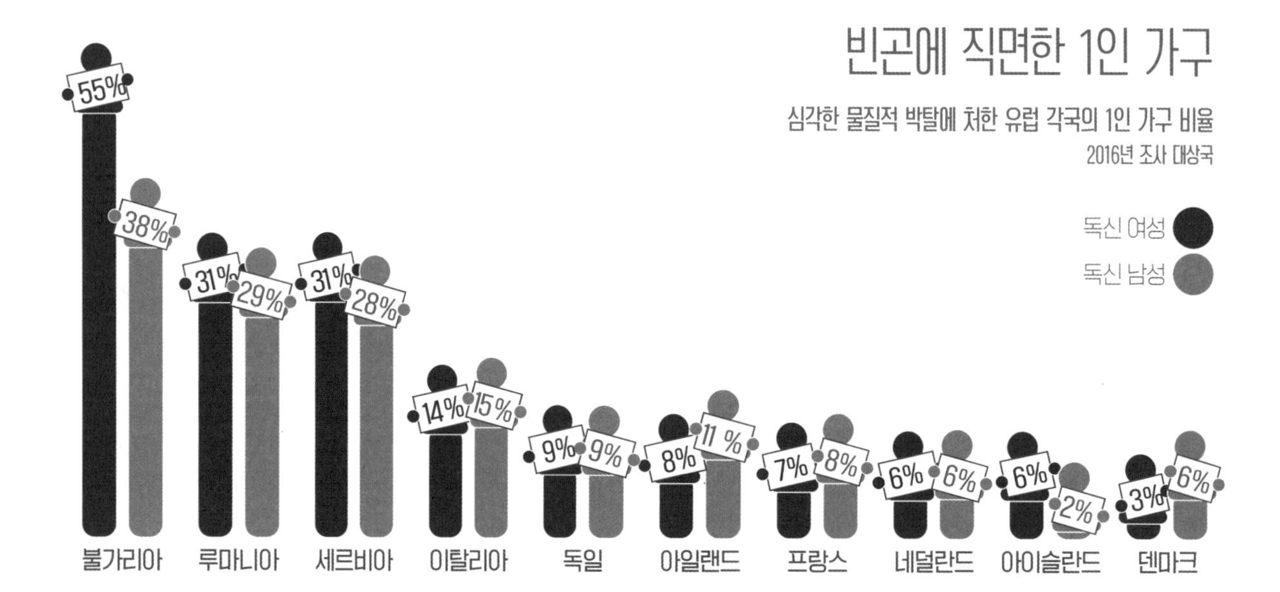

물질적 박탈이란
풍족한 삶을 위한 필수품을 조달할 여유가 없는 상태를 의미한다.
기초 생활 유지에 필요한 요소들은
물질적 박탈에 처한 사람을 구별하는 지표로 활용된다.
집을 떠나 밖에서 보내는 1주간의 휴가 이틀에 한 번 정도의 육류, 가금류, 어류가 포함된 식사 또는
채식 중심 식사 적절한 난방 세탁기, 텔레비전, 전화기 또는 차량 등 내구재, 주택 담보 대출,
임대료, 공과금 또는 기타 대출금을 제때 납부할 수 있는 능력
예상 밖 지출을 감당할 수 있는 능력

난민

1,650만 명의 사람이 난민이 되어 조국을 떠나는 가운데, 또 다른 3,200만 명은 국내에 있지만 실향민이다.
국제 난민의 50%는 여성인데, 난민 캠프나 임시 쉼터에 머물러 있는 여성 난민의 삶은 고달프다.
지원이나 보호를 거의 받지 못하는 상태에서 여성은 자기 가정을 돌봐야 하는 일차적 책임까지 져야 한다.
난민이 된 여성과 소녀는 쉽게 강간과 성매매의 표적이 되며, 난민 보호 목적으로 설립된 캠프에서까지
여성에 대한 착취와 학대가 발생하기도 한다.

난민이 많은 나라

2018년

가장 큰 난민 캠프

2017년 후 가장 최근 자료

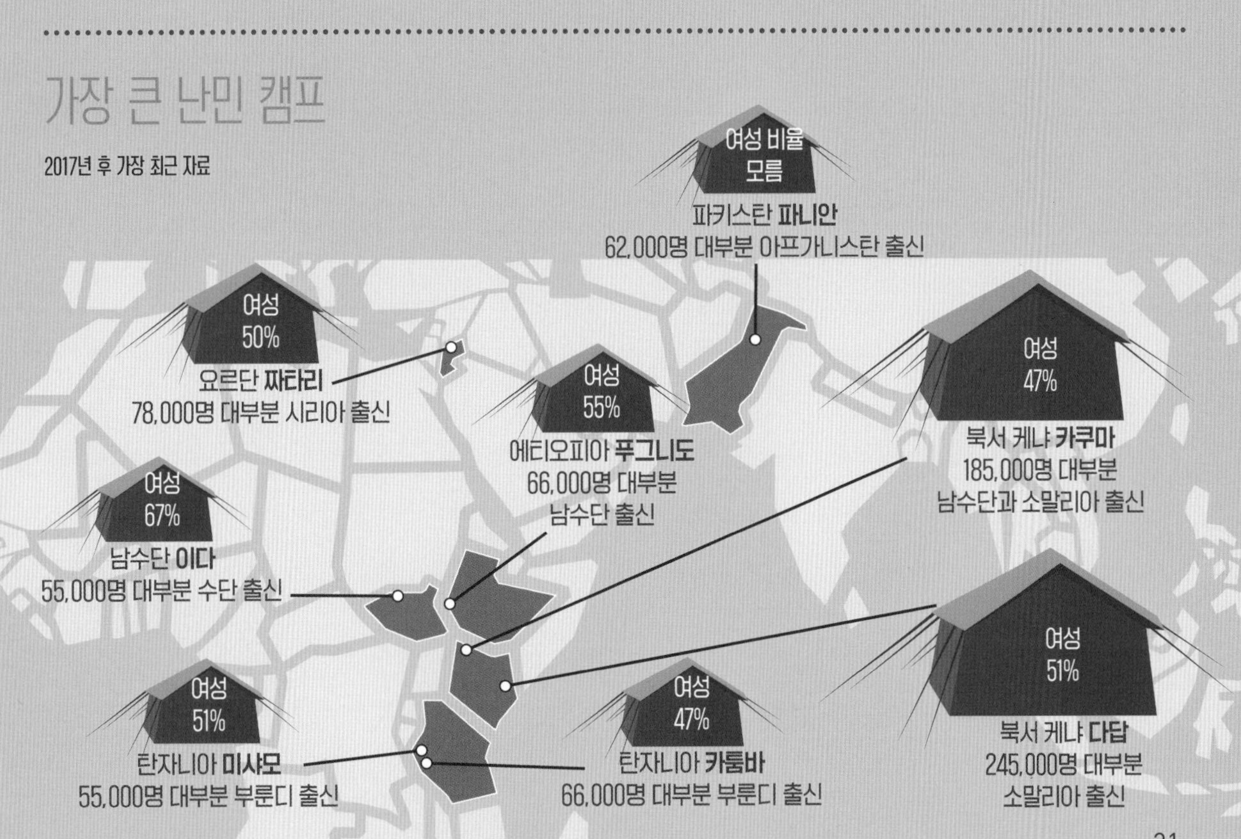

위기 지역

지속되는 군사적 위협과 경제적 위기

2018년

전 세계에서 수백만 명에 달하는 사람이 평범한 일상을 박탈당하고 처참하게 생활한다.
분쟁 와중에 추방당한 여성과 소녀는 성폭력이나 가정폭력에 시달리고, 인신매매의 대상이 된다.
절박한 상황에서 부모는 딸을 일찍 시집보내고,
노동을 강요하거나 가족이 따로 사는 방식으로 힘든 상황을 넘긴다.
가족의 생계를 지탱하는 여성의 노동은 위기를 완충하는 역할을 한다.

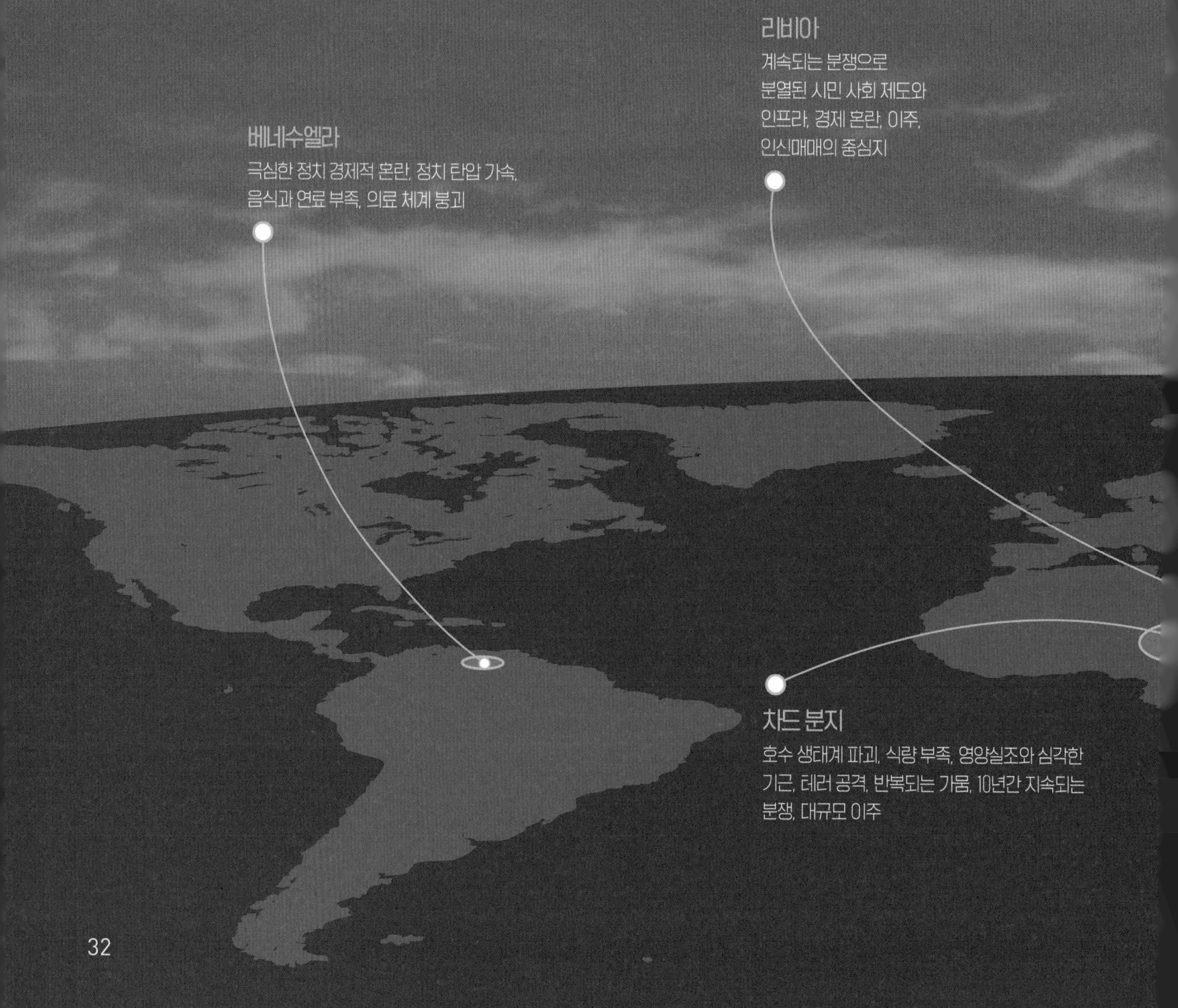

리비아
계속되는 분쟁으로
분열된 시민 사회 제도와
인프라, 경제 혼란, 이주,
인신매매의 중심지

베네수엘라
극심한 정치 경제적 혼란, 정치 탄압 가속,
음식과 연료 부족, 의료 체계 붕괴

차드 분지
호수 생태계 파괴, 식량 부족, 영양실조와 심각한
기근, 테러 공격, 반복되는 가뭄, 10년간 지속되는
분쟁, 대규모 이주

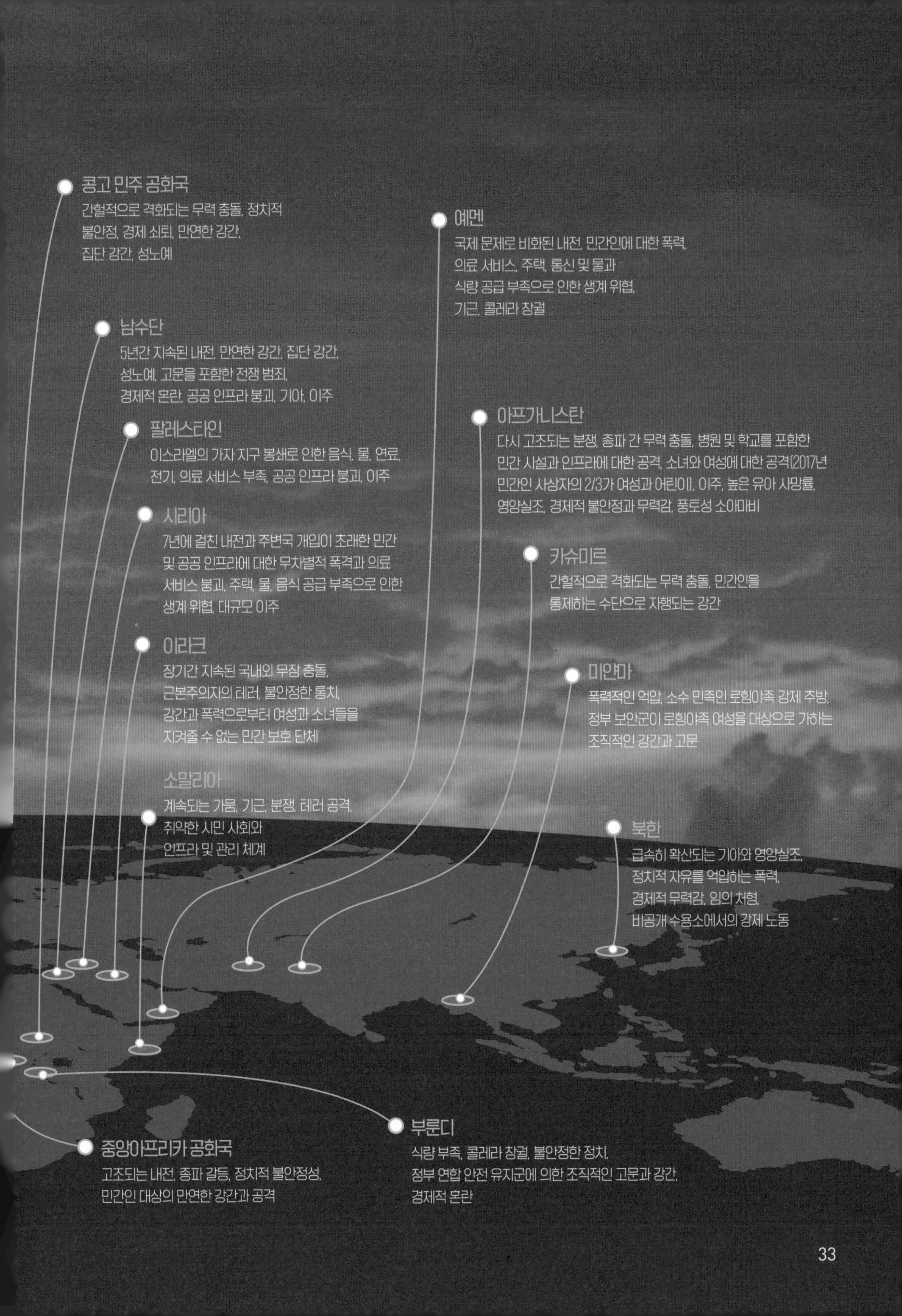

콩고 민주 공화국
간헐적으로 격화되는 무력 충돌, 정치적 불안정, 경제 쇠퇴, 만연한 강간, 집단 강간, 성노예

예멘
국제 문제로 비화된 내전, 민간인에 대한 폭력, 의료 서비스, 주택, 통신 및 물과 식량 공급 부족으로 인한 생계 위협, 기근, 콜레라 창궐

남수단
5년간 지속된 내전, 만연한 강간, 집단 강간, 성노예, 고문을 포함한 전쟁 범죄, 경제적 혼란, 공공 인프라 붕괴, 기아, 이주

팔레스타인
이스라엘의 가자 지구 봉쇄로 인한 음식, 물, 연료, 전기, 의료 서비스 부족, 공공 인프라 붕괴, 이주

아프가니스탄
다시 고조되는 분쟁, 종파 간 무력 충돌, 병원 및 학교를 포함한 민간 시설과 인프라에 대한 공격, 소녀와 여성에 대한 공격(2017년 민간인 사상자의 2/3가 여성과 어린이), 이주, 높은 유아 사망률, 영양실조, 경제적 불안정과 무력감, 풍토성 소아마비

시리아
7년에 걸친 내전과 주변국 개입이 초래한 민간 및 공공 인프라에 대한 무차별적 폭격과 의료 서비스 붕괴, 주택, 물, 음식 공급 부족으로 인한 생계 위협, 대규모 이주

카슈미르
간헐적으로 격화되는 무력 충돌, 민간인을 통제하는 수단으로 자행되는 강간

이라크
장기간 지속된 국내외 무장 충돌, 근본주의자의 테러, 불안정한 통치, 강간과 폭력으로부터 여성과 소녀들을 지켜줄 수 없는 민간 보호 단체

미얀마
폭력적인 억압, 소수 민족인 로힝야족 강제 추방, 정부 보안군이 로힝야족 여성을 대상으로 가하는 조직적인 강간과 고문

소말리아
계속되는 가뭄, 기근, 분쟁, 테러 공격, 취약한 시민 사회와 인프라 및 관리 체계

북한
급속히 확산되는 기아와 영양실조, 정치적 자유를 억압하는 폭력, 경제적 무력감, 임의 처형, 비공개 수용소에서의 강제 노동

부룬디
식량 부족, 콜레라 창궐, 불안정한 정치, 정부 연합 안전 유지군에 의한 조직적인 고문과 강간, 경제적 혼란

중앙아프리카 공화국
고조되는 내전, 종파 갈등, 정치적 불안정성, 민간인 대상의 만연한 강간과 공격

평화 조정자

아르헨티나, 칠레, 콜롬비아, 콩고 민주 공화국, 라이베리아, 북아일랜드, 튀니지 등에서
여성 단체들은 무력 충돌을 막거나 지연시키는 운동으로 평화를 되찾는 데 기여했다.

결의안 1325호 국제연합을 상대로 수년간 고군분투한 여성들은 2000년 결의안 1325호 채택을 요구했다.
1325호에는 평화 협상에서 여성을 진정한 동반자이자 동등한 협상자로 지정할 것과
분쟁 후 재건 계획 수립 때 여성의 입장을 고려해 달라는 요구가 포함됐다.

평화 협상 테이블의 여성

공식적인 여성 평화 협상가 비율
조사 대상국 대상

중앙아프리카 공화국
0%
2008년

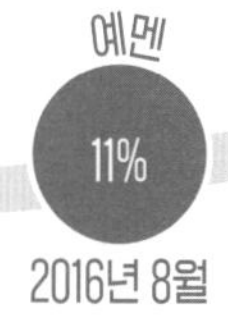

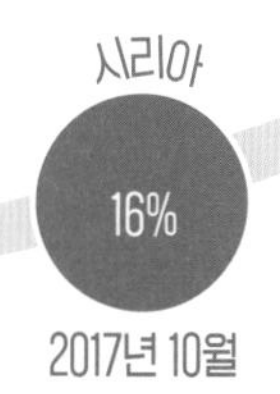

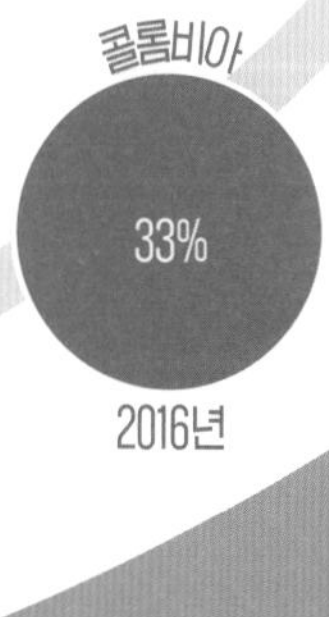

평화유지군에서 여성의 역할

500명 이상으로 구성된 UN 평화유지군에서 여군, 여경의 비율
2018년 1월

말리

중앙아프리카 공화국,
콩고 민주 공화국, 골란고원

다르푸르, 레바논,
남수단

아이티

키프로스, 소말리아

라이베리아, 아비에이(수단)

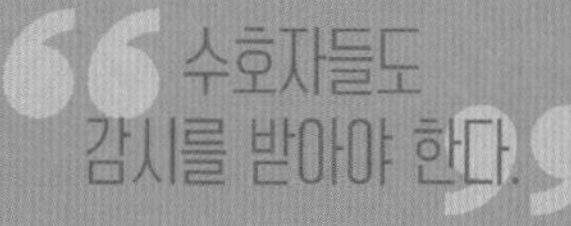

기타 사갈(Gita Sahgal), 국제 사면 위원회

1990년대 이후
보스니아 헤르체고비나, 캄보디아,
중앙아프리카 공화국, 콩고 민주 공화국, 아이티,
라이베리아, 시에라리온, 남수단, 동티모르에서
남성 UN 평화유지군에 의한 강간, 성매매,
매춘 등의 성적 학대와 착취가 발생했다.
파병국들은 자국 군인이 저지른
범죄를 기소해야 하는 난감한 입장이다.

#해시태그 페미니즘

#Freethefive
#Notbuyingit
#Notyourasiansidekick
#Yesallwomen
#Notyourasiansidekick
#Sexistsa
#Noesno
#Heforshe
#Timesup
#Freethenipple
#Theotherroom
#Masculinitysofragile
#Pussygrabsback
#Mmiw
#Effyourbeautystandards
#Aintnocinderella
#Iammyownguardian
#Everdaysexism
#Intersectionalfeminism
#Noesno
#Metoo
#Sexistsa
#Tunisiangirl
#Noesno
#Niunamenos
#Aintnocinderella
#Niunamenos
#Sayhername
#Notbuyingit
#Timesup
#Blacklivesmatter
#Exposeyourpig
#Masculinitysofragile
#Yesallwomen
#Freethefive
#Notok
#Mmiw
#Metoo
#Notok
#Freethenipple
#Neverthelessshepersisted
#Iammyownguardian
#Sexistsa
#Exposeyourpig
#Bringbackourgirls
#Smashthepatriarchy
#Whyistayed
#Delhibraveheart
#Feminist
#Sexistsa
#Aintnocinderella
#Heforshe
#Everdaysexism
#Blacklivesmatter
#Theotherroom
#Metoo
#Mmiw
#Sayhername
#Everdaysexism
#Meuprimeiroassedio
#Whyistayed
#Heforshe
#Notok
#Mmiw

철저하게 통제당하는 여성

여성은 거의 모든 곳에서 존재 자체와 옷차림, 공적이거나 사적인 행동 모두를 제약받고 있다. 많은 국가에서 여성을 억압하고 통제하는 것은 중요한 과제이다.

여성은 생식권* 부정, 경제적 차별, 여성을 온전한 인간으로 취급하지 않는 사법 체계 등 다양한 방식을 통해 여성만의 공간에 가두어진다.

폭력과 협박은 가장 직접적인 통제 장치이다. 수백만 명의 여성이 가정에서 처음으로 폭력을 경험한다. 가정이 안전한 장소이기는커녕 폭력이 난무하는 곳이 되는 것이다. 전 세계 여성은 지금도 끊임없이 가정폭력을 경험하지만, 가정폭력에 대한 통계는 신뢰할 수 없기로 악명 높아 정확한 실태 파악조차 어렵다. 여성에 대한 폭력은 사적인 문제라는 이유로 무시되거나 심지어 묵인되는 경우도 많다.

명예살인, 강간범과의 강제 결혼법 등은 여성의 활동 반경을 결혼과 가정 안으로 제한해 남성의 통제하에 두려는 가부장적인 관행이다. 일부 지역에서는 여성이 용감하게 관습에 문제를 제기하고 조직적으로 저항하면서 악습이 사라지고 있다.

* 모든 부부 개인이 자녀의 수, 간격, 시기를 자유롭게 결정하고 그렇게 할 수 있는 정보와 수단을 가질 수 있는 일련의 권리들. 생식 기능을 스스로 통제할 권리, 양질의 생식 의료에 접근할 권리, 강제, 차별, 폭력으로부터 생식 선택을 자유롭게 하려는 교육과 접근권을 포함한다. 또한 생식권에는 피임 및 성병 감염에 대한 기본적인 교육을 받을 권리, 여성 할례(FGM)와 남성 할례(MGM) 같은 잘못된 관행으로부터 보호받을 권리도 포함된다.

“남자는 여자가
그들을 비웃을까 봐 걱정한다.
하지만 여자는 남자에게
살해당할까 봐 두려워한다.”

마거릿 애트우드

통제의 왕국

정부가 국가 권력으로 여성을 통제하는 데 앞장서는 나라는 사우디아라비아다. 사우디아라비아의 법 체계는 거의 대부분 종교법에 기초한다. 여성이 할 수 있는 것과 할 수 없는 것을 엄격하게 구분하는 파트와*는 여성에 대한 억압과 통제를 성문화한 정부 규제와 밀접하게 연관 있다. 남성 후견인 제도는 여성 통제 시스템의 핵심이다. 보통 아버지나 남편이 여성의 후견인이 되지만, 상황에 따라 남자 형제나 심지어 아들이 후견인 역할을 맡기도 한다. 남성 후견인은 다양한 분야에서 여성을 대신해 중요한 의사 결정권을 행사한다.

* 이슬람 세계의 법원을 바탕으로 한 법적 해석

여성에 대한 통제

사우디 여성은 남성 후견인의 허락을 받고 다음 일을 할 수 있다.

- 해외여행
- 여권 취득
- 결혼
- 정부 장학금으로 해외 유학

직장, 건강, 사회적 지위로까지 확대되는 제약

- 민간 기업과 회사에서 여성이 더 많은 활동을 하려면 남성 후견인의 허락을 받아야 한다. 정부는 여성이 일하는 것에 남성 후견인의 허락을 요구하지는 않지만, 남성 후견인의 허락을 요구하는 고용주를 처벌하지도 않는 모호한 입장이다.
- 여성은 남성 후견인의 동의를 받아야 직장을 구하거나 의료 서비스를 받을 수 있다.
- 최근 법원은 여성의 자유로운 외출을 금지한 남성 후견인을 지지하는 판결을 내렸다.
- 이혼 시 여성에 대한 남성 후견인의 지위는 남편에서 다른 남성으로 이전된다. 전 남편이 폭력적일지라도 여전히 후견인의 자격으로 전체 이혼 절차를 주관한다.

"우리는 모두 아버지나 남편이 정한 테두리 안에서 살아야 합니다."

자흐라, 25세 사우디 여성

사우디아라비아에서 여성의 외출

- 여성은 공공 장소에서 머리부터 발끝까지 다 가리는 수수한 옷을 입어야 하는데, 이러한 복장 규제는 생명에 치명적일 수 있다. 실제로 2002년 여학생 15명이 기숙사에서 발생한 화재로 사망했는데, 종교 경찰이 적절한 옷차림이 아니라는 이유로 여학생의 건물 탈출과 소방관의 화재 현장 진입을 막았기 때문이다.
- 여성은 낯선 남성과 함께 시간을 보내면 안 된다. 공공 건물, 대중 교통수단, 공원, 은행, 학교 등 모든 공간이 성별에 따라 분리되어 있다.
- 여성은 남성에게만 허용된 공공 수영장을 이용할 수 없다.
- 여성 의사는 남성 환자를 치료할 수 없다. 하지만 남성 의사는 남성 후견인의 허락하에 여성 환자를 치료할 수 있다.

변화의 시작

2000년대 초 이후 사우디 정부는 여성의 직장과 교육에 관한 규제를 일부 완화했는데, 가장 큰 변화는 도로에서 찾아볼 수 있다. 1990년까지 사우디 여성이 운전하는 것은 관습적으로 금지되어 있었다. 1990년 47명의 여성이 리야드 도로에서 운전하며 벌인 차량 행렬 시위가 사회적 반발을 일으키자 정부는 여성 운전 금지를 공식 정책으로 채택했다. 이 시위는 여성 운전을 지지하는 여성과 일부 남성의 저항을 불러왔고, 운전 금지 정책에 반발하는 여성의 깜짝 시위가 사우디 전역으로 확산됐다. 사우디 정부는 2018년 6월 여성도 운전을 할 수 있다고 발표했지만, 여성이 운전면허증을 취득하려면 여전히 남성 후견인의 허락을 받아야 한다. 사우디 정부는 여성의 단결이 운전 허용 결정에 영향을 끼친 것은 아니라는 설명을 덧붙였다.

기혼 여성에 대한 법적 구속

몇몇 국가에서 기혼 여성은 남편에 순종해야 한다

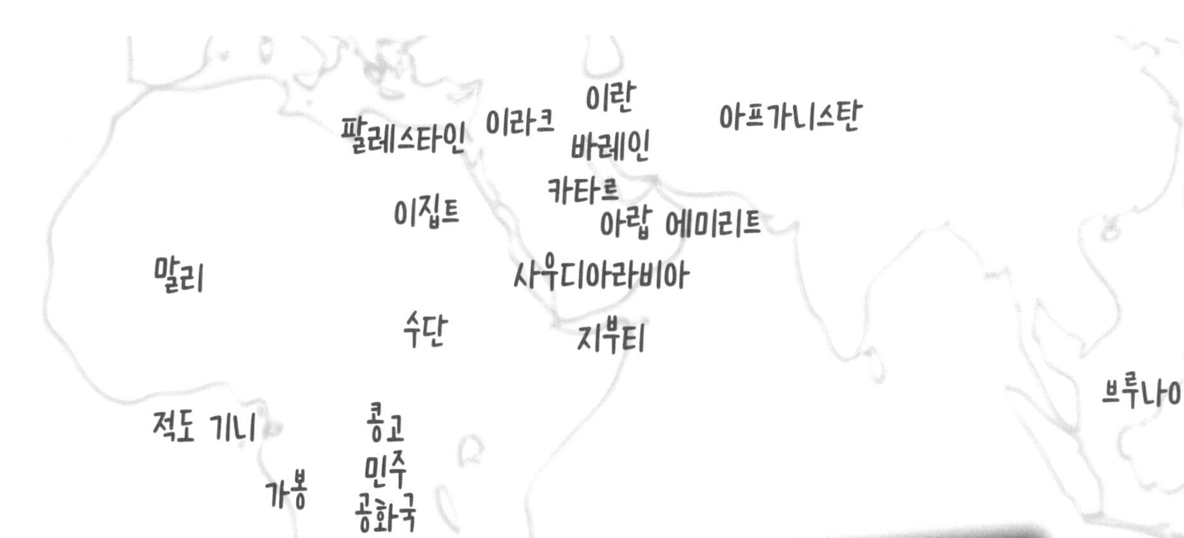

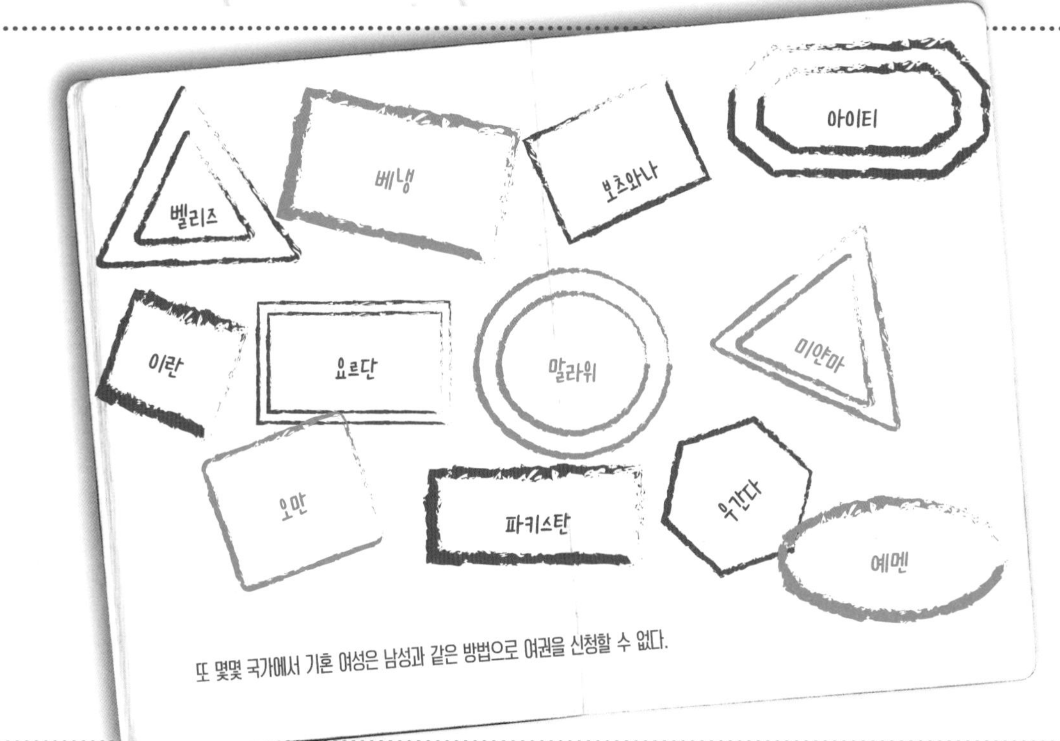

그리고

콩고 민주 공화국

은행 계좌 개설 등 법적 문제에 대해 기혼 여성은 반드시 남편의 허락을 받아야 한다.

쿠웨이트

남성은 언제든 일방적으로 이혼할 수 있지만, 여성은 특정한 경우에만 이혼 절차를 밟을 수 있다.

수단

공식 신분증을 발급받거나 국내외를 여행하려는 여성은 남성 후견인의 허락을 받아야 한다.

복장 단속

2013~2014 년

· **50개 국가**는 종교적인 이유로 여성의 복장을 규제하는 법이나 정책이 하나 이상 있다.

· **38개 국가**는 특정 상황에서 여성의 종교적 옷차림을 금지하는 규정이 있다.

· **11개 국가**는 특정 상황에서 여성이 종교적 복장을 갖춰 입도록 강제하는 규정이 있다.

· **1개 국가** 러시아에서는 상충되는 두 가지 복장 규정이 적용된다. 체첸 여성은 공공 건물에서 히잡을 반드시 착용해야 하지만, 스타브로폴의 공립학교에서는 히잡 착용을 금지한다.

금지된 여성의 복장

정부가 미풍양속과 사회 질서 유지를 명목으로 금지한 여성 복장

· **수단** 짧은 치마와 바지를 포함한 외설적인 옷차림

· **북한** 바지

· **우간다** 짧은 치마와 반바지

· **사우디아라비아** 피부, 머리카락 노출

· **프랑스** 부르카, 니캅

· **벨기에** 부르카

· **오스트리아** 부르카

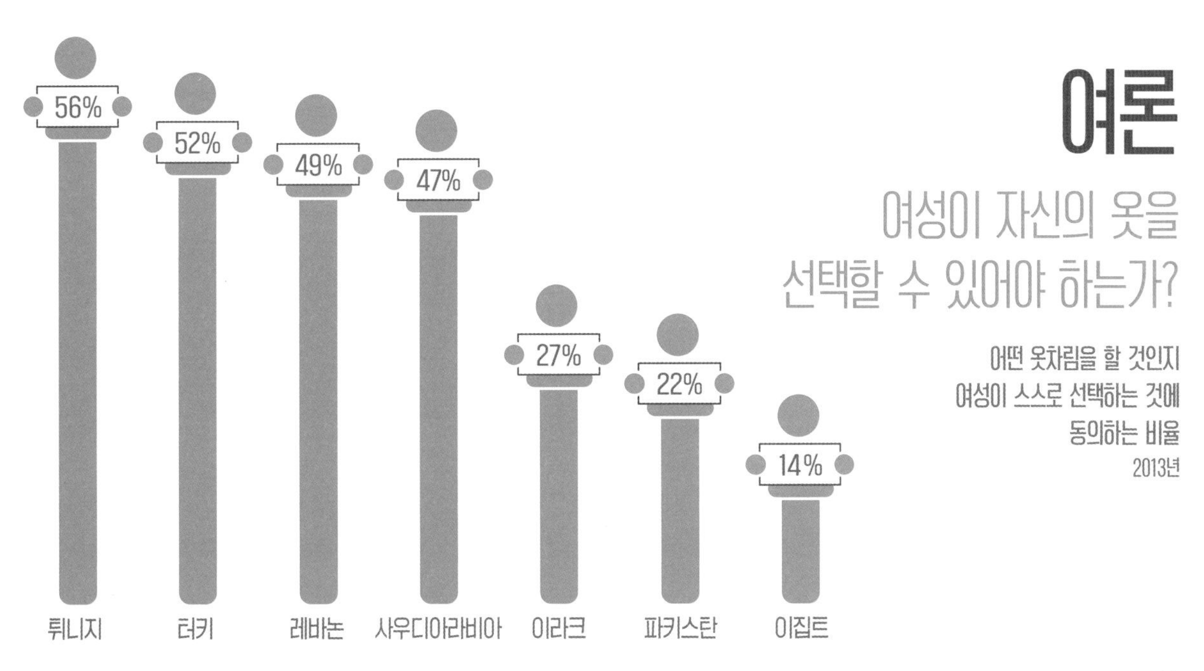

여론

여성이 자신의 옷을 선택할 수 있어야 하는가?

어떤 옷차림을 할 것인지
여성이 스스로 선택하는 것에
동의하는 비율
2013년

'명예'살인

전 세계 많은 곳에서 여성과 소녀는 조신하게 행동하지 않거나, 기존 성별 기준을 따르지 않거나, 성적으로 부적절한 행동을 하면 명예살인을 당한다.
명예살인은 대개 남자 형제나 아버지 같은 가족이
여성 가족의 행동으로 실추된 가문의 명예를 살인으로 회복한다는 명분으로 자행한다.
성 소수자는 그들의 존재 자체가 전통적인 성 규범에 어긋나기 때문에 명예살인을 당할 위험이 높다.
명예를 위한 또 다른 폭력으로는 강제 결혼, 품행이 좋지 않은 여성과 소녀의 납치 및 감금이 있다.
명예살인이 발생하는 국가는 다음과 같다.

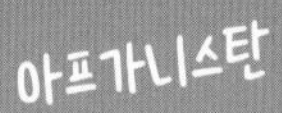

아프가니스탄
아프간 형법에 따라
간통을 저지른 아내를 명예살인한 혐의로
유죄 판결을 받은 남성은 2년 이상의
징역형을 선고받을 수 없다.

이란
형법은 명예살인을 저지른 아버지와
다른 가족 구성원의 형량을 감해 준다.

이집트
주로 시골 지역에서
자행된다.

모로코

이라크
명예와 관련된 범죄는 형량이 감경될 수 있다.
남성이 부인이나 여성 가족이 간통을 저질렀다고 의심해
살인하고 재판받는 경우
3년 징역형이 최대 형량이다.

방글라데시

인도
2015년 경찰에 251개의
명예살인 사건이 접수

예멘
주로 시골 지역에서
자행된다.

쿠웨이트
형법은 명예 관련 범죄를
경범죄로 분류한다.

파키스탄
2004년 명예살인 관련법과 2011년
반(反)여성 관행 금지법은 '전통적 관행'이라는 명목으로
여성을 대상으로 자행된 행위를 범죄로 규정한다.
아직도 매년 수백 명의 여성이 명예살인으로
희생당한다고 추정된다. 2009년 조사에 따르면,
파키스탄에서 발생한 살인 사건(여성과 남성 희생자
포함) 중 최소 21% 이상이 명예살인으로 희생된 여성이다.
명예살인으로 알려진 사건 중 55%는
화기로 저질러졌고, 11%는 도끼를 사용했다.

요르단

시리아
피고가 명예를 이유로 변론할 경우,
판사는 살인 및 폭행죄의 형량을
감해 줄 수 있다.

체첸

'정당화'된 구타

음식 태우기, 남편과 말다툼, 남편에게 말하지 않고 외출, 자녀 방치, 성관계 거부 등의 행위 중 한 가지 이상에 해당할 경우 남편이 아내를 구타하는 것이 정당하다고 응답한 15~49세 사이의 남성과 여성 비율

2011년 이후 조사 대상국 최신 통계

놀랍게도 대부분의 나라에서 아내 구타가 정당하다고 응답한 여성의 비율이 남성보다 높았다.

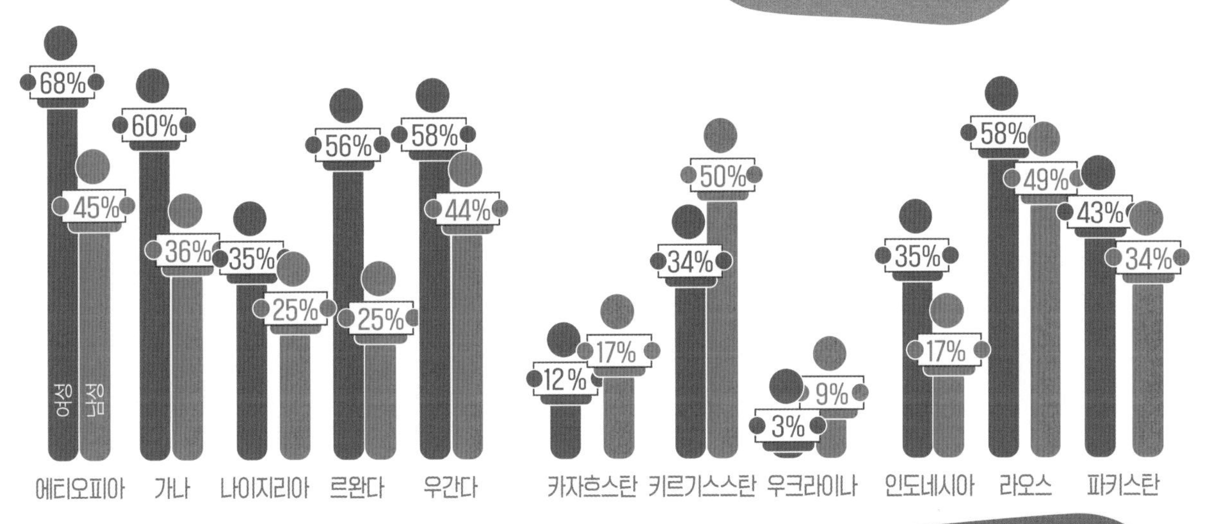

신고하는 여성

15~49세 사이의 여성 중 폭력을 경험하고 도움을 청했던 비율

2000~2013년 조사 대상국 최신 통계

많은 국가에서 폭력을 당한 여성 중 절반도 채 안 되는 여성이 타인에게 도움을 요청했다. 이때 여성 대부분이 가족과 친구에게 도움을 요청했고, 소수의 여성만이 경찰에 신고했다.

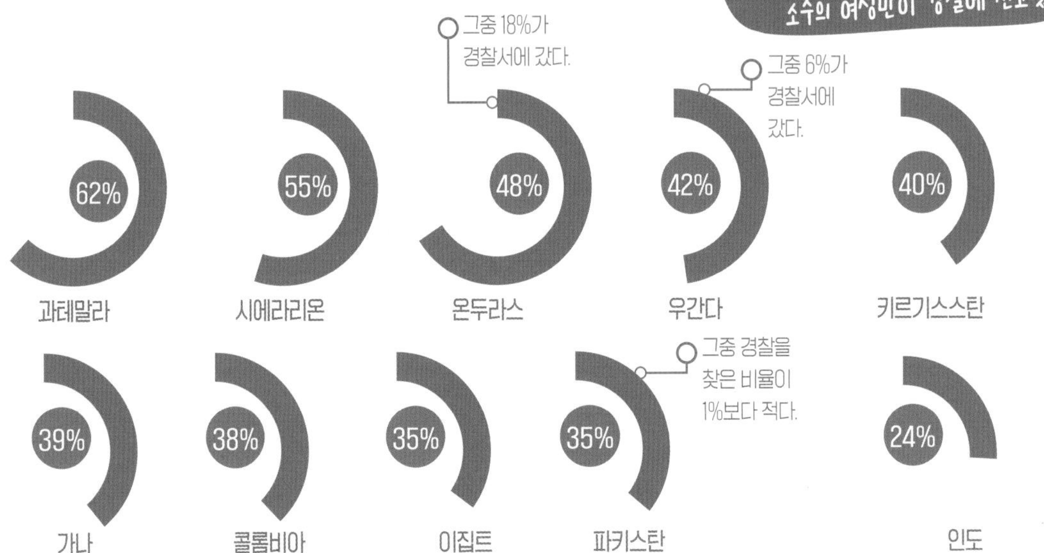

국가별 가정폭력 현황

생애 최소 한 번 이상 친밀한 관계에서 신체적 폭력을 당한 여성

2010년 이래 가장 최근 자료

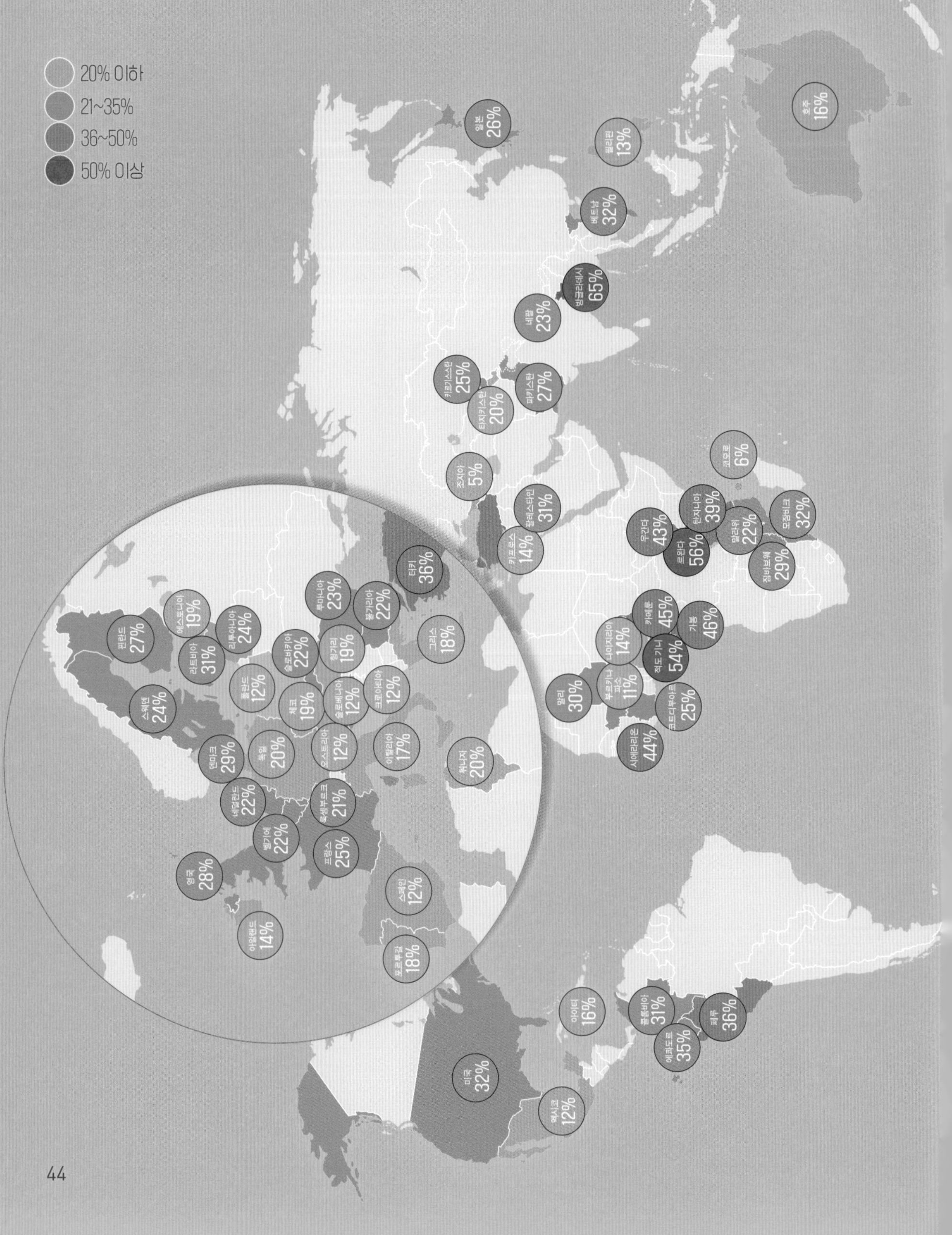

20% 이하
21~35%
36~50%
50% 이상

피지 61%
호주 16%
일본 26%
필리핀 13%
베트남 32%
방글라데시 65%
네팔 23%
키르기스스탄 25%
타지키스탄 20%
파키스탄 27%
코모로 6%
조지아 5%
팔레스타인 31%
키프로스 14%
우간다 43%
탄자니아 39%
르완다 56%
말라위 22%
모잠비크 32%
짐바브웨 29%
카메룬 45%
가봉 46%
나이지리아 14%
적도 기니 54%
부르키나 파소 11%
말리 30%
코트디부아르 25%
시에라리온 44%
터키 36%
루마니아 23%
불가리아 22%
그리스 18%
에스토니아 19%
핀란드 27%
리투아니아 24%
라트비아 31%
슬로바키아 22%
헝가리 19%
폴란드 12%
체코 19%
슬로베니아 12%
크로아티아 12%
스웨덴 24%
덴마크 29%
독일 20%
오스트리아 12%
이탈리아 17%
튀니지 20%
네덜란드 22%
룩셈부르크 21%
벨기에 22%
프랑스 25%
영국 28%
스페인 12%
아일랜드 14%
포르투갈 18%
아이티 16%
콜롬비아 31%
페루 36%
에콰도르 35%
미국 32%
멕시코 12%

지역별 가정폭력 현황

연애 경험이 있는 15~69세 여성 중 친밀한 관계에서 폭력을 당해 본 비율
2010년 이래 가장 최근 자료

"전 세계에서 많은 여성이 단지 여성이라는 이유만으로
고문, 굶주림, 테러, 굴욕, 신체 절단 등
일상적인 고통을 경험하며 심지어 살해당하기도 한다.
여성이 아닌 다른 집단을 상대로
이러한 범죄가 벌어졌다면
심각한 반인륜 범죄로 인식돼
시민 사회와 정치권의 주목을 받았을 것이다."

샬럿 번치

친밀한 관계에서의 학대

미국

친밀한 관계에서의 신체적 학대는
1994년 여성폭력방지법이 통과된 이후
67%나 감소했다.

미국 내 인종과 민족에 따른 신체적 폭력

친밀한 관계의 파트너에게 신체적 폭력을 당한 여성
2011년

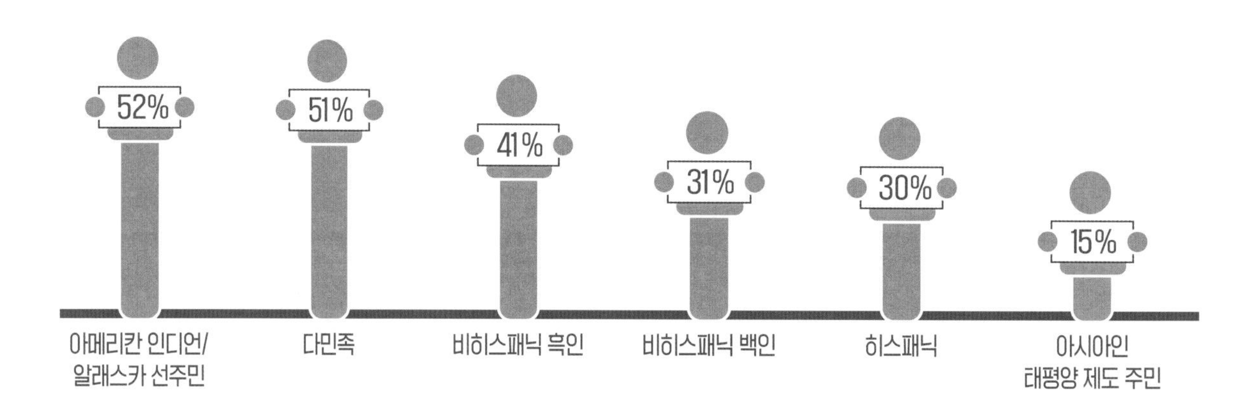

잉글랜드와 웨일스

가정폭력이 잉글랜드와 웨일스 전역에서
신고된 폭력 범죄의 1/3을 차지한다.
2015년 3월부터 1년간
120만 명의 여성과 65만 명의 남성이
가정폭력(학대)의 피해자였다.
2006년부터 지난 10년간
잉글랜드와 웨일스 전역에 거주하는
16~59세 여성의 9%, 16~19세의 젊은 여성의 13%가
가정폭력을 경험했다.

인도

2001~2012년 사이에
여성 대상 범죄로 분류된 범죄 중 45~50%는
남편이나 남편의 친척이 가해자였다.

중국

여성의 권리 신장을 담당하는 정부 기관은
기혼 여성의 1/4 정도가
가정폭력을 경험했을 것으로 추정하는데,
중국 최초의 가정폭력방지법은 2016년 시행됐다.

여성 쉼터

보호 시설이 처음으로 설립된 해

조사 대상 국가

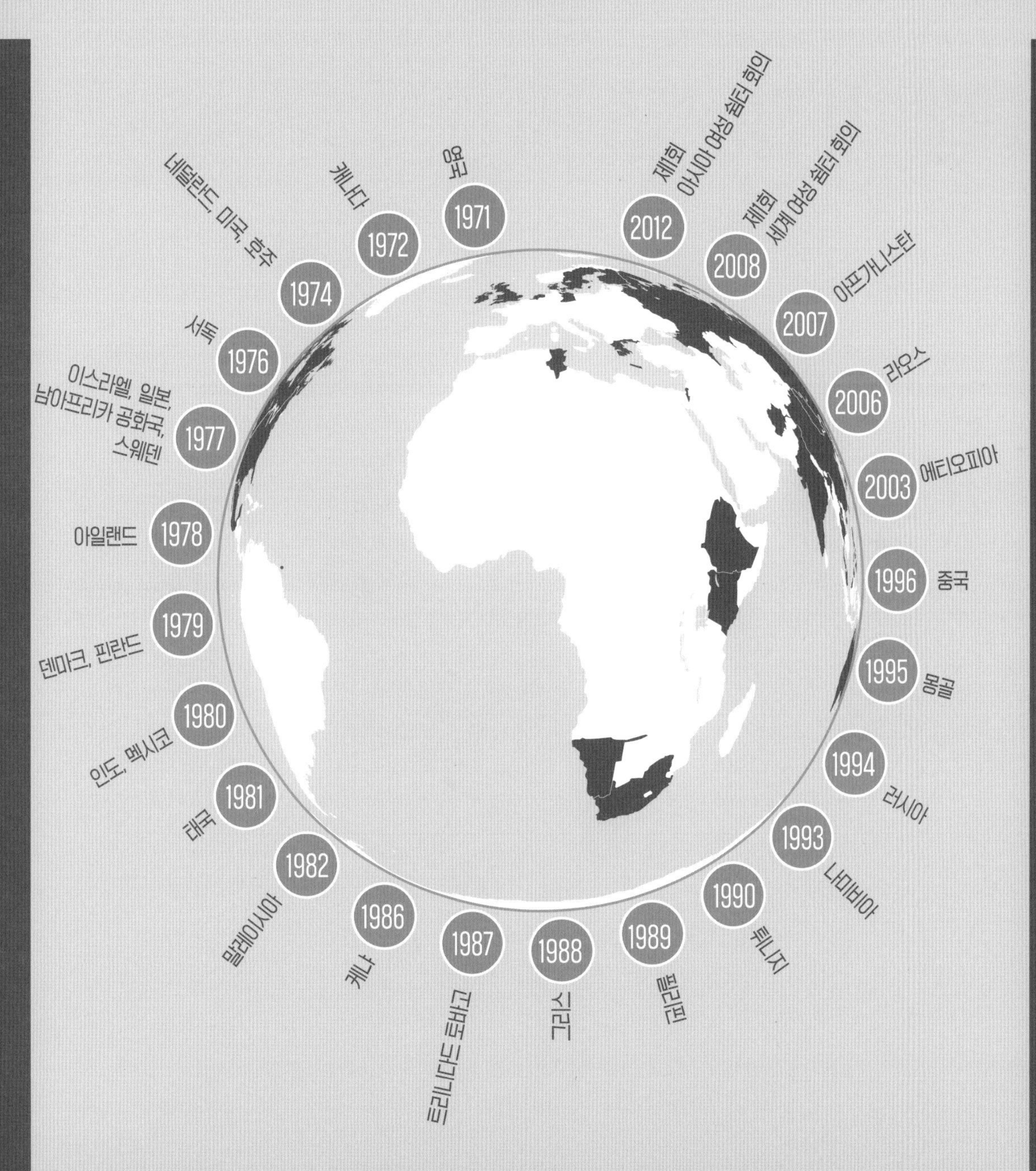

강간범과의 강제 결혼법

많은 국가에서 강간범이 피해자와 결혼하면 처벌을 면할 수 있도록 허용하는 법률이 존재한다.
대부분의 나라에서 이때 피해자가 그 결혼에 동의하는지 여부는 중요하지 않다.
가족은 가문의 명예를 지킨다는 명분으로 여성 희생자가 강간범과 결혼할 것을 강요하기도 한다.
페미니스트 및 인권 단체들이 이 법에 격렬하게 반대하는 가운데 그 성과가 조금씩 나타나기 시작했다.

처벌받지 않는 강간죄

강간범과의 강제 결혼법이 지금도 존재하며
제도의 공백이 여전히 개선되지 않은 국가

2016년 의회는 강간범과의
강제 결혼법 폐지를 의결했지만,
2017년 7월 현재
정부는 집단 강간의 경우에만
법의 폐지를 허용하려 한다.

강간범이
피해자의 남성 후견인으로부터
결혼을 허락받고
그 후견인이 강간범의
처벌을 원치 않으면
처벌을 피할 수 있다.

* 한 사람을 동일 범행에 대해 두 번 재판하거나
처벌하는 것. 이를 막기 위해 도입된 것이
일사부재리 원칙

페미니스트의 노력으로 강간범과의 강제 결혼법이 폐지된 나라

- 2017년 요르단, 레바논, 튀니지
- 2014년 모로코, 볼리비아, 모잠비크, 에콰도르
- 2012년 아르헨티나
- 2008년 니카라과, 파나마

레바논의 여성 단체 아바드(ABAAD)는 2011년부터 젠더 및 성적 자기 결정권을 지지해 왔다.
2017년 ABAAD는 SNS를 통해 #Undress522 등
강간범과의 강제 결혼법에 반대하는 미디어 캠페인을 적극적으로 주도했다.
2017년 연말 강간범과의 강제 결혼법은 결국 폐지됐지만,
성차별을 조장하는 다른 법은 여전히 존재한다.

• 2007년 코스타리카 • 2006년 과테말라, 우루과이 • 2005년 에티오피아, 터키

강간

평생 단 한 번이라도 강간당한 여성의 비율
2011년 이후 최신 자료

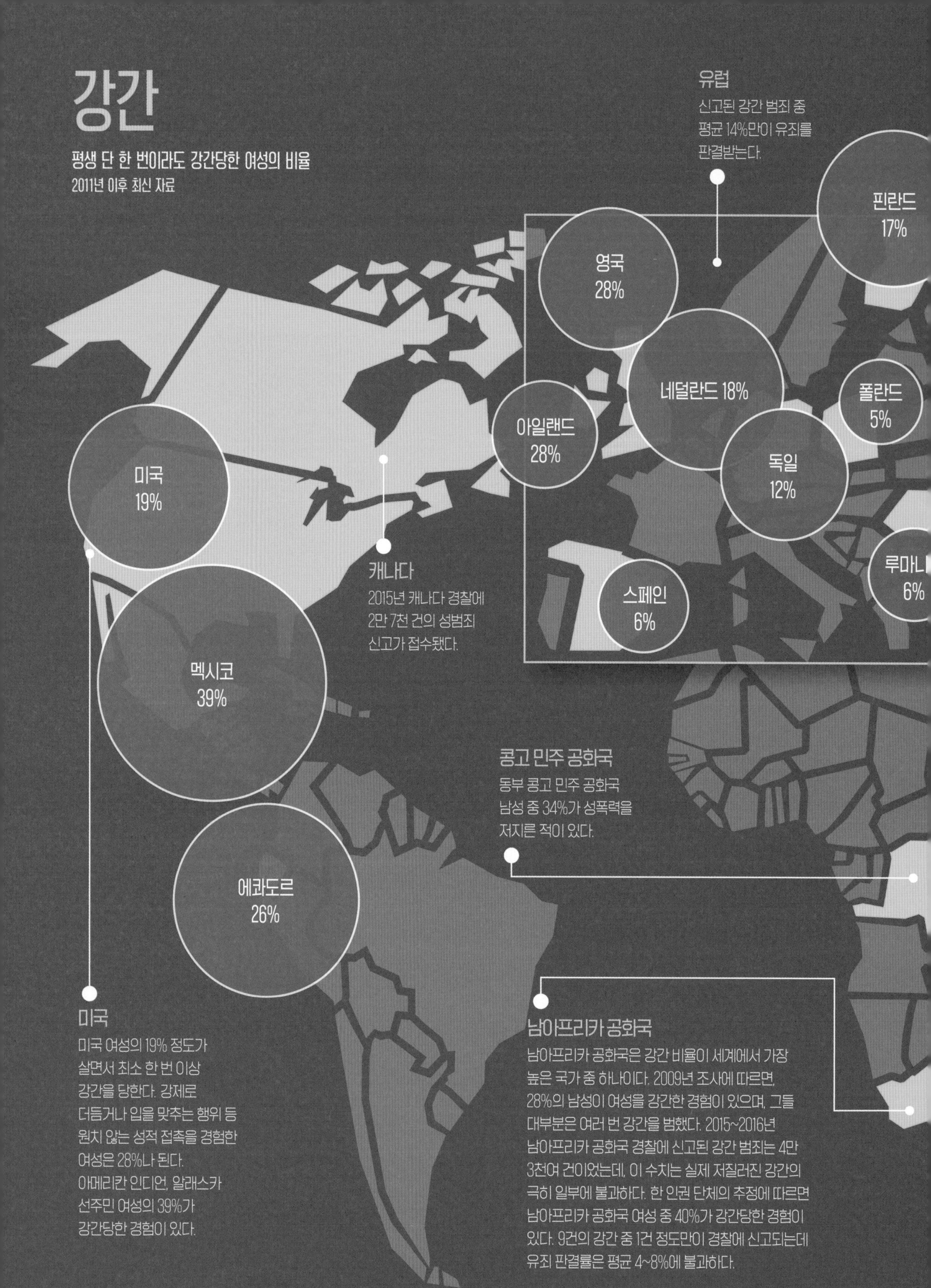

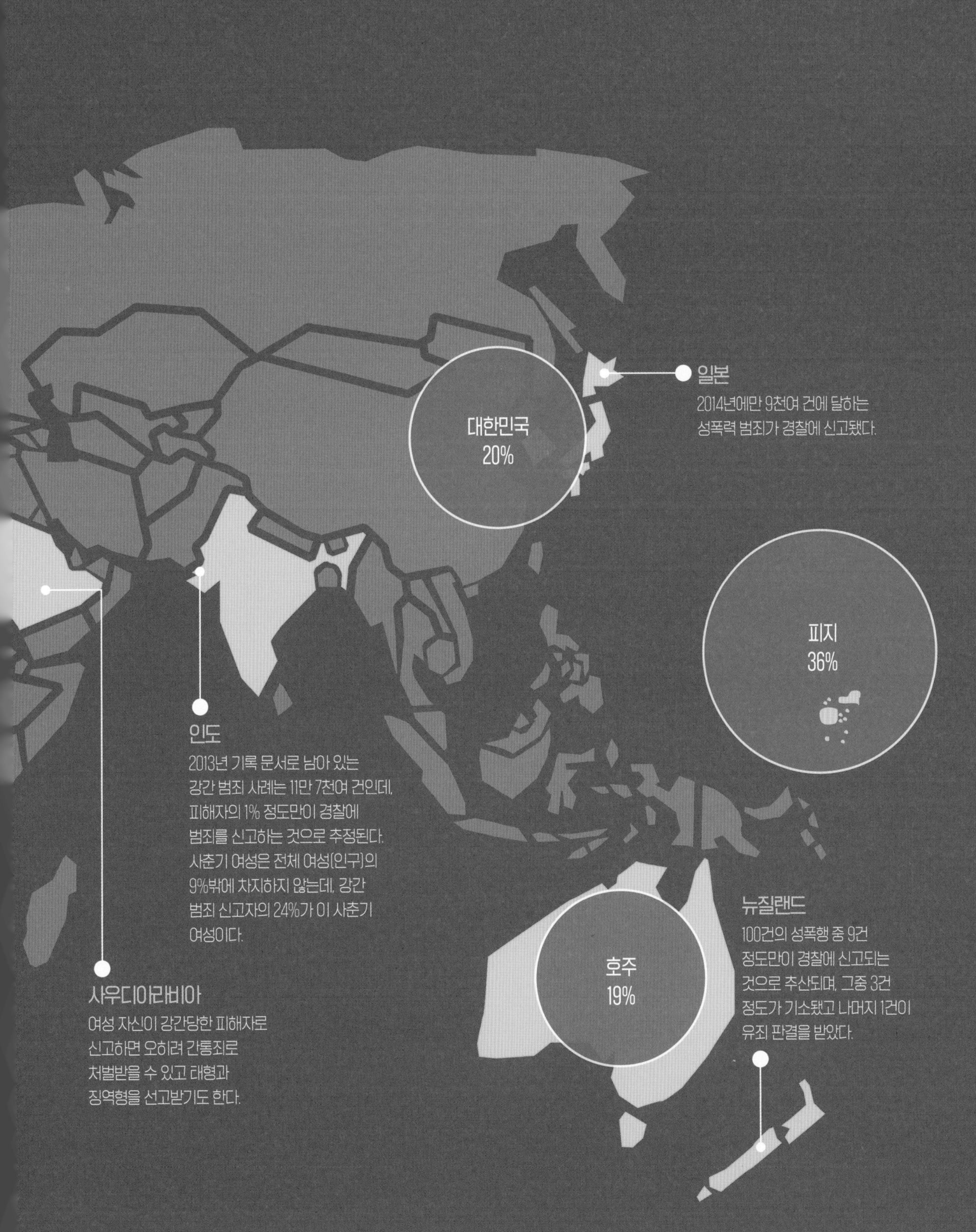
일본
2014년에만 9천여 건에 달하는
성폭력 범죄가 경찰에 신고됐다.
대한민국
20%
피지
36%
인도
2013년 기록 문서로 남아 있는
강간 범죄 사례는 11만 7천여 건인데,
피해자의 1% 정도만이 경찰에
범죄를 신고하는 것으로 추정된다.
사춘기 여성은 전체 여성(인구)의
9%밖에 차지하지 않는데, 강간
범죄 신고자의 24%가 이 사춘기
여성이다.
뉴질랜드
100건의 성폭행 중 9건
정도만이 경찰에 신고되는
것으로 추산되며, 그중 3건
정도가 기소됐고 나머지 1건이
유죄 판결을 받았다.
호주
19%
사우디아라비아
여성 자신이 강간당한 피해자로
신고하면 오히려 간통죄로
처벌받을 수 있고 태형과
징역형을 선고받기도 한다.

전쟁 지역의 강간

무장 분쟁 중인 지역의 군인이나 민병대에 의해 대규모로 자행된 집단 강간

1990년대부터 2018년까지, 잘 알려진 지역만 표시

* 1950년에 유럽 심의회를 중심으로 하여 로마에서 체결한 조약. 정식 명칭은 '인권 및 기본적 자유를 보호하기 위한 조약'으로, 세계 인권 선언과 유엔 헌장 인권 규정에 빠져 있는 법적 보장을 국제법적으로 확립했다.

집 안의 강간범

친밀한 관계의 파트너에게 성폭력을 당한 경험이 있는 여성의 비율
조사 대상국의 2011년 이후 가장 최신 통계

국가	비율
스페인	4%
호주, 나이지리아	5%
멕시코	6%
페루	8%
미국, 프랑스, 요르단	9%
영국, 스웨덴	10%
아이티, 네덜란드	11%
터키	12%
말리, 일본	14%
팔레스타인	15%
카메룬	20%
짐바브웨	26%
방글라데시	37%

폭력적인 관계에 처한 여성은 그렇지 않은 여성보다 에이즈(HIV)를 포함한 성병에 걸릴 위험이 4배나 높다.

부부 강간

많은 국가에서 부부 사이 강간은 명시적인 범죄로 규정되지 않는다. 다음의 국가를 포함한 여러 나라에서는 부부간 강간을 허용한다.

이란
이란 민법 제1108조는 여성이 언제나 남편의 성적 욕구를 충족시켜야 한다고 규정하고 있다. 여성이 남편과의 성적 행위를 거부하는 것은 불복종에 해당하므로 더 이상 남편의 부양을 받지 못할 수도 있다.

인도
인도 정부는 2017년 8월 부부간 강간 범죄화에 반대하는 공식 사법 보고서를 제출했다. 정부는 부부간 강간이 범죄가 되면 '결혼제도를 불안정하게 하고 남편을 괴롭히기 쉬운 수단이 될 수 있다'라고 우려했다.

바하마
2009년 한 국회의원은 부부간 강간을 범죄로 규정하는 법안을 제출했다. 하지만 엄청난 반대에 부딪혀 입법이 무산됐다.

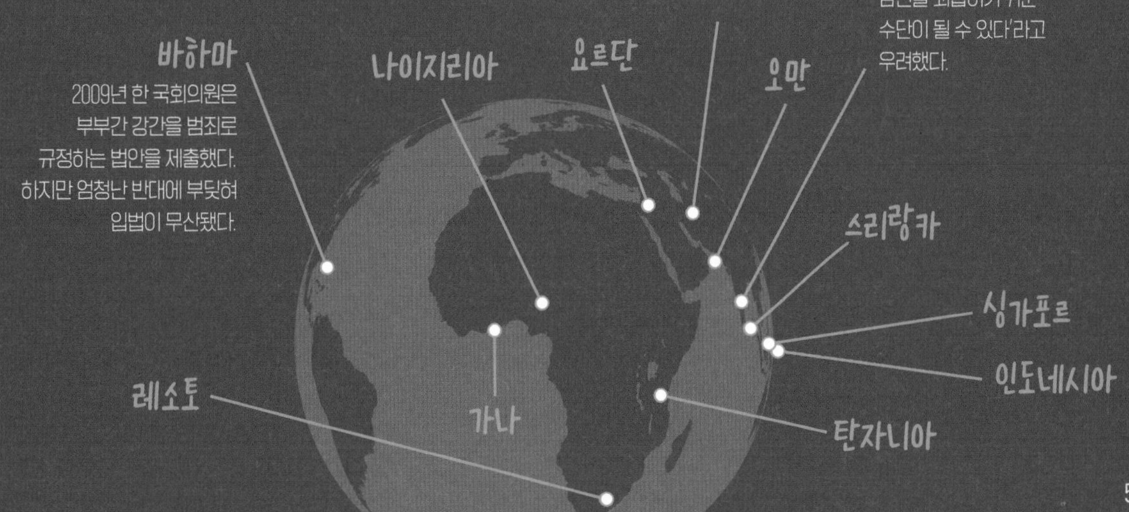

여성 살인

미국

2015년에 1,800명 이상의 여성과 소녀가 살해당했고, 이 중 90% 이상의 피해자가 남성에게 죽임당했다. 2004년부터 2014년까지 10,018명의 여성이 살해당했다. 극소수의 여성만이 낯선 사람에게 살해당했고, 피해 여성의 절반 이상이 친밀한 관계의 파트너에게 살해당했다. 남성이 친밀한 관계의 파트너에게 살해당하는 경우는 5% 정도에 불과하다. 여성은 학대하던 파트너와 헤어진 뒤 몇 주 안에 살해당하는 비율이 일반적인 관계였을 때보다 70배 정도 높다.

미국의 민족, 인종과 살인

	친밀한 관계의 파트너에게 살해당한 비율	총기 살인 비율	10만 명당 살인율
비히스패닉 흑인	51%	58%	4.4
아메리칸 인디언 알래스카 선주민	55%	39%	4.3
히스패닉	61%	49%	1.8
비히스패닉 백인	57%	53%	1.5
아시아인, 태평양 제도 거주민	58%	40%	1.2

캐나다

선주민 여성은 비선주민 여성보다 폭력적인 학대를 경험할 가능성이 3배 더 높고, 살해될 확률이 4배 더 높다. 2014년 보고서에 따르면 1980년부터 2012년까지 1,017명의 선주민 여성들이 살해당했고 164명이 실종됐다. 이것은 실제보다 적다고 추정된다. 국제적으로 매춘부로 일하는 여성은 성매매를 하지 않는 여성보다 살해당할 확률이 최대 100배 이상 높고, 이 살인 사건은 해결될 가능성이 낮다. 예를 들어, 캐나다에서 1991년부터 2014년까지 전체 살인 사건 중 미제 사건 비율이 20%였고, 성매매 여성 살인 사건 중 미제 사건 비율은 34%였다.

멕시코

북부 멕시코에서 지난 20여 년 동안 대략 수백, 수천 명의 여성과 소녀가 납치, 살해됐다. 당국의 방치하에 이 '여성을 죽이는 모임(femicide cluster)'은 최근까지도 조직적 범죄 활동, 마약 밀매, 성폭력을 지원하고 사주하는 범죄의 중심에 있었다. 2011년에만 시우다드 후아레스라는 도시에서 300여 명의 여성이 살해당했다.

프랑스

3일에 한 명씩 현, 전 파트너에게 살해당한다.

브라질

2013년에 4,762명의 여성이 살해됐다.

아르헨티나

아르헨티나 페미니스트들은 '페미사이드(여성 죽이기)'라고 부르는 살인 사건으로 30시간마다 한 명씩 죽임당한다. 이 살인의 가해자는 보통 남편이나 남자 친구, 가족 또는 지인이다.

국제적으로
여성과 소녀 대상 살인율이 높은 상위 5개 국가는 엘살바도르, 자메이카, 과테말라, 남아프리카 공화국, 미국, 러시아이다.

국제적으로
폭력에 시달리다 살해당하는 사람 중 남성과 소년의 비율이 높다. 하지만 여성 살인 피해자 비율은 남성 살인 피해자 비율에 필적하거나 더 높다. 심지어 오스트리아, 독일, 홍콩, 일본, 룩셈부르크, 뉴질랜드, 슬로베니아, 스위스 같은 고소득 국가에서도 살인 피해자 중 여성의 비율은 적어도 남성이 차지하는 비율 이상이다.

잉글랜드와 웨일스
가정폭력 때문에 한 해 평균 여성 100명, 남성 30명의 살인 피해자가 발생한다. 평균적으로 가정폭력 피해자는 신고 전 35번의 크고 작은 폭력을 참다가 결국 경찰에 신고하는 것으로 밝혀졌다.

네덜란드
2011년부터 2015년까지 발생한 여성 대상 살인 사건의 가해자 절반 이상이 현재 파트너 또는 전 파트너였다. 같은 기간 살해당한 남성의 3분의 1만이 지인에게 살해당했다.

러시아
한 해 1만 4천 명의 여성이 남성 파트너에게 살해된 것으로 추정된다.

독일
2015년에 교제 중이었던 12만 7,457명이 살인, 신체 위협, 강간, 성폭력, 협박, 스토킹 범죄의 희생자였다. 피해자의 약 82%는 여성이었다.

벨라루스
2015년 1월부터 10월까지 벨라루스 경찰 당국은 가정폭력 피해자 2천 명을 확인했고, 그중 76%는 여성이었다. 가정폭력 피해자 중 96명은 살해당했고, 169명은 심각한 상해를 입었다.

일본
일본 여성은 친밀한 현재 파트너 또는 과거 파트너에게 평균적으로 사흘에 한 명꼴로 살해당한다.

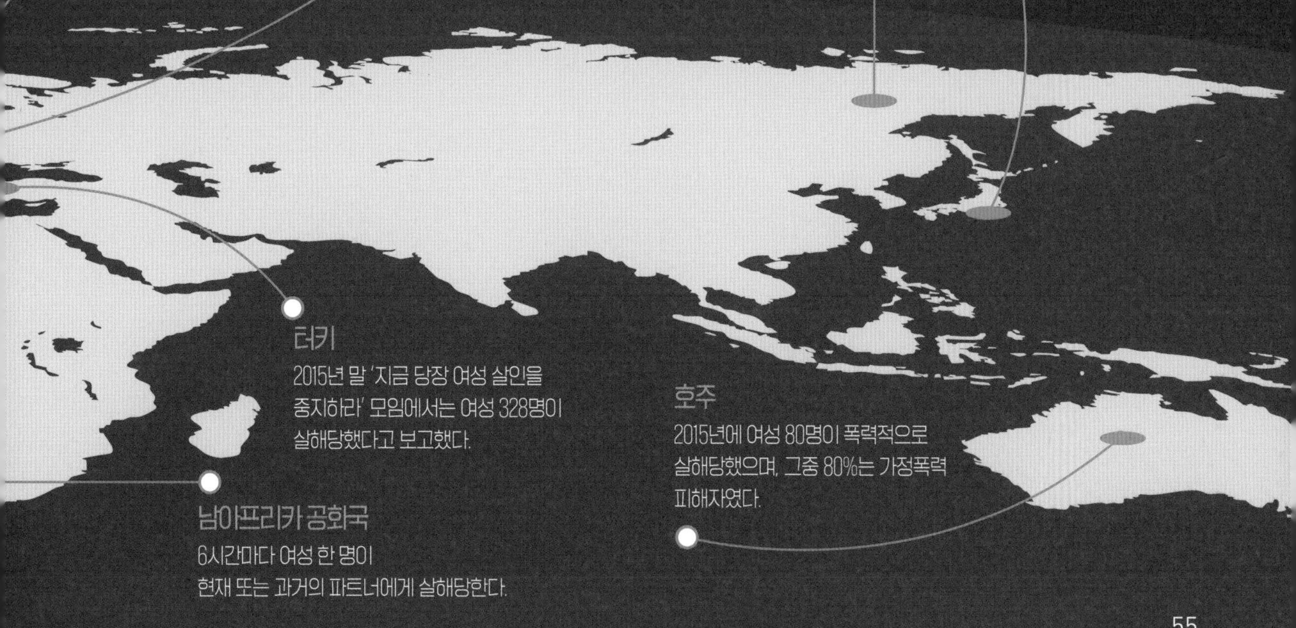

터키
2015년 말 '지금 당장 여성 살인을 중지하라' 모임에서는 여성 328명이 살해당했다고 보고했다.

호주
2015년에 여성 80명이 폭력적으로 살해당했으며, 그중 80%는 가정폭력 피해자였다.

남아프리카 공화국
6시간마다 여성 한 명이 현재 또는 과거의 파트너에게 살해당한다.

결혼 지참금 살인

전통적으로 신부 가족은 새로운 집에서 신부가 보살핌받을 수 있도록
신랑과 그 부모에게 돈이나 선물, 사치품 등을 건넨다.
지참금 관습은 현재 인도에서 불법이지만, 현실에서는 여전히 계속되고 있다.
결혼 후 신랑 가족이 더 많은 지참금을 요구하며 괴롭혀 매해 수천 명의 신부가 자살하거나 살해당한다.
지참금 살인은 주방 화재 사건처럼 보이도록 위장되기도 한다.
세계 각지에서 산발적으로 발생하는 지참금 살인은 특히 **방글라데시, 인도, 파키스탄에서 발생률이 높다.**

파키스탄

- 절대적 수치로 가장 많은 지참금 사망이 발생하는 나라는 인도이지만, 인구 대비 사망 사건 발생 비율이 가장 높은 곳은 파키스탄이다.
- 매해 지참금 사망으로 평균 2천여 명의 여성이 살해당하며, 실제 사망자 수는 훨씬 더 많을 것으로 추정된다.

인도

- 여성아동개발부 추산에 의하면 2012년에서 2014년 사이 거의 2만 5천여 명의 여성이 지참금 문제로 괴롭힘을 당해 자살하거나 살해당했다.
- 2015년 대략 7,634명의 여성이 지참금 괴롭힘으로 사망한 것으로 추산한다.
- 2016년 하루 평균 21건의 지참금 사망 사건이 신고됐지만, 신고되지 않은 실제 발생 사건은 더 많다.
- 지참금 사망 사건에 대한 유죄 판결률은 35% 이하이다.

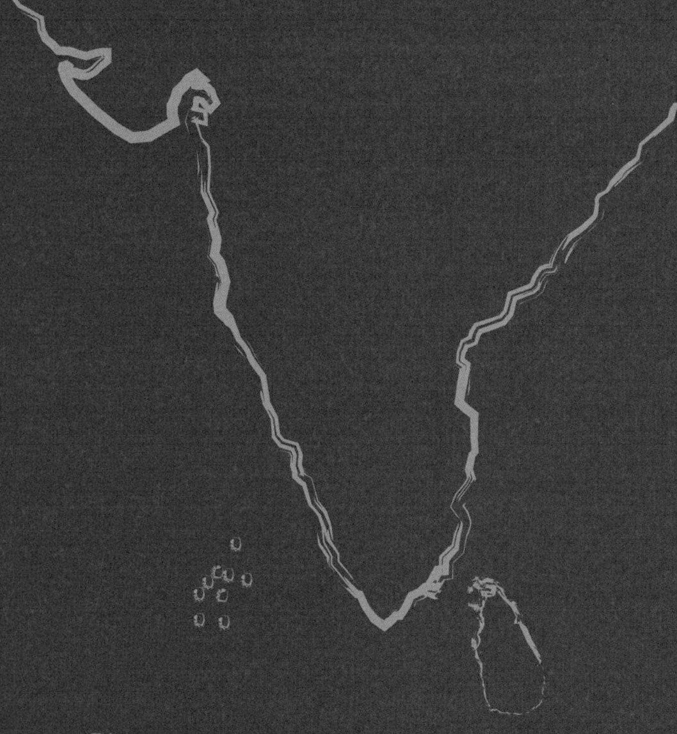

방글라데시

- 2014년에서 2016년 사이에 350건의 지참금 관련 사망 사건이 기록됐다.
- 방글라데시의 한 인권 단체가 추산한 바에 따르면 2016년에 108명의 여성이 지참금 폭력으로 신체적 고문을 당했고, 126명의 여성이 고문 후 사망했으며, 4명의 여성은 고문 끝에 자살했다

여성을 억압하는 근본주의

많은 국가에서 여성의 권리는 종교 근본주의의 압력을 받고 있다.
미얀마의 불교, 폴란드의 가톨릭, 미국의 기독교, 인도의 힌두교,
알제리의 이슬람교 등 수십 개의 예를 들 수 있다.

종교적 전통이라는 미명하에 여성에게 주어진 제약은
광범위한 인권 유린이나 정치적 억압의 양상을 보인다.
여성이 겪는 제약은 인간에게 다양한 방법으로 영향을 미치는
억압적인 문화에서 비롯됐다.

지난 20년간 여성에 대한 극단적 억압을 일삼는 종교적 이념에
기초한 무장 근본주의 세력이 부상했다.
알카에다, 보코하람, 알샤바브, 탈레반 그리고 ISIL은
극단주의자에게 여성 혐오를 조장했다.
일부 여성은 이 단체에 가입해 사회 규범의 정당성을 주장했다.
이로써 여성이 여성을 억압하는 모습을 보여 준다.

근본주의 세력의 영향력이 커지며 세계 곳곳에서 저항도 거세지고 있다.
페미니스트들은 근본주의가 금지하는 문제가 과연 정당한지
의문을 제기하고, 대안적인 종교관을 제시하는 일에 적극적이다.
특히 쿠르디스탄과 나이지리아에서 여성이 근본주의 세력에 맞설
무장 저항 단체를 결성했다는 점은 주목할 만하다.

보코하람 나이지리아 이슬람 무장 단체

보코하람의 여성 혐오적 특징

여학생을 납치, 강간하고, 강제로 결혼시킨다.

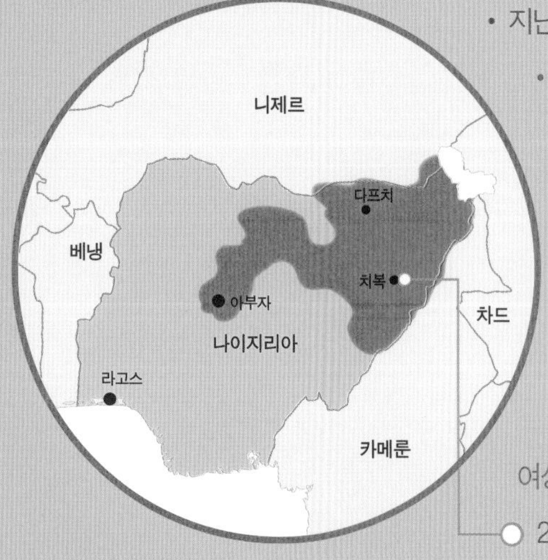

- 지난 10년 동안 2천여 명 이상의 여성과 소녀가 납치됐다.
- 납치된 소녀들은 조직적인 신체적 폭력과 성폭력을 당한 뒤, 무장 단체 전사에게 전리품처럼 아내로 수여된다.
- 전쟁 중에 상당히 많은 수의 남성이 살해됐다. 나이지리아 북동부에는 약 180만 명의 난민이 있는 것으로 추산되는데, 이 중 여성이 압도적으로 많다.
- 소녀들이 상대 진영에 쉽게 접근할 수 있다고 생각한 보코하람은 2011년부터 납치한 소녀들을 자살 폭탄 테러범으로 이용했다. 2011~2017년에 발생한 338건의 자살 공격 중 244건은 여성이나 소녀가 폭파범으로 드러났다.

2014년 나이지리아 치복 지역 근처 여학생 300여 명 억류 사건, 2018년 2월 다프치에서 110여 명이 붙잡힌 사건은 수많은 집단 납치 사건 중 일부이다.

ISIS, ISIL 혹은 다에시 급진 수니파 무장 단체

ISIS의 여성 혐오적 특징

여성과 소녀를 강간하고 노예로 만들어도 된다는 이론적 정당성을 만들었다.

- 2014년부터 ISIS 전사들은 이라크 북부에서 6천여 명 이상의 야지디족 여성을 납치해 노예로 삼고, 이들을 성노예로 거래했다.
- ISIS 종교 지도자는 ISIS가 보유한 영토 내 모든 여성(9세 정도의 아동 노예, 비노예 포함)을 노예로 만들거나 결혼시킴으로써 ISIS 전사에게 약탈 보상을 제공했다.
- ISIS는 여성이 '숨겨지고 가려져야' 한다고 주장했다. ISIS 영토 내에서 여성은 공공장소에 가려면 반드시 남성 후견인과 동행해야 하고, 이중의 베일을 쓰고 헐렁한 아바야와 장갑을 착용해야 한다.
- ISIS는 여성이 사회 규범을 준수하도록 강제하고자 여성 단체를 창설했다.
- 성 소수자, 특히 남성 동성애자는 고문당하고 죽임당했고, 여성 동성애자는 극심한 박해를 받는다.
- 2017년에 영토 대부분을 잃었음에도, ISIS 전사와 세포 조직들은 그들의 세력이 정점에 달했을 때 구축한 성매매 시장과 인신매매 네트워크를 유지하며 확장하고 있다.

출생권과 임신 중지

수많은 여성이 일생 임신과 출산을 하며, 심지어 어린 소녀도 출산을 경험한다. 언제 임신할 것인지, 몇 명의 자녀를 출산할지, 어떤 피임법을 선택하고 가족계획은 어떻게 할지에 관한 결정은 여성에게 매우 중요하다. 하지만 이 모든 결정 과정에서 정작 여성은 배제되는 경우가 많다.

피임과 임신 중지를 어렵게 하고 부부 강간을 조장하며 남편이 가족계획을 주도하게 하는 제도와 문화가 널리 퍼져 있다. 경제적 불평등은 여성의 의사 결정을 좌우하고 출생률에도 영향을 끼친다. 동거 중이거나 결혼한 여성의 12%가 출산을 원치 않음에도 경제적 어려움으로 피임을 하지 못하는 상황이다.

여성이 자신의 의지대로 가족계획을 실행할 수 없다면 가정을 넘어 경제, 교육, 정치 활동에 참여하기 힘들고, 남성으로부터 사회 경제적으로 독립적인 존재가 되기도 어렵다.

전 세계 여러 국가에서 임신 중지권을 둘러싼 찬반양론이 팽팽하게 대립하는 상황은 여성이 자기 몸에 대한 자율성을 충분히 보장받지 못하는 현실을 반영한다.

“만약
남자가
임신할 수 있다면,
임신 중지는
성스러운
의식일 것이다.”

플로린스 케네디

출생

여성 한 명당 평균 출생아 수

2015년

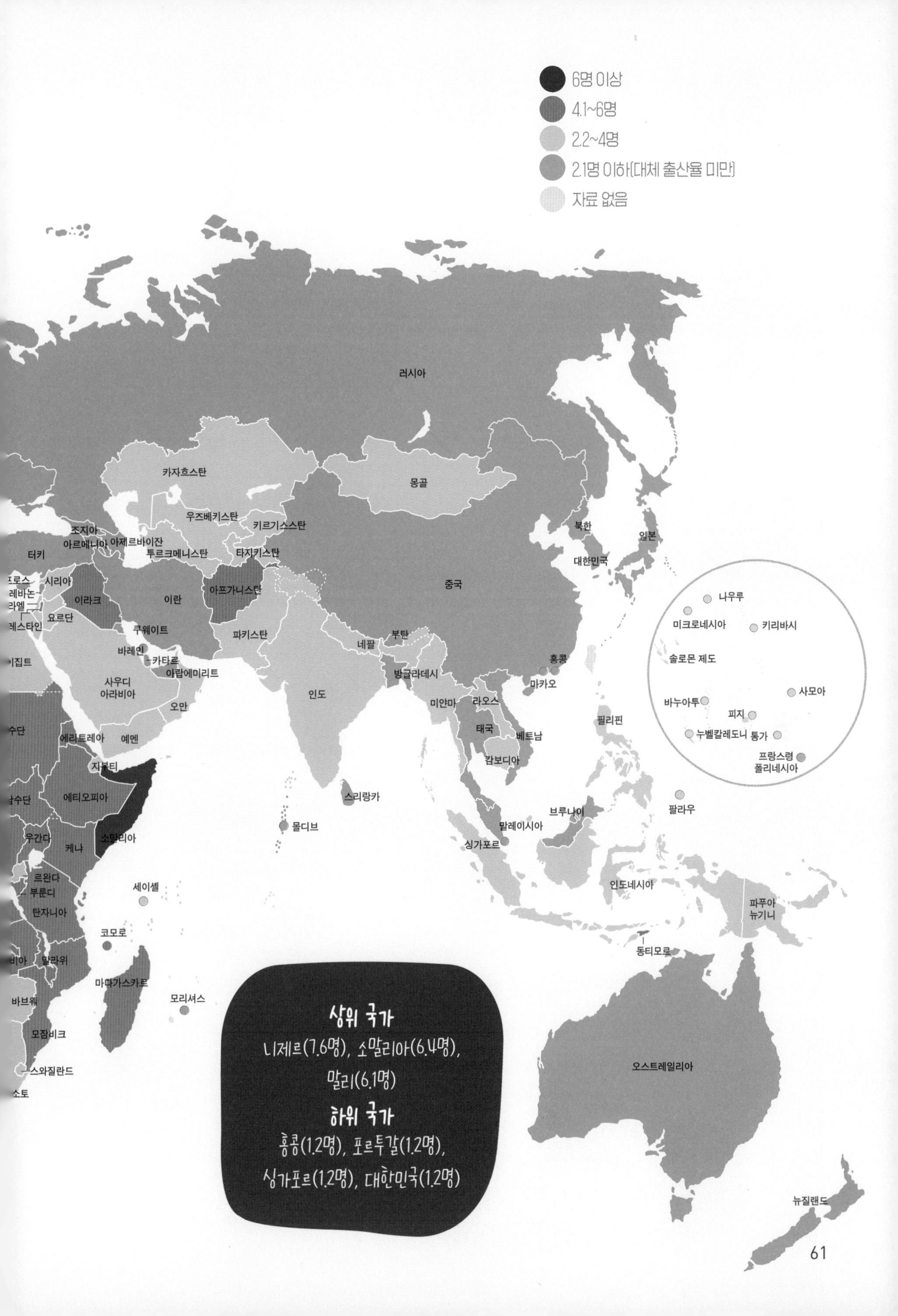
6명 이상
4.1~6명
2.2~4명
2.1명 이하(대체 출산율 미만)
자료 없음
러시아
카자흐스탄
몽골
우즈베키스탄
키르기스스탄
조지아
아르메니아
아제르바이잔
투르크메니스탄
타지키스탄
터키
북한
일본
대한민국
시리아
레바논
이라크
이란
아프가니스탄
중국
요르단
쿠웨이트
파키스탄
네팔
부탄
바레인
카타르
아랍에미리트
홍콩
마카오
사우디
아라비아
방글라데시
인도
오만
미얀마
라오스
에리트레아
예멘
태국
베트남
필리핀
지부티
캄보디아
에티오피아
스리랑카
브루나이
팔라우
몰디브
말레이시아
소말리아
우간다
케냐
싱가포르
르완다
부룬디
세이셸
인도네시아
탄자니아
파푸아
뉴기니
코모로
동티모르
말라위
마다가스카르
모리셔스
바브웨
모잠비크
스와질란드
오스트레일리아
뉴질랜드
나우루
미크로네시아
키리바시
솔로몬 제도
사모아
바누아투
피지
누벨칼레도니
통가
프랑스령
폴리네시아
상위 국가
니제르(7.6명), 소말리아(6.4명),
말리(6.1명)
하위 국가
홍콩(1.2명), 포르투갈(1.2명),
싱가포르(1.2명), 대한민국(1.2명)

첫 출산 나이

조상 대상 여성의 평균 첫 출산 나이
2010년 이후 가장 최신 통계

31	싱가포르
30	아일랜드, 일본
29	캐나다, 덴마크, 핀란드
28	벨기에, 잉글랜드, 웨일스
26	미국
23	캄보디아, 이집트, 아이티
21	부룬디
20	아프가니스탄, 카보베르데, 코트디부아르, 에티오피아, 케냐
19	방글라데시, 니카라과
18	차드

급변하는 출생자 수

여성 한 명당
평균 출생자 수

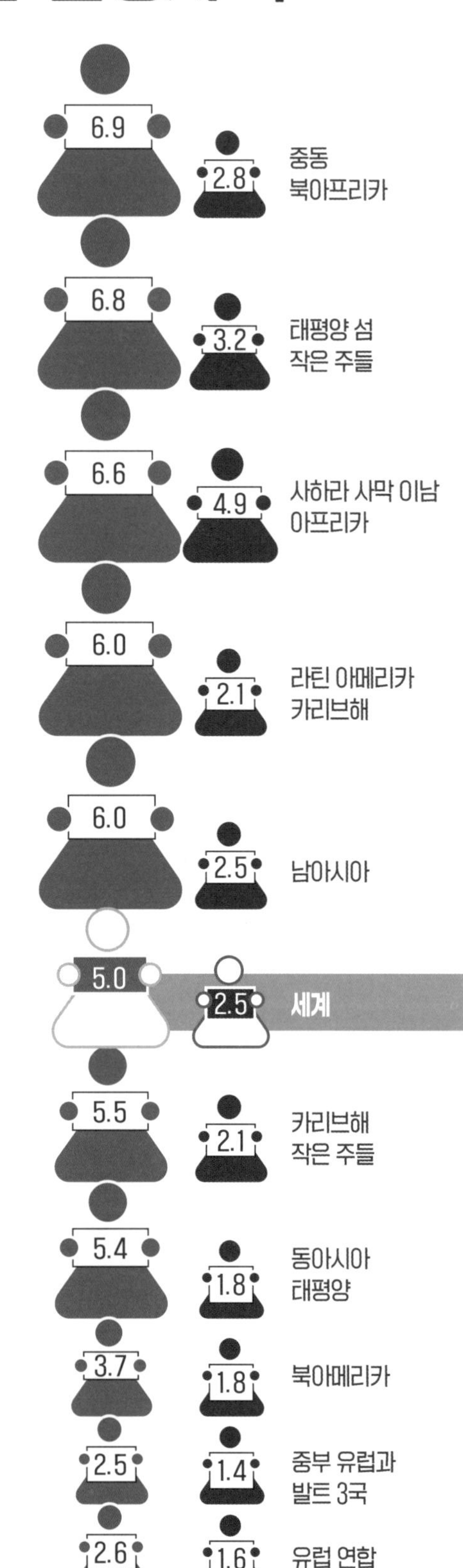

대다수 선진국은
여성 한 명이 낳는 아이 수가
대체 출산율인 2.1명을 밑돈다. 각국 정부는
노령화와 인구 감소가 끼칠 결과를 우려한다.
인구 감소를 겪고 있는 국가에서는
인구 유지 또는 인구 증가를 위해
적극적인 이민 정책을 펼치고 있다.

여전히 피임은 여성의 책임

전 세계적으로 가장 널리 쓰이는 피임법은 여성 불임 수술이다.
여성 불임 수술보다 남성 불임 수술이 간단하고 효과적이며 비용도 저렴하지만,
현실에서는 여전히 여성 불임 수술이 보편적이다.
대부분의 나라에서 남성 불임 수술(정관 절제술), 콘돔, 질외사정 등 남성이 직접 참여해야 하는 피임법은
전체 피임법 중에서 낮은 비중을 보인다.

현대적 피임법으로는 불임 수술, 자궁 내 피임 기구(IUD), 임플란트, 주사제, 경구 피임약, 콘돔, 사후 피임약이 있다.

전통적 피임법으로는 생리 주기 조절법, 약초 치료, 질외사정, 금욕이 있다.

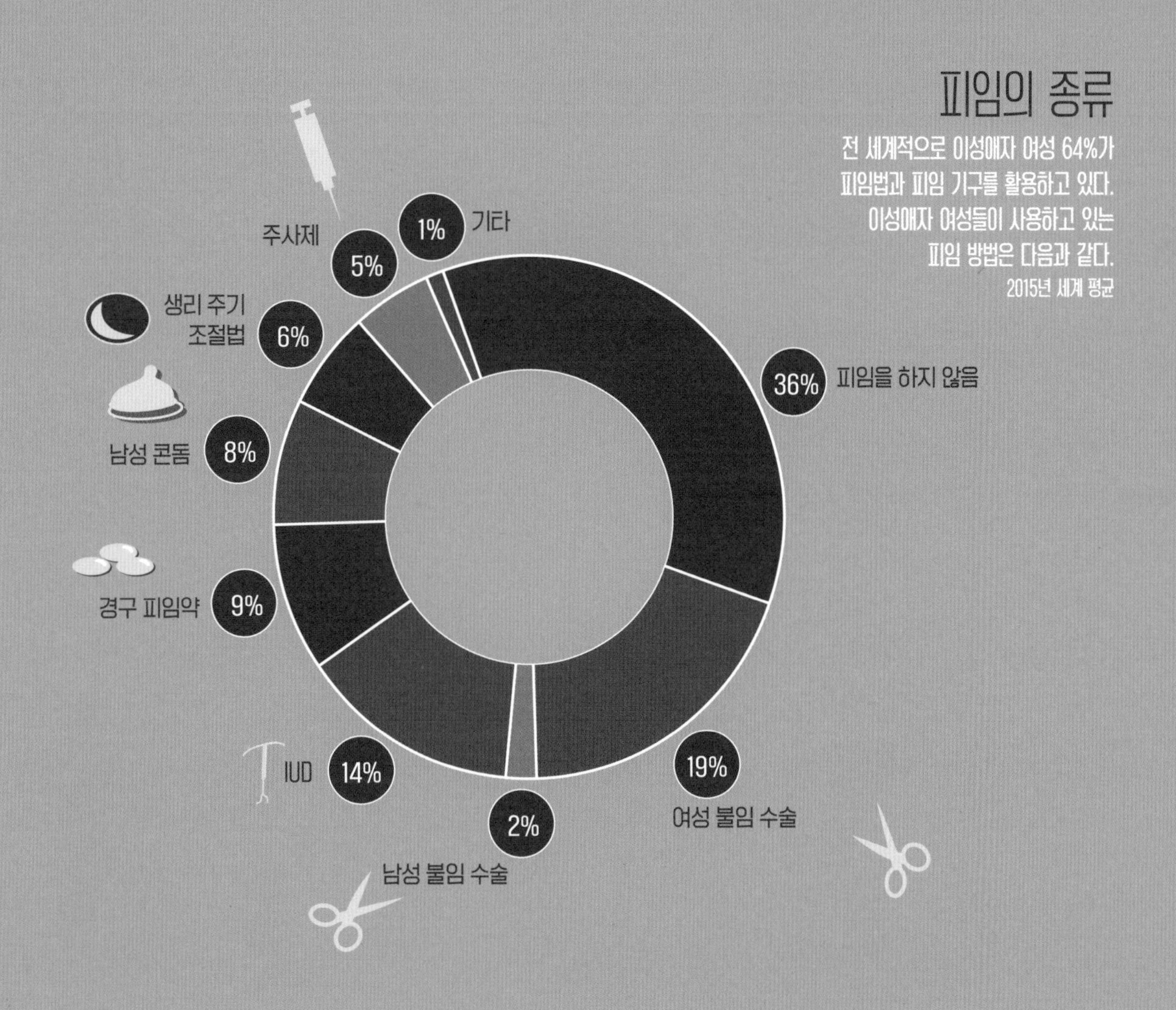

피임법 활용

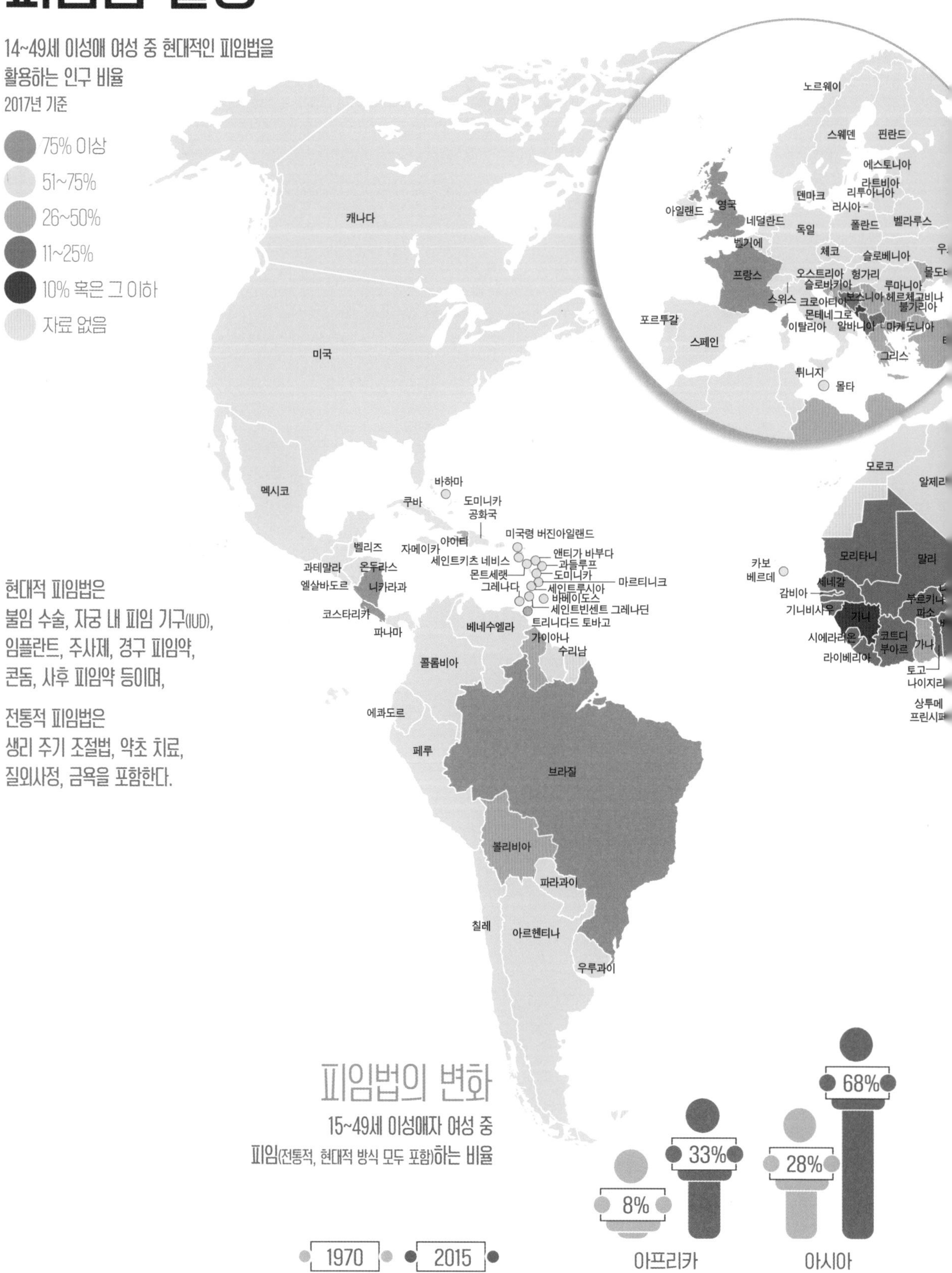

현대적 피임법은
불임 수술, 자궁 내 피임 기구(IUD),
임플란트, 주사제, 경구 피임약,
콘돔, 사후 피임약 등이며,

전통적 피임법은
생리 주기 조절법, 약초 치료,
질외사정, 금욕을 포함한다.

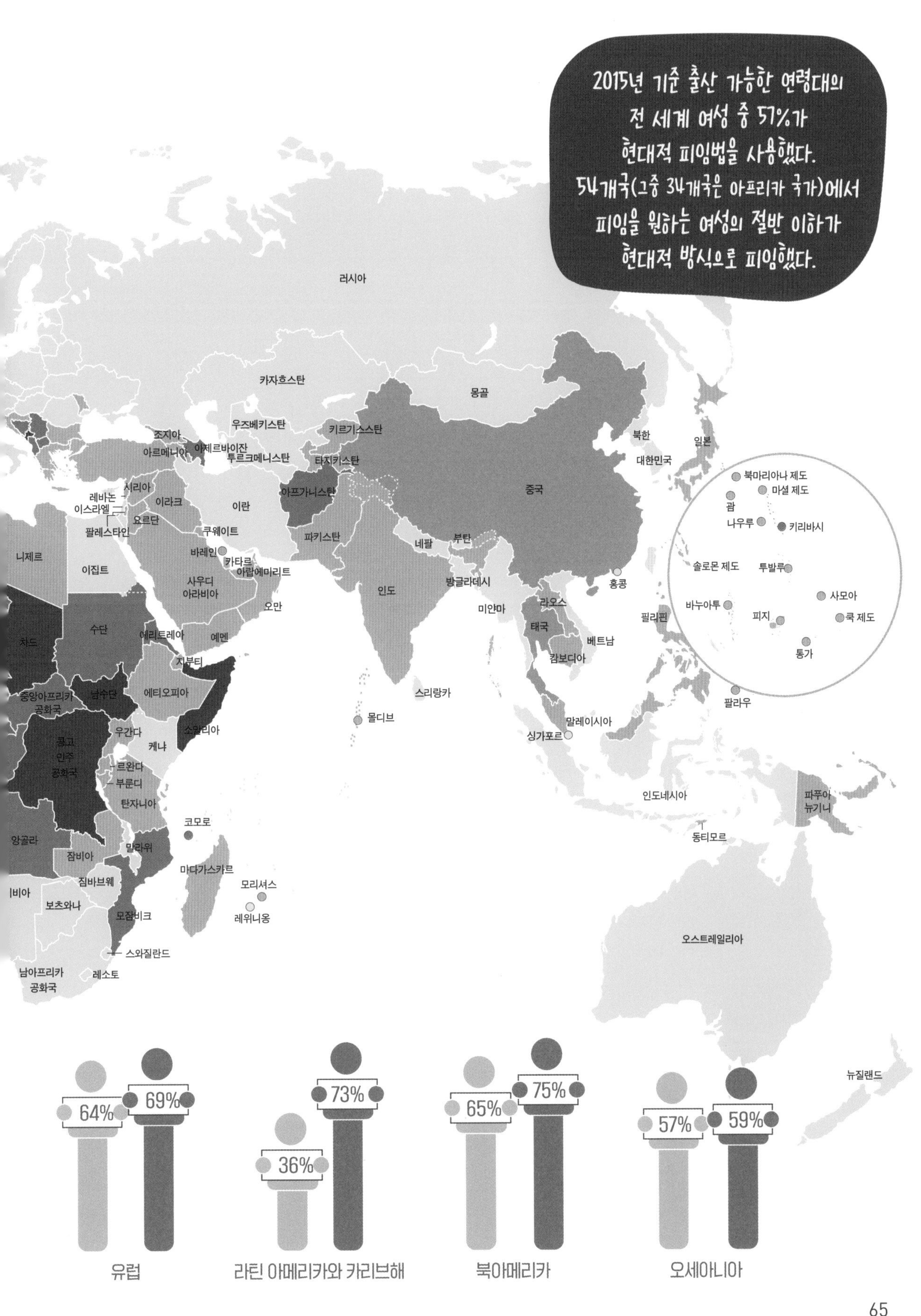
2015년 기준 출산 가능한 연령대의
전 세계 여성 중 57%가
현대적 피임법을 사용했다.
54개국(그중 34개국은 아프리카 국가)에서
피임을 원하는 여성의 절반 이하가
현대적 방식으로 피임했다.
러시아
카자흐스탄
몽골
우즈베키스탄
키르기스스탄
조지아
아르메니아
아제르바이잔
투르크메니스탄
타지키스탄
북한
일본
대한민국
중국
시리아
레바논
이스라엘
이라크
이란
아프가니스탄
요르단
팔레스타인
쿠웨이트
파키스탄
네팔
부탄
니제르
이집트
바레인
카타르
아랍에미리트
사우디 아라비아
인도
방글라데시
홍콩
오만
미얀마
라오스
필리핀
태국
베트남
캄보디아
차드
수단
에리트레아
예멘
지부티
스리랑카
중앙아프리카 공화국
남수단
에티오피아
몰디브
말레이시아
싱가포르
우간다
소말리아
케냐
콩고 민주 공화국
르완다
부룬디
탄자니아
인도네시아
파푸아 뉴기니
코모로
동티모르
앙골라
잠비아
말라위
마다가스카르
짐바브웨
모리셔스
보츠와나
모잠비크
레위니옹
오스트레일리아
스와질란드
남아프리카 공화국
레소토
뉴질랜드
북마리아나 제도
마셜 제도
괌
나우루
키리바시
솔로몬 제도
투발루
사모아
바누아투
피지
쿡 제도
통가
팔라우
64%
69%
36%
73%
65%
75%
57%
59%
유럽
라틴 아메리카와 카리브해
북아메리카
오세아니아

2020 가족계획 사업

거주 국가를 불문하고 경제적으로 힘든 상황에 부닥친 여성은 피임 기구를 사기 어렵다.
2020 가족계획 사업을 후원하는 원조 단체와 정부 연합은 피임에 대한 접근성이 떨어지는 69개 우선 순위 국가 여성에게 피임 기구를 제공하는 사업을 수행하고 있다.
이들은 2015년 2억 6,900만 달러 상당의 피임 기구를 원조했는데,
효과가 지속적인 피임 기구와 피임약을 우선적으로 공급했다.

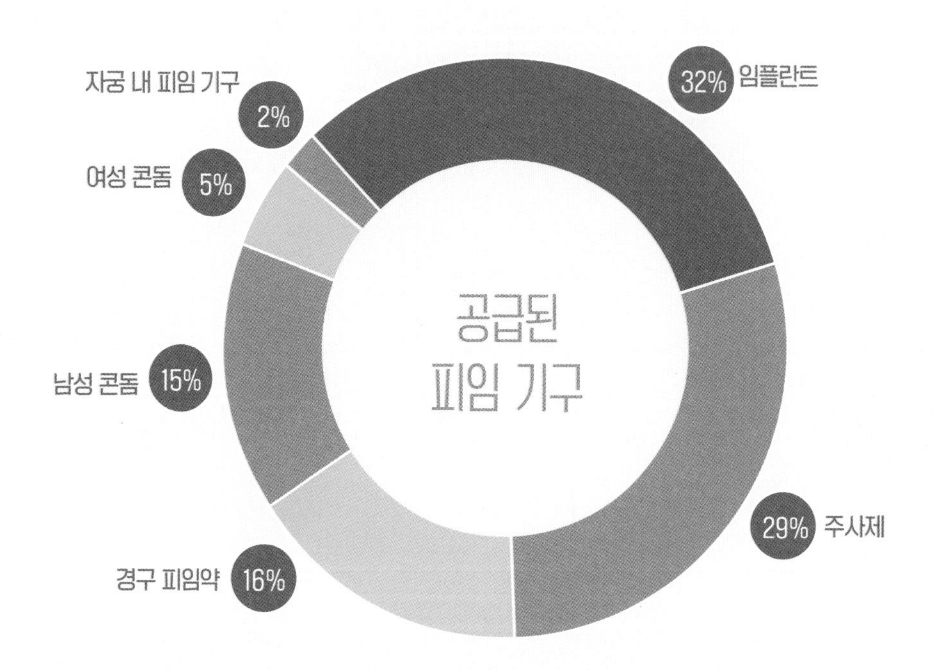

2020 가족계획 사업이 콘돔을 배급한 상위 5개국

2015년

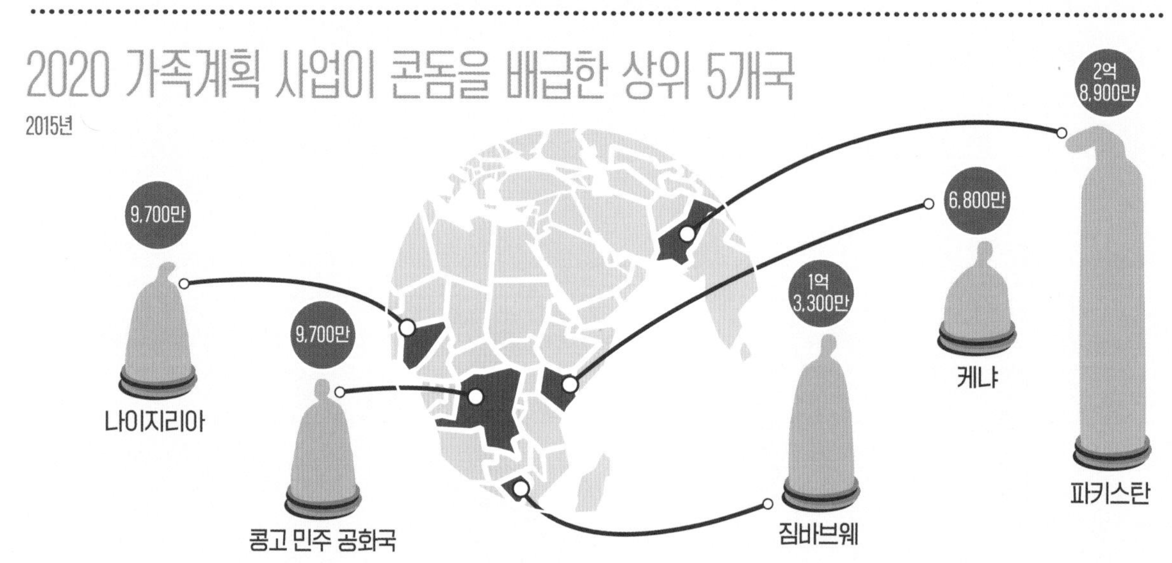

부족한 피임 기구

20% 이상의 여성이
피임 기구 부족을 겪고 있는 국가
2017년

개발 도상국의 **2억 1,400만 명**에 달하는 가임기 여성이 피임을 원하지만, 현대적 방식으로 피임하지 못하고 있다.
그중 어떤 피임 기구도 사용하지 못하는 여성은 1억 5,500만 명이고, 5,900만 명은 전통적인 피임법에 의존하고 있다.

동거 중이거나 결혼한 여성의 **12%**는 임신을 원하지 않아도 피임하지 못하는 상황이다.
피임 기구의 공급 부족은 산모와 신생아의 건강에 악영향을 끼치며,
예기치 못한 임신 가능성을 높여 여성의 사회 경제적 독립을 저해한다.

출산 중 산모 사망

전 세계 대부분 국가에서
산모 사망률은
낮아지는 추세다.
그러나!
1980년 이후로 미국에서 출산 중 산모 사망률이 두 배 넘게 증가했다. 미국은 선진국 중 가장 높은 산모 사망률을 보이는 국가이다. 미국 산모의 사망률이 계속 상승하는 가운데, 특히 흑인 산모의 사망률은 심각한 수준이다. 원인이 불명확한 미국의 산모 사망률 증가세는 산모 사망률이 떨어지는 세계적인 추세에 역행하고 있다.
시에라리온
산모 사망률이
가장 높은 국가.
산모 10만 명당
사망자 1,360명
캐나다
미국
멕시코
버뮤다 제도
쿠바
도미니카 공화국
자메이카
아이티
푸에르토리코
벨리즈
과테말라
온두라스
엘살바도르
니카라과
코스타리카
파나마
그레나다
세인트루시아
바베이도스
세인트빈센트 그레나딘
트리니다드 토바고
베네수엘라
가이아나
수리남
콜롬비아
에콰도르
페루
브라질
볼리비아
파라과이
칠레
아르헨티나
우루과이
아이슬란드
노르웨이
스웨덴
아일랜드
영국
덴마크
네덜란드
벨기에
룩셈부르크
독일
프랑스
스위스
오스트리아
체코
크로아티아
몬테네그로
이탈리아
포르투갈
스페인
튀니지
몰타
모로코
알제리
카보 베르데
모리타니
말리
니제르
세네갈
감비아
기니비사우
기니
부르키나 파소
시에라리온
코트디 부아르
가나
베냉
나이지리아
라이베리아
토고
차드
카메룬
적도 기니
상투메 프린시페
가봉
콩고
앙골라
나미비아

위험 지역

X 의료인의 도움으로 태어난 출생아가 전체 출생아의 절반 이하인 지역

2010년 이후 최신 통계

산모 사망률

10만 명당 사망한 산모 수

2015년

- 700명 이상
- 400~699명
- 100~399명
- 10~99명
- 10명 이하
- 자료 없음

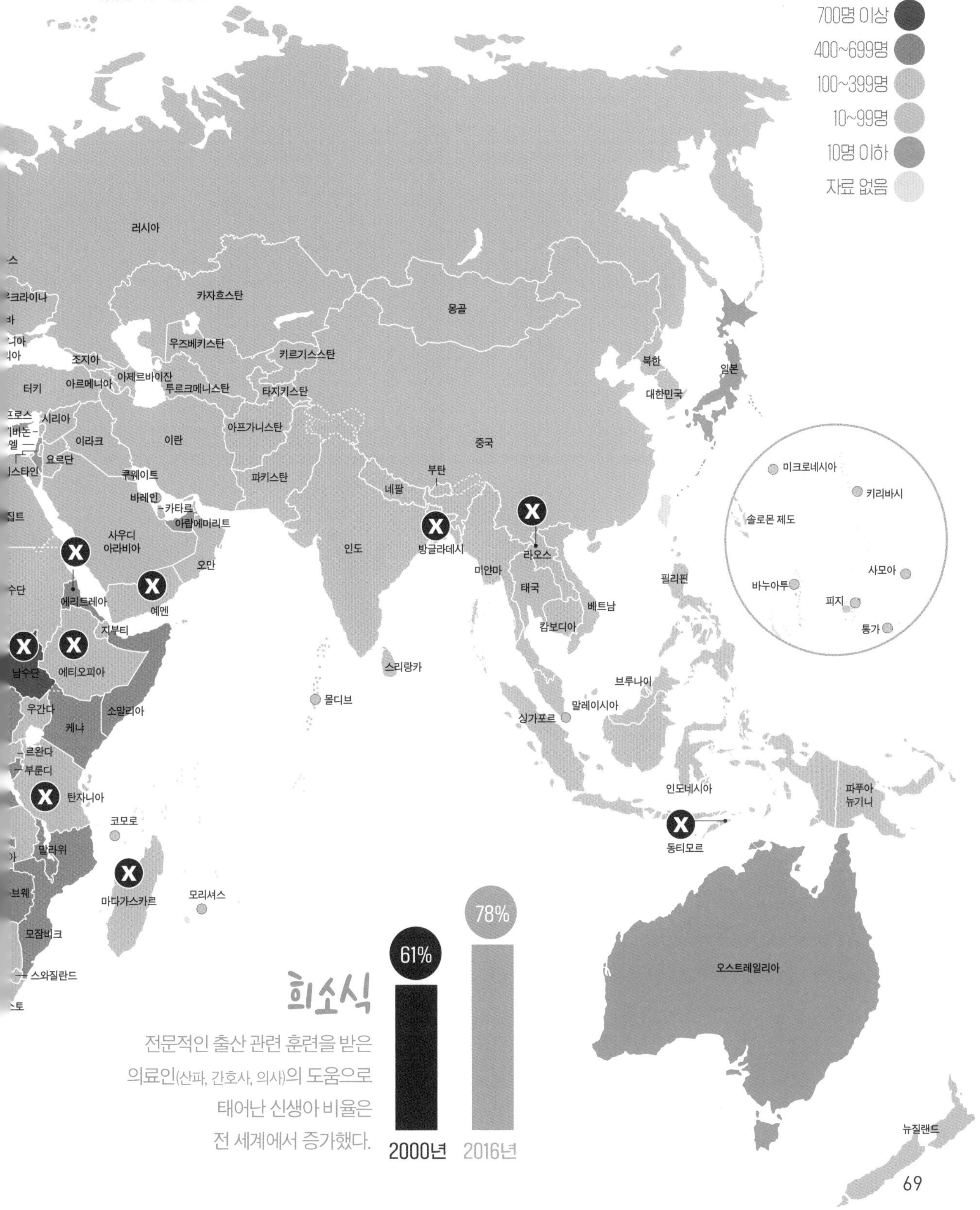

러시아
우크라이나
조지아
아르메니아
아제르바이잔
터키
시리아
이라크
이란
요르단
쿠웨이트
바레인
카타르
아랍에미리트
사우디 아라비아
오만
예멘
에리트레아
지부티
에티오피아
남수단
수단
소말리아
우간다
케냐
르완다
부룬디
탄자니아
코모로
말라위
마다가스카르
모리셔스
모잠비크
스와질란드
카자흐스탄
우즈베키스탄
키르기스스탄
투르크메니스탄
타지키스탄
아프가니스탄
파키스탄
몽골
중국
북한
대한민국
일본
네팔
부탄
인도
방글라데시
미얀마
라오스
태국
베트남
캄보디아
필리핀
스리랑카
몰디브
브루나이
말레이시아
싱가포르
인도네시아
동티모르
파푸아 뉴기니
오스트레일리아
뉴질랜드
미크로네시아
키리바시
솔로몬 제도
바누아투
사모아
피지
통가

희소식

전문적인 출산 관련 훈련을 받은 의료인(산파, 간호사, 의사)의 도움으로 태어난 신생아 비율은 전 세계에서 증가했다.

61% 2000년

78% 2016년

인종, 장소, 민족 그리고 죽음

미국

신생아 10만 명당 사망한 산모 수
2005~2007년 기준

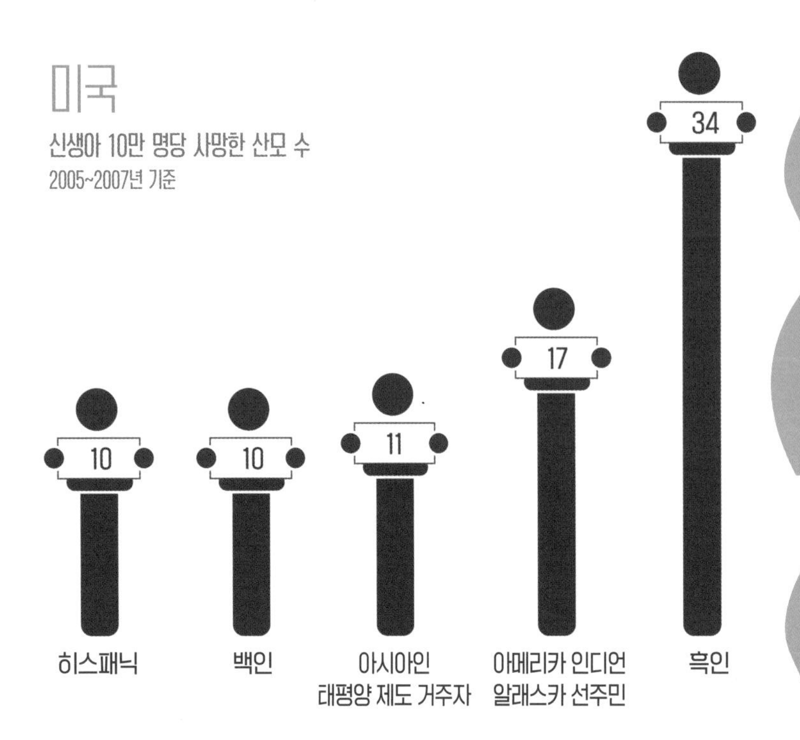

영국

산모 10만 명당 사망한 산모 수
2009~2012년 기준

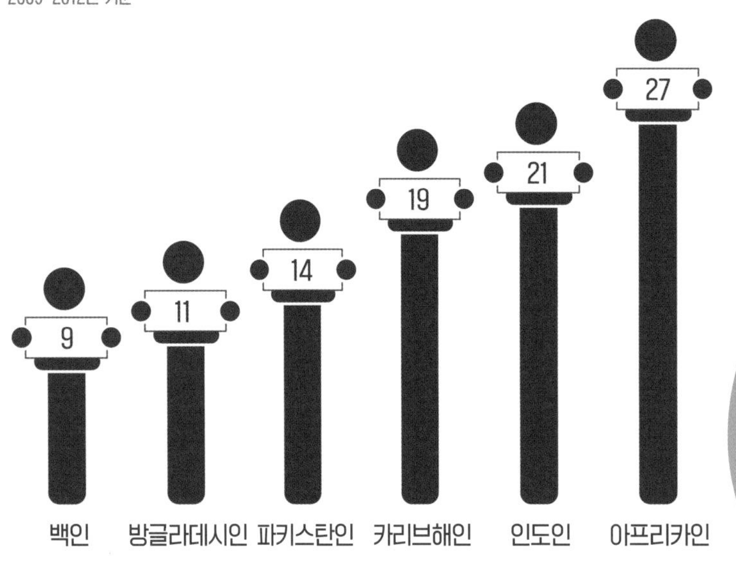

과테말라

2011년 비토착민 산모 사망률은 10만 명당 70명, 토착민 산모 사망률은 211명이었다.

파나마

2011년 시골 토착민 산모의 사망률은 전국 평균인 70명보다 10배나 높았다.

호주

2008년과 2012년 사이 원주민이 아닌 산모의 사망률은 10만 명당 7명이었으나, 원주민 및 토레스 해협 섬 산모 사망률은 14명이었다.

임신으로 죽음, 질병, 장애까지 발생할 수 있는데,
어떻게 임신은 오랜 기간 여성만의 책임이 됐을까?
한 조산사는 이렇게 주장했다.

'만약 많은 남성이
홀로 아프고, 다치고, 장애가 생기고, 수치심을 느끼고,
성기의 상처를 제대로 치료받지 못하거나 불임으로 고통받고,
성욕을 통제하지 못하거나 성관계 갖기를 두려워한다면
이에 대한 해결책은 진작에 마련됐을 것이다.'

유니세프

임신 중지법

2017년 7월 기준, 법이 정한 기준에 미치지 못해도 임신 중지가 가능한 곳이 있는 반면, 임신 중지가 법이 허용하는 기준보다 엄격하게 행해지는 국가도 있다.

- 임신 중지가 불법이거나 임산부 생명이 위중할 때만 엄격히 임신 중지를 허용하는 국가
- 임신부의 생명이 위험하거나 태아에게 장애가 있는 경우에 임신 중지가 제한적으로 인정되는 국가
- 사회 경제적인 이유로 임신 중지가 합법적인 국가
- 합법적이나 임신 주 수에 따른 제한이 있는 국가
- 자료 없음

남성의 동의

임신 중지에 남성 동의가 필요한 국가

2016년

임신 중지를 제한하는 법이 실제로 여성의 임신 중지를 막지는 못하고, 오히려 여성이 안전하지 못한 환경에서
임신 중지 수술을 받도록 방치하는 부작용을 낳고 있다.

전 세계적으로 매년 **5,600만 건**에 달하는 임신 중지가 행해지는 가운데,
임신 중지를 시도하는 여성의 73%는 기혼 여성이다.
피임과 임신 중지가 안전하게 행해지는 나라에서 임신 중지 건수가 오히려 적은 편이다.

2010년부터 2014년까지 15~44세 여성의 평균 임신 중지 건수는 다음과 같다. 임신 중지가 엄격하게 금지돼 있거나
임신부의 생명이 위험할 때만 가능한 국가에서 **1천 명당 임신 중지 건수는 37건**이었다.
여성이 원할 때 임신 중지가 가능한 국가에서 **1천 명당 임신 중지는 34건**이었다.

누가 임신 중지를 하는가?

연간 임신 중지율이 가장 높은 곳은 여성 1천 명당 65명의 임신 중지율을 보인 카리브해 지역이었다.

지역별 임신 중지율

여성 1천 명당 임신 중지 건수
2010~2014년

지역	건수
북아메리카	17
유럽	30
아시아	36
세계 평균	35
라틴 아메리카	44
아프리카	34
오세아니아	19

결혼한 여성의 임신 중지 비율

여성 1천 명당 건수
2010~2014년

지역	건수
북아메리카	14
유럽	38
아시아	38
세계 평균	36
라틴 아메리카	49
아프리카	26
오세아니아	15

비혼 여성의 임신 중지 비율

여성 1천 명당 건수
2010~2014년

지역	건수
북아메리카	20
유럽	16
아시아	23
세계 평균	20
라틴 아메리카	28
아프리카	36
오세아니아	20

안정성과 접근 가능성

전 세계 절반 정도의 임신 중지는 안전하지 않은 환경에서 이루어진다. 임신 중지가 금지되었거나 엄격히 제한된 국가에서는 **여성의 25% 정도만 안전한 환경에서 임신을 중단**하며, 임신 중지가 합법이거나 인정되는 국가에서는 90% 이상의 여성이 안전하게 임신 중지를 할 수 있다.

임신 중지를 금지하는 것은 건수 감소에 효과가 없고, 오히려 위험한 환경에서의 임신 중지 확률만 높일 뿐이다. **매년 2,500만 명의 여성이 위험한 환경에서 임신 중지를 경험한다.** 특히 아프리카, 남미 여성이 상대적으로 더 큰 위험에 노출돼 있으며, 아프리카 여성이 임신 중지로 사망하는 비율이 가장 높다.

안전한 임신 중지를 위한 접근성은 임신 중지에 관한 법적, 재정적, 인프라의 국가별 차이에서 비롯되며, 여전히 많은 여성이 안전한 임신 중지가 불가능한 상황이다.

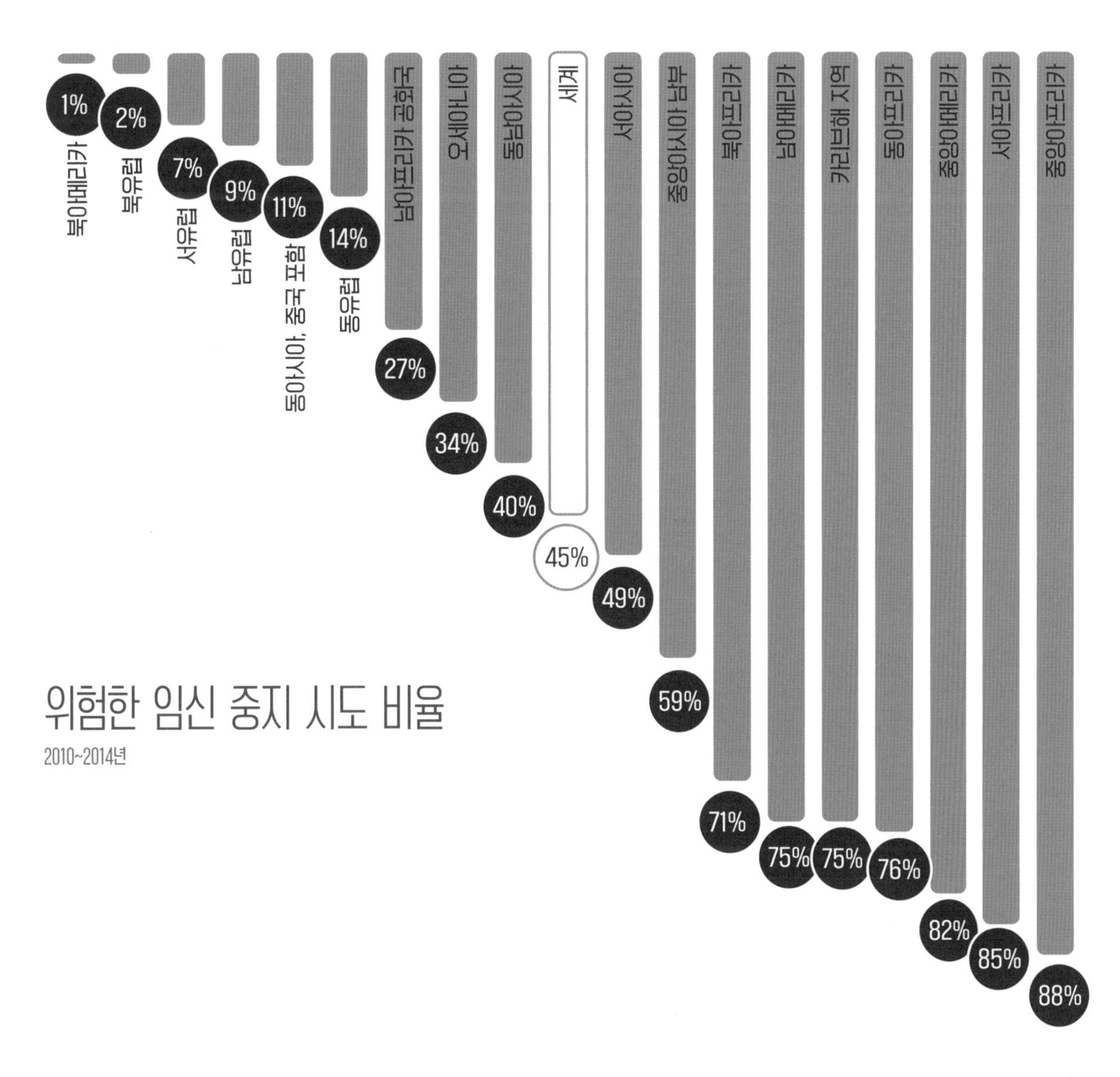

임신 중지가 불법이던 시절로 돌아가자

미국은 헌법상 비종교 국가임에도 공공 정책이 아닌 보수적이고 종교적인 믿음에 따라 임신 중지 가능 여부를 판단하기도 한다. 여성의 몸에 대해 안일하고 무심한 남성 입법자들과 미국의 종교적 전통이 결합해 여성의 재생산권 축소 시도가 계속되고 있지만, 연방법 수준에서는 임신 중지가 합법적인 상황이다. 임신 중지 불법화 단체는 임신 중지를 전면 금지하지 않는 일부 주를 대상으로 여성이 임신 중지하지 못하도록 여론을 형성하는 중인데, 최근에는 여성의 자유로운 피임을 제한해야 한다는 주장도 펼쳤다.

2017년 상반기,
임신 중지를 제한하는 431개 조항이
주 의회에 제안됐고,
그중 41개는
2017년 6월 법률로 제정됐다.

2017년 10월 있었던
트럼프 대통령 지시에 따라
고용주는 직원 건강보험에서
피임 관련 보장을 제공할 필요가 없다.
이전에는 기본적으로
예방 차원에서 피임권이
보장됐다.

2014년 미국 자치주의
90%에는 임신 중지 수술이
가능한 병원이 전혀 없다.
7개 주는 주 전역에서 임신 중지할
수 있는 병원이 단 한 곳만 있는
실정이다.

21개 주는
공무원 보험에서
임신 중지를 제한적으로
보장하고 있다.

의료 보험을 공적 자금으로
지원하는 32개 주에서는 산모의 생명이 위험한
상황이나 강간 또는 근친상간으로 임신한 경우에만
보험 혜택을 제공한다. 사우스다코타주는 심지어
강간과 근친상간에 따르는 임신 중지도
의료 보험 대상이 아니다.

애리조나, 인디애나, 켄터키,
네브래스카를 포함한 11개 주에서는
민간 보험에서도 임신 중지를 보장할
수 없도록 제한하고 있다.

수정과 동시에
생명이 시작된다는
종교적인 관점을 반영해
아칸소, 아이오와, 텍사스,
노스캐롤라이나와 같은 주에서는
임신 중지 때 태아 장례식을
치르도록 규정하고 있다.

남아 선호

여아보다 남아를 선호하는 문화는 전 세계에서 보편적으로 나타나며, 증가하는 추세이다.
남아 선호 현상은 많은 나라에서 인구 통계상의 왜곡으로 확인할 수 있다.
남아 선호로 인한 인위적 성 선택으로 아시아 및 동유럽에서
1억 1,700만 명에서 1억 2,600만 명에 달하는 여아가 세상에 태어나지 못하고 사라진 것으로 추정된다.
남아 선호가 심한 지역은 긴 세월 속에서 변화해 왔다.
1980년대 남아 선호가 뚜렷한 나라는 방글라데시, 중국, 인도, 파키스탄, 한국이었고,
1990년대에는 아르메니아, 아제르바이잔, 조지아, 최근에는 알바니아, 몬테네그로, 베트남에서 심했다.
1995년에는 6개 국가에서만 여아보다 남아가 많았는데,
현재는 20개국 이상에서 남아 선호가 뚜렷한 왜곡된 인구 구성이 나타난다.
지난 30년 사이 전 세계에서 왜곡된 성비를 반전시킨 국가로는 한국이 유일하다.

자연스럽지 않은 신생아 성비는 극단적인 남아 선호의 증거가 된다. 남아 선호는 자궁에서부터 시작되는데,
초음파로 태아의 성비를 감별해 여아일 경우 임신을 중지시키는 방식이다.
출생 후 여아 살해, 여아를 제대로 먹이지 않거나 병을 치료하지 않고 방치하는 행위는 '왜곡된 성비'를 악화시킨다.

남아 100명당 여아 80명일 정도로 성비가 심각하게 왜곡된 나라도 존재한다.
여아보다 남아가 지나치게 많으면 남성 중심적인 문화가 강화되고, 사회 갈등도 심해진다.
특히 여성이 많이 부족한 지역에서는 인신매매나 여아 납치 사례가 급증하기도 한다.98~99쪽 참고
남아 선호는 경제, 문화, 종교가 결합한 현상인데,
핵가족화가 진행되면서 아들을 우선 낳아야 한다는 압박감이 커지기도 한다.
결혼 제도, 지참금 제도, 관습적인 유산 상속 방식은 여아가 남아보다 경제적 가치가 낮다는 왜곡된 인식을 낳는다.
남아 선호 사상은 빈곤층의 일반적인 관행으로 여겨졌지만,
실제로는 부유한 계층일수록 딸보다 아들을 더 중시하는 것으로 드러났다.

미국인이 선호하는 자녀 성별

자녀를 한 명만 낳을 경우, 딸과 아들 중 어느 쪽을 선호하는가?
2011년

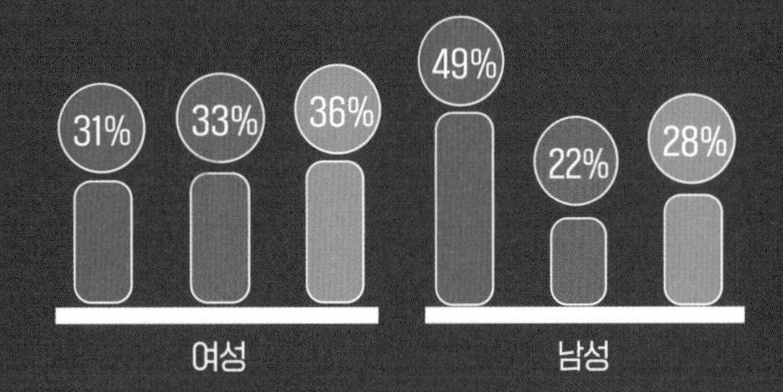

인도의 극심한 남아 선호

아동 성비: 0~6세 남아 100명 대비 여아 수
2011년

1991년 남아 100명당 여아 94.5명
2001년 남아 100명당 여아 92.7명
2011년 남아 100명당 여아 91.8명

- 남아 100명당 여아 83명
- 남아 100명당 여아 84~89명
- 남아 100명당 여아 90~93명
- 남아 100명당 여아 94~97명

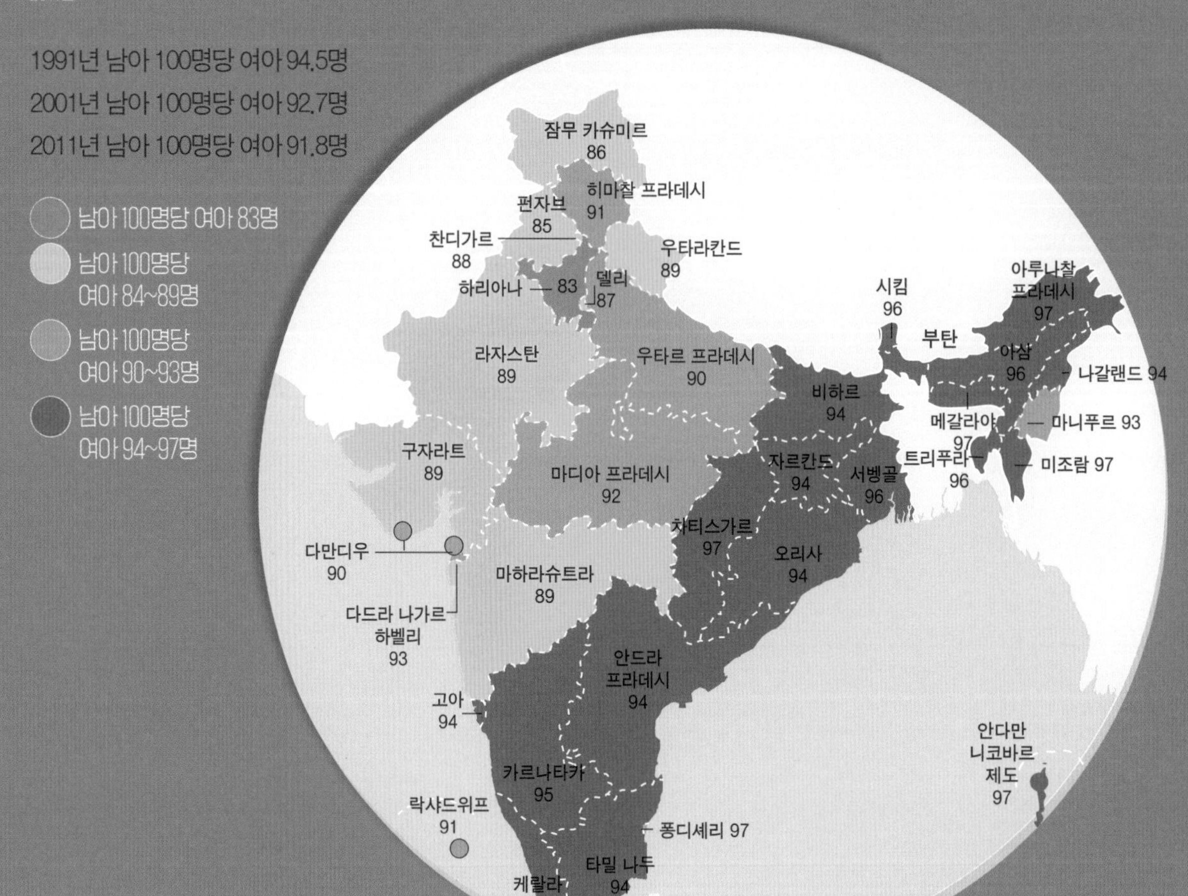

사라진 딸들

2010~2015년 추산

다음 표는 남아 선호가 없었다면 태어났을 여아의 수를 보여 준다.

나이지리아	파키스탄	인도	방글라데시
200만 명	400만 명	4,500만 명	200만 명

남자 신생아가 더 많은 중국

신생아 성비: 여자 신생아 100명당 남자 신생아의 수
신생아 자연 성비: 여자 신생아 100명당 남자 신생아 105명
2014년

중국의 신생아 수 성 격차는 계속 벌어지고 있다. 1982년 여아 100명당 남아가 109명이었던 성비가 최근에는 여아 100명당 117~118명에 달해 왜곡이 더 심해졌다.

- 125.00~28.6명
- 120.00~124.99명
- 115.00~119.99명
- 110.00~114.99명
- 106.00~109.99명

인도네시아

중국

6,800만 명

전 세계

비정상적인 선택

남아 선호를 보여 주는 인구 통계
2012년 이후 가장 최신 통계

출생 전 성 선택

자연 성비=여아 100명당 남아 105명
2012년 이후 최신 통계로 대상국 조사

여아 100명당 출생한 남아 수

출산 후 성 선택

2012년 이후 최신 통계

0~4세 여아 100명당 남아 수
2015년 이후 최신 통계

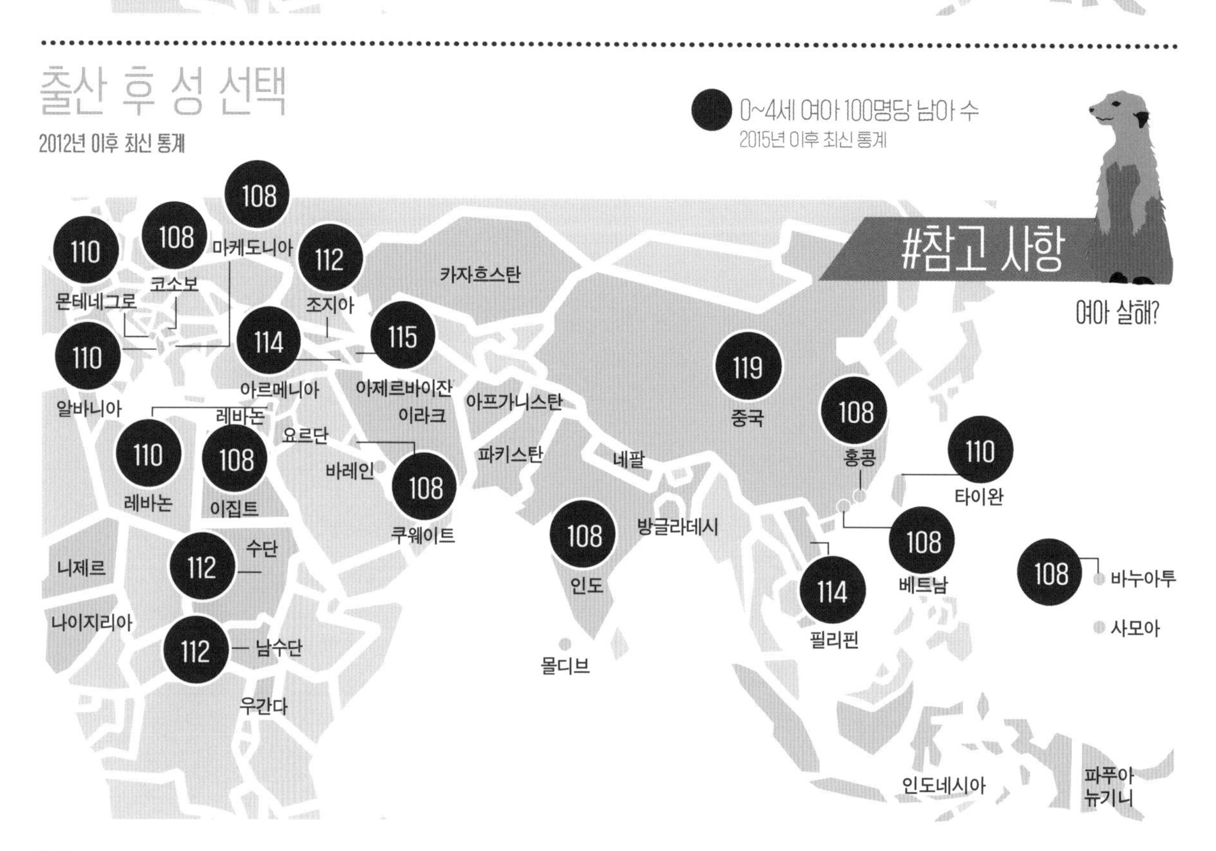

몸의 정치학

"키키가 보기에
여성과 그들의 몸에 대한
증오가 공기 중에
퍼져 있는 것 같았다.
집 안 모든 공기에
그 증오가
배어 있는 것 같았다.
사람들은 신발에
증오를 묻혀서
집으로 가져왔고,
신문지 위로
그것이 배어 있는 공기를
들이마시고 내뱉었다.
그것을 통제할 방법은
없었다."

제이디 스미스, 《On Beauty》

"난 내 몸을 사랑하고
그 어떤 것도
바꾸지 않을 겁니다.
남들에게 내 몸을
좋아해 달라고
하고 싶지는 않아요.
그저 나 자신이
될 수 있게 해 주면
좋겠습니다.
어떤 식으로든
나의 영향을
받을 수밖에 없는,
나와 닮은 여성이
자신에 대해
긍정적으로 느끼길
바라기 때문입니다."

세레나 윌리엄스

올림픽과 여성

여성의 올림픽 참여

여성다움과 남성다움이라는 개념은 스포츠에 깊이 새겨져 있다.
스포츠를 좋아하지 않는 남성은 남성적이지 않다고 여겨진다.
반대로 여성이 힘, 근육, 스포츠 기술을 발달시키려면
전통적인 여성성에 반기를 들어야 한다.
여성의 올림픽 출전은 스포츠계에서 여성이 겪는 어려움을 여실히 보여 준다.
올림픽에서의 성차별 혁파는
여성 스포츠에 대한 재정 지원을 늘리고 정당성을 향상시킨다.

동계 올림픽

여성 참가자 비율

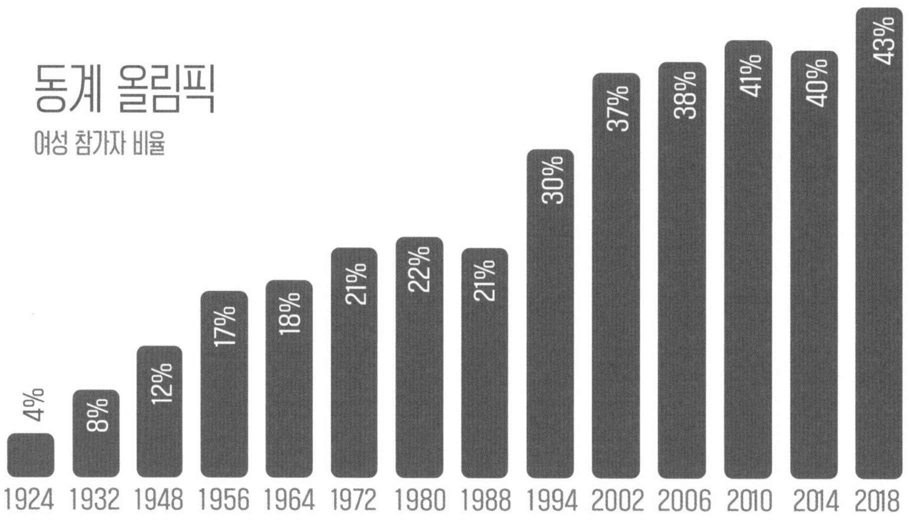

1924	1932	1948	1956	1964	1972	1980	1988	1994	2002	2006	2010	2014	2018
4%	8%	12%	17%	18%	21%	22%	21%	30%	37%	38%	41%	40%	43%

1900 테니스, 골프
1904 양궁
1908 피겨 스케이팅
1912 수영
1924 펜싱
1928 육상, 체조
1936 알파인 스키
1948 카누
1952 마술 경기
1960 스피드 스케이팅
1964 배구, 루지
1976 조정, 농구, 핸드볼
1980 필드하키
1984 사격, 사이클, 마라톤
1984 탁구, 테니스, 요트

1992
배드민턴, 유도
바이애슬론
1996
축구, 소프트볼
1998
컬링, 아이스하키
2000
역도, 근대 5종,
태권도, 트라이애슬론
2002
봅슬레이
2004
레슬링
2008
사이클 BMX
2012
복싱
2014
스키 점프
2016
럭비
2014년 세계적인 여자 스키 점프 선수 15명이
올림픽 위원회(IOC)를 상대로
여자 스키 점프를 올림픽 종목으로 채택하라고
요구하는 소송을 제기했다.
근대 올림픽이 시작된 지 100년이 넘도록
점프 후 착지하는 것이 여성의 자궁에 미치는 영향에
대해 유사 과학계의 우려가 제기됐다.
심지어 2005년에 국제스키연맹 회장
지안 프랑코 카스퍼는
스키 점프가 "의학적인 관점에서
여성에게 적절하지 않은 것 같다."라고 우려했다.
1979년 혁명 이후 수립된
이란 정부는
자국 여성의 국제 스포츠 대회 참가를
금지해 왔다.
1996년 이란 사격 선수 리다 파리만은
1979년 이후 올림픽에 참가한
최초의 이란 여성이 되었다.
많은 원로 신학자들은
여성의 스포츠 활동 및 대회 참가에
계속 반대하고 있다.
"우리 이란의 소녀와 여성이
다리를 허공에 벌리고
다른 운동선수를 때려서
메달을 따는 것은
전혀 아름답지 않습니다.
우리는 도대체 어떤 방향으로
가고 있습니까?"
아야톨라 압둘라 자바디 아몰리
2014년 10월 8일
IOC는
2020년 도쿄 올림픽까지
여자 선수 비율을 50%까지
늘리기로
약속했다.
2012년
런던 하계 올림픽에
여자 복싱이 추가되면서
여성이 올림픽 모든 종목에
참가한 첫 올림픽이
되었다.
2017년
IOC 집행위원회 위원 15명 중
여성은 4명(27%)에
불과하다.
하계 올림픽
여성 참가자 비율
2%
2%
2%
10%
8%
11%
11%
14%
21%
23%
29%
38%
44%
45%
1900
1908
1920
1928
1936
1952
1960
1968
1976
1984
1992
2000
2012
2016

한 걸음 앞으로

1972년 미국은 타이틀 IX(Title IX)*에 의해 연방 기금의 지원을 받는 대학의 운동 프로그램과 전반적인 교육 활동에서 성차별을 금지하는 법률이 제정됐다. 타이틀 IX는 여성 운동선수가 스포츠 특기자로 대학에 본격적으로 진학하게 돕는 마중물 역할을 했다. 1970년에 1만 6천 명에 불과했던 대학의 여자 운동선수가 2014년에는 20만 명을 훌쩍 넘겼다. 특히 축구 종목의 성장세가 폭발적이었다. 1970년에는 여자 축구팀이 있는 학교가 3% 미만이었지만, 2014년에는 학교 90%에 여자 축구팀이 있었다.

1972년 타이틀 IX가 법제화되면서 여자 대학팀의 90%가 여성 코치에게 감독직을 맡겼다.

그러나!

더 많은 자본, 관심, 명성, 취업 기회가 여성 스포츠계로 몰리고 남성의 여성 스포츠계 진출이 활발해짐에 따라 2017년까지 여성 코치 비율은 약 40%대로 하락했다.

2016년 아프가니스탄 여성 사이클팀은 전통적인 젠더 관습에 도전하는 용기와 끈기를 보여 노벨 평화상 후보에 올랐다.

2018년 1월 사우디아라비아에서는 국내 최초로 여성, 소녀들이 프로 경기장의 여성 가족 특별석에 관중으로 입장할 수 있었다.

* 타이틀 IX는 1972년 개정된 미국 교육법의 일부이다.
2002년에는 〈The Patsy Mink Equal Opportunity in Education Act〉로 이름이 수정되었다.

테니스

세계에서 가장 높은 연봉을 받는 여자 선수 10명 중 8명이 테니스 선수이다.

남성과 여성에게 동등한 상금을 주는 그랜드 슬램 대회는 이제 없다. 1973년 US 오픈, 2001년 호주 오픈, 2006년 프랑스 오픈에 이어 2007년 윔블던 오픈은 남녀 선수에게 같은 상금을 수여하는 마지막 4대 메이저 대회가 되었다.

2017년 기준 역대 통산 상금 1위 테니스 선수

세레나 윌리엄스 상금 8,200만 달러, 그랜드 슬램 39관왕에 올랐다.

노박 조코비치 상금 1억 880만 달러, 그랜드 슬램 12관왕에 올랐다.

· 존 매켄로가 2017년 세계 여자 테니스랭킹 1위 세레나 윌리엄스에게 한 말 ·
"그녀가 남자 선수들과 경기했다면, 세계 랭킹 700위 밖으로 밀렸을 것이다."

그러나!

테니스 투어에서 상위 100명에게 지급하는 연간 상금의 남녀 차이를 분석하면 남성이 1달러 버는 동안 여성은 80센트를 번다.

골프

2012년 미국 마스터스 골프 토너먼트 본거지로 1932년 개장한 오거스타 내셔널 골프 클럽은 2012년이 돼서야 여성도 이용할 수 있게 됐다.
이러한 변화는 남성 전용 정책에 반대하는 페미니스트 캠페인이 10년 넘게 이어진 덕분이다.

2016년 1744년에 창립된 영국의 뮤어필드 골프 클럽은 오랫동안 오픈 챔피언십의 본거지였던 곳으로, 2016년 남성만이 골프 클럽에 가입할 수 있게 하는 투표를 실시했다.
저명한 골프 해설가인 피터 앨리스는 "클럽 회원권을 보유한 남성의 아내들은 모든 시설을 이용할 수 있다. 골프 클럽에 가입하고 싶은 여성은 남자 회원과 결혼하면 된다."라고 말했다.

2017년 결국 뮤어필드는 여성의 가입을 허용하는 재투표를 실시했다.

세계 무대에서의 축구

1930년 첫 번째 FIFA 월드컵 축구 대회
1991년 첫 번째 FIFA 여자 월드컵 축구 대회

FIFA의 월드컵 팀 보너스 2015년 월드컵에서 우승한 여자 축구팀은 FIFA로부터 200만 달러의 보너스를 받았다.
2014년 남자 월드컵에서 우승한 독일팀은 3,500만 달러의 보너스를 받았다.
2007년 이전에는 여자 축구팀이 FIFA로부터 어떤 상금도 받지 못했다.
실제로 2014년 남자 월드컵 1라운드에서 탈락한 16개 남자팀은 각각 800만 달러, 즉 우승한 여자팀보다 4배 많은 상금을 받았다. 11위를 차지한 미국 남자팀은 900만 달러를 받았다.

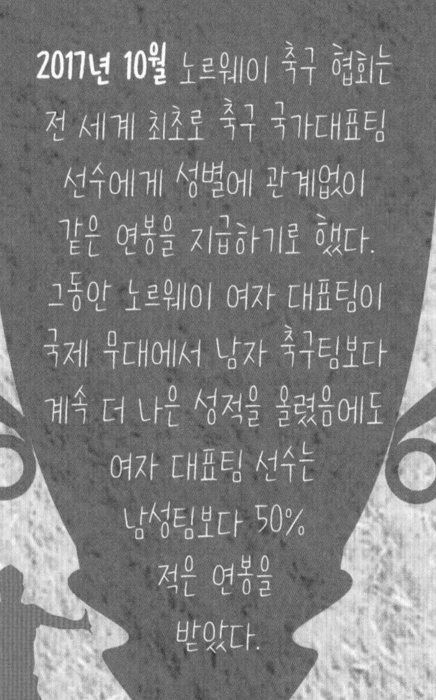

2017년 10월 노르웨이 축구 협회는 전 세계 최초로 축구 국가대표팀 선수에게 성별에 관계없이 같은 연봉을 지급하기로 했다. 그동안 노르웨이 여자 대표팀이 국제 무대에서 남자 축구팀보다 계속 더 나은 성적을 올렸음에도 여자 대표팀 선수는 남성팀보다 50% 적은 연봉을 받았다.

2015년 영국 축구 협회의 공식 트윗 "월드컵 투어 여자 대표팀의 귀국을 환영한다. 대표팀 선수들은 다시 어머니, 동료, 딸로 돌아가지만, 그들은 영웅이라는 또 다른 칭호를 얻었다."

세계 미인 대회

미스 월드, 미스 유니버스 참가자의 출신 국가 현황

2017년

미스 월드는 개인 가족 회사인 미스 월드 기구(Miss World Organization)가 소유하고 있다. 미스 유니버스 주최권은 2015년 도널드 트럼프가 윌리엄 모리스/IMG 탤런트 에이전시에 매각했다.

미스 월드를 많이 배출한 국가
베네수엘라(6), 인도(5), 영국(5)

미스 유니버스를 많이 배출한 국가
미국(8), 베네수엘라(7), 푸에르토리코(5)

완벽한 미스 유니버스
참가자는 18세에서 28세 사이 여성으로 결혼하거나 임신해서는 안 된다. 결혼하거나 파혼한 적이 없을 뿐 아니라 아이를 낳거나 양육한 적도 없어야 한다. 또한 타이틀 보유자는 재임 기간에 미혼 상태를 유지해야 한다.

시에라리온은 2017년 미스 유니버스 대회에 첫 참가자를 파견했지만, 미인 대회 참가 목적으로는 관광 비자를 받을 수 없었기 때문에 출전을 포기해야 했다.

아이슬란드
노르웨이
핀란드
스웨덴
스코틀랜드
북아일랜드
잉글랜드
덴마크
아일랜드
네덜란드
벨기에
독일
폴란드
벨라루스
체코
슬로베니아
우크
캐나다
오스트리아
헝가리
프랑스
슬로베니아
루마니
크로아티아
보스니아 헤르체고비나
불가
몬테네그로
알바니아
포르투갈
스페인
이탈리아
그리스
튀니지
지브롤터
몰타
미국
바하마
멕시코
도미니카 공화국
케이맨 제도
아이티
푸에르토리코
벨리즈
자메이카
과테말라
온두라스
과들루프
세인트루시아
엘살바도르
니카라과
아루바
마르티니크
바베이도스
코스타리카
퀴라소
트리니다드 토바고
베네수엘라
가이아나
파나마
콜롬비아
에콰도르
페루
브라질
볼리비아
파라과이
칠레
아르헨티나
우루과이
카보베르데
세네갈
기니비사우
감비아
시에라리온
라이베리아
가나

세계 미인 대회는 편협한 아름다움의 기준과 서구 중심적인 미의식을 세계로 확산시키고 있다.
각국 정부는 세계 경제 및 비즈니스 분야에서 자국 브랜드를 홍보하고자 국제 미인 대회 참가자를 후원하기도 한다.

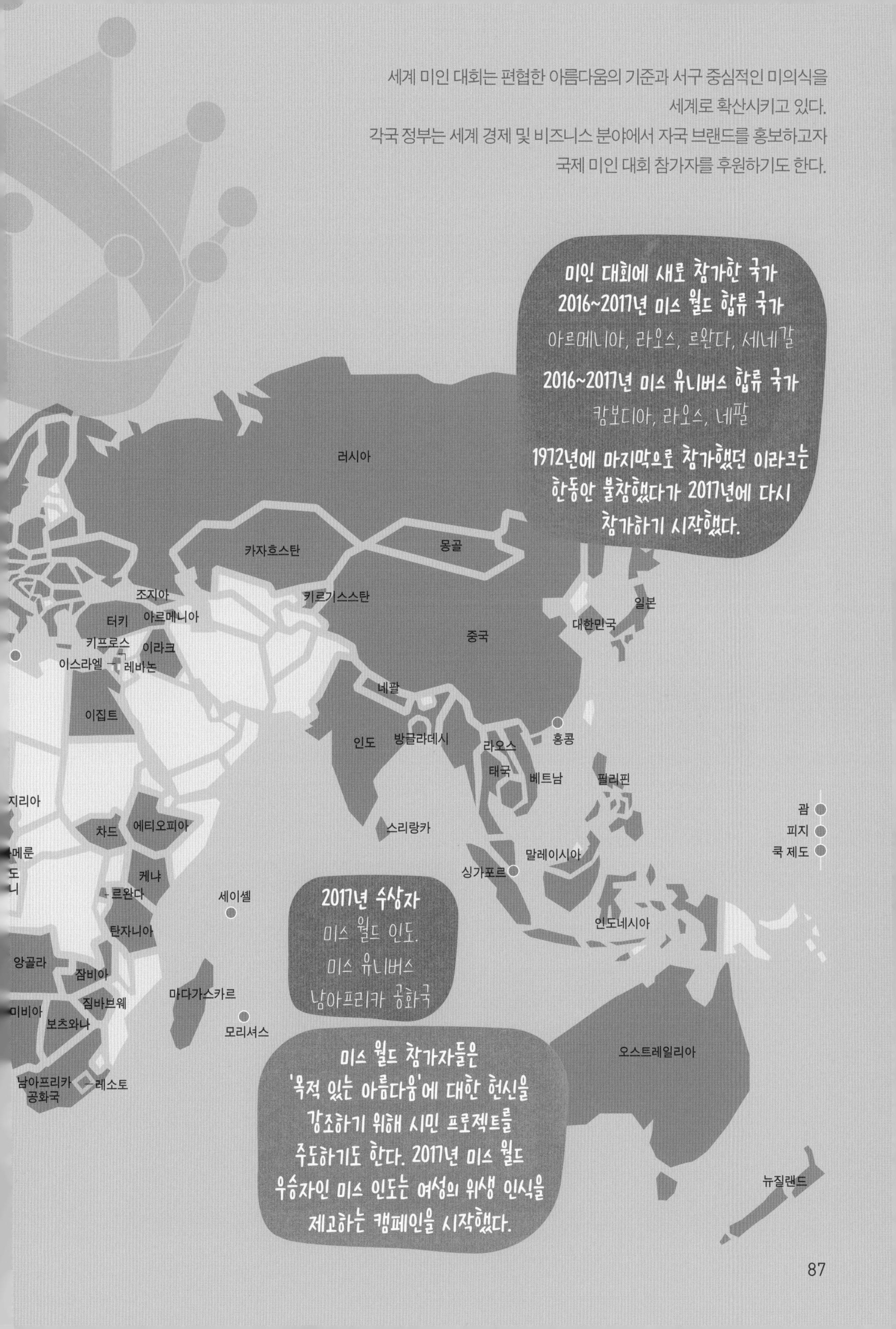

뷰티 산업의 성장

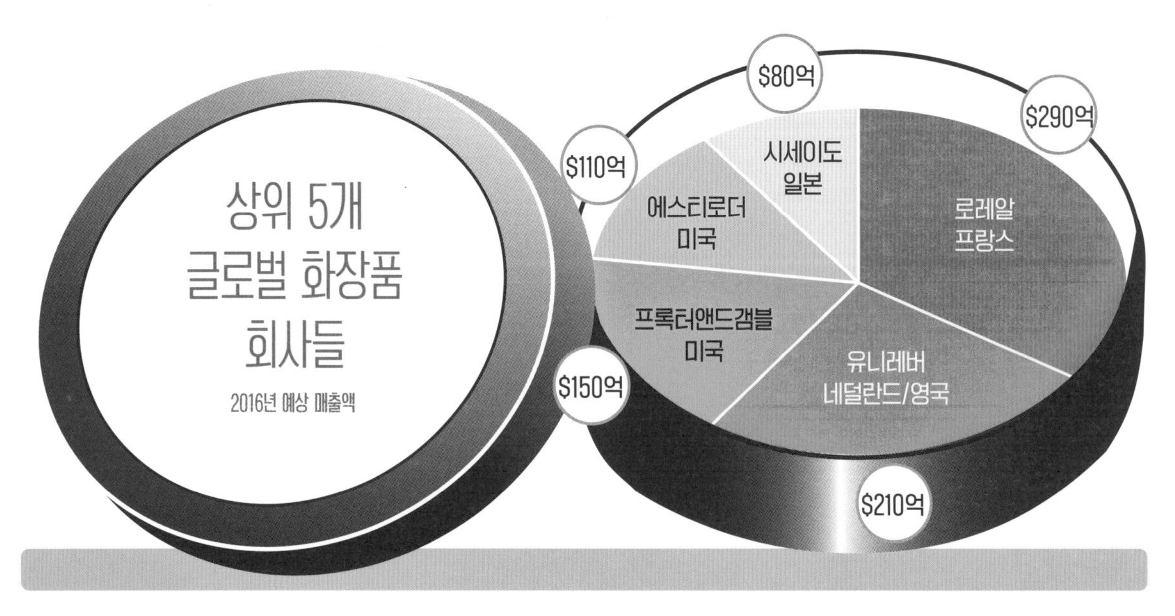

세계 화장품 산업의 지역별 시장 점유율

2016년

아시아 태평양	북아메리카	서유럽	라틴 아메리카	동유럽	아프리카, 중동
36%	24%	20%	11%	6%	3%

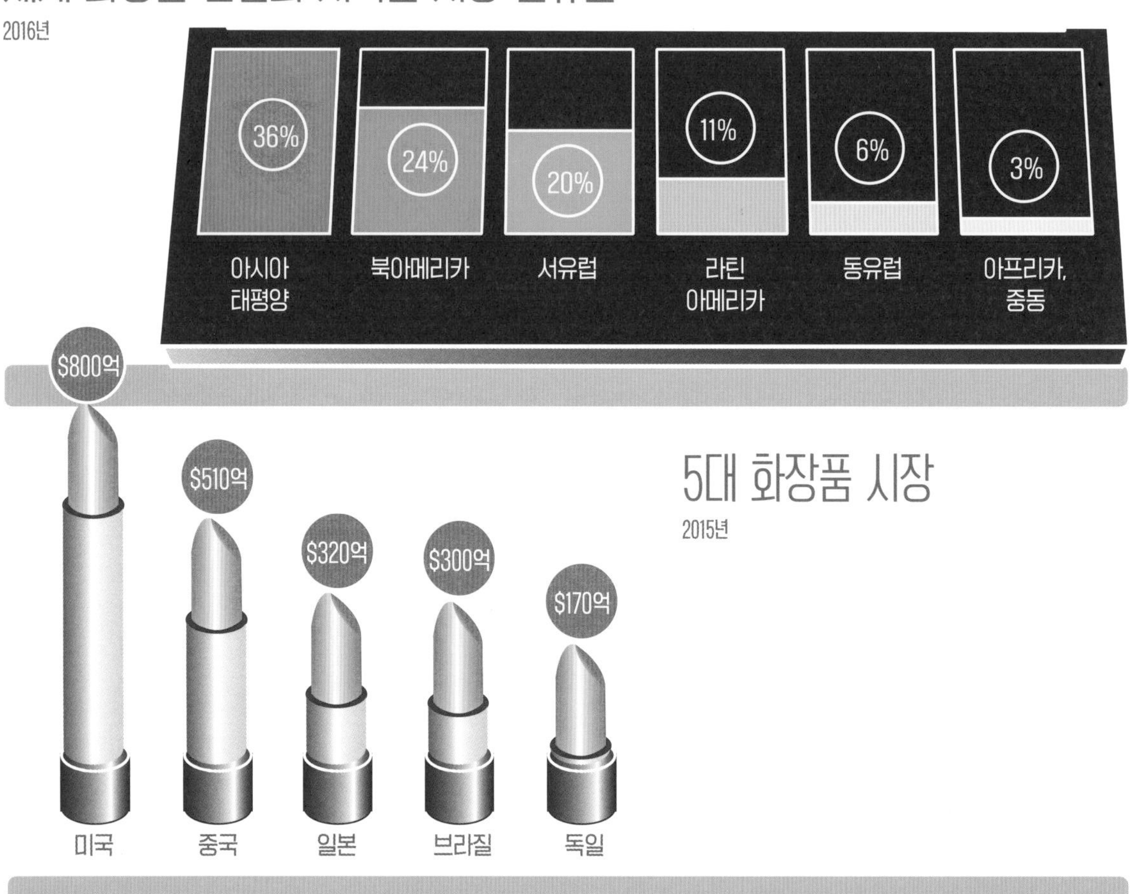

그다지 아름답지 않은 화장품 성분

퍼스널 케어 제품에는 납 및 기타 중금속, 파라벤, 프탈레이트, 발암 물질, 신경 독소, 내분비 교란 물질, 폼알데하이드를 비롯한 독성 물질이 들어 있다. 미국 여성은 화장품, 향수, 퍼스널 케어 제품, 여성 위생용품을 사용하며 하루 평균 168개의 화학 물질을 얼굴과 몸에 바르고 있다. 미국에서 화장품의 화학 물질 성분은 대부분 규제를 받지 않고 있다.

아프리카와 아시아에서 많이 판매되는 피부 미백 화장품에는 보통 수은과 스테로이드가 포함되어 있다. 나이지리아 여성의 77%가 피부 미백제를 사용하고, 토고에서는 59%, 세네갈에서는 27%의 여성이 피부 미백제를 바른다. 인도의 미백 크림 시장은 매년 18%씩 성장 중이다.

막대한 수익을 올리는 다이어트 산업

세계 다이어트 산업의 규모는 정확히 측정할 수 없지만, 수익은 수십억 달러에 달한다.

영국

2016년 영국 여성의 57%가 체중 감량을 시도했고, 영국인의 60%는 현재 다이어트 중이다

미국

미국 여성의 57%, 남성의 46%가 체중 감량을 원한다고 말했다. 약 4,500만 명의 미국인이 매년 다이어트를 하고, 체중 감량 제품에 330억 달러를 쓴다.

비현실적으로 아름다운 몸만들기

여성은 아름다워지기 위해 엄청난 고통을 감내해야 한다.
부유한 나라에서 매년 수만 명의 여성이 정형화된 미의 기준에 맞추기 위해
신체를 자르거나 봉합하고, 보형물을 넣거나 뼈를 깎는다.
전 세계적으로 가장 인기 있는 성형 수술은 유방 확대술이다.
가장 빠르게 증가하는 성형 수술은 음순에서 '과잉 조직'을 제거하는 수술인 음순 성형술인데,
질을 조이는 시술인 질 성형술과 함께 시술하면 '질 회춘' 효과를 기대할 수 있다고 한다.

세계 성형 수술 시장

미용 시술 횟수 기준 상위 10개국

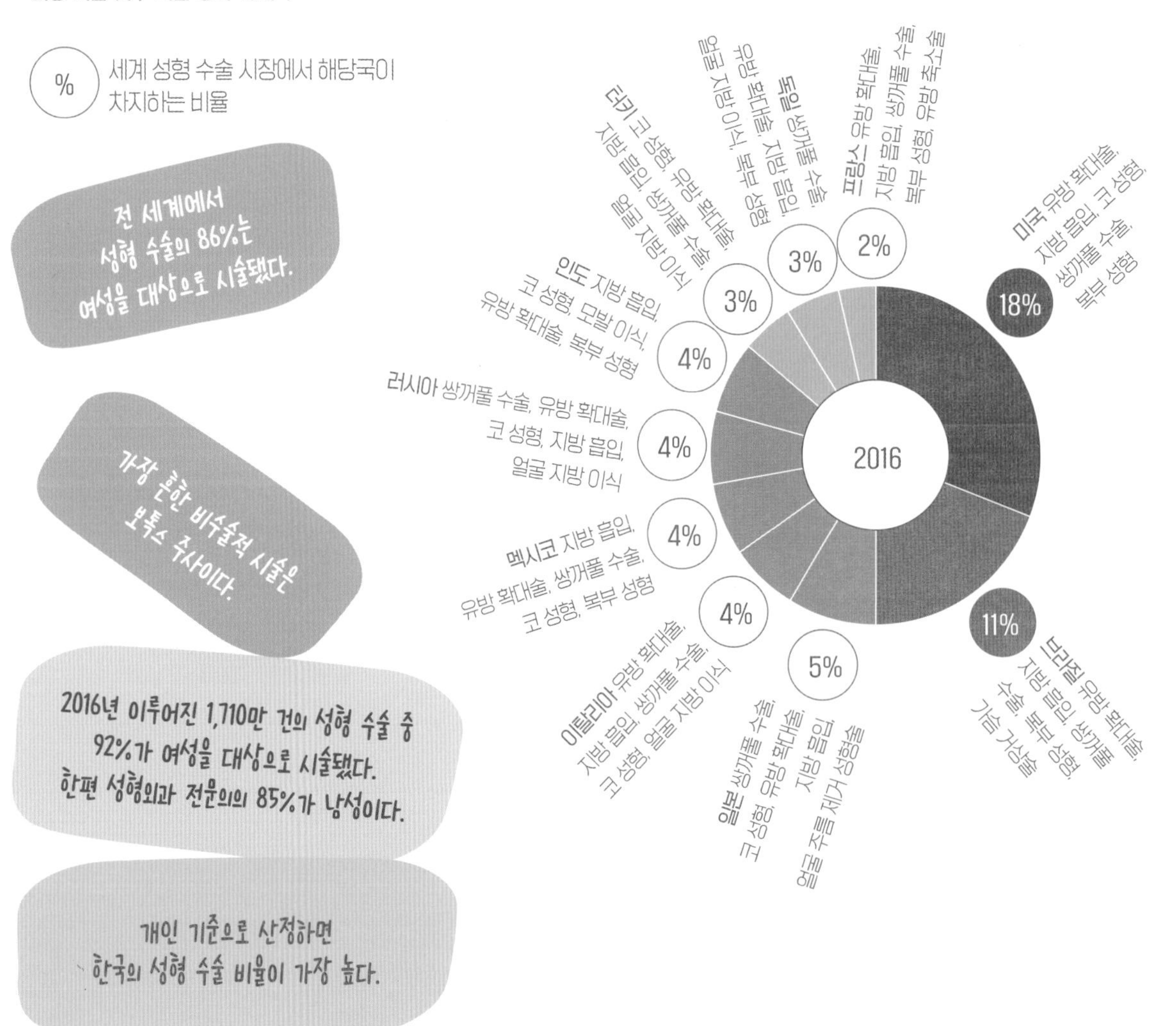

여성 할례

국내법으로 금지된 나라

오늘날 전 세계 2억 명 이상의 소녀와 여성이 여성 할례(FGM/C)를 받으며, 매년 약 300만 명의 소녀가 할례를 할 위험에 처해 있다.

할례는 여성의 외부 생식기를 부분적으로 제거하거나 음핵을 자르는 시술부터 질 봉합 시술까지 다양하다. 전통적인 할례는 마을의 여성 연장자가 비위생적인 환경에서 별도의 마취 없이 면도날과 긁개를 사용해 행한다.

성적 행동을 통제해 결혼을 준비하는 여성의 품행을 단정하게 하는 것이 최우선 목표인 할례의 주요 대상은 어린 소녀이다. 여성의 생식기를 부정한 것으로 여기는 일부 문화권에서 할례 의식은 소녀의 몸을 부드럽게 하고 정화하는 것으로 미화된다.

전통적으로 할례는 여성 연장자가 주도하는데, 많은 여성이 이러한 관행을 지지한다.

국가	연도
기니	1965
중앙아프리카 공화국 (1996년 개정)	1966
가나	1994
지부티	1995
부르키나파소	1996
코트디부아르, 탄자니아, 토고	1998
세네갈	1999
케냐, 예멘	2001
베냉, 차드, 니제르	2003
에티오피아	2004
모리타니, 남아프리카 공화국	2005
콩고 민주 공화국	2006
에리트레아	2007
이집트	2008
우간다	2010
기니비사우, 이라크 쿠르드 지역	2011
감비아	2015
라이베리아, 소말릴란드 (소말릴란드 정부는 할례 금지법을 제정하는 공식 파트와를 발표했다)	2018

여성 할례가 보편적으로 행해지지만,
이를 금지하는 법률이 없는 국가

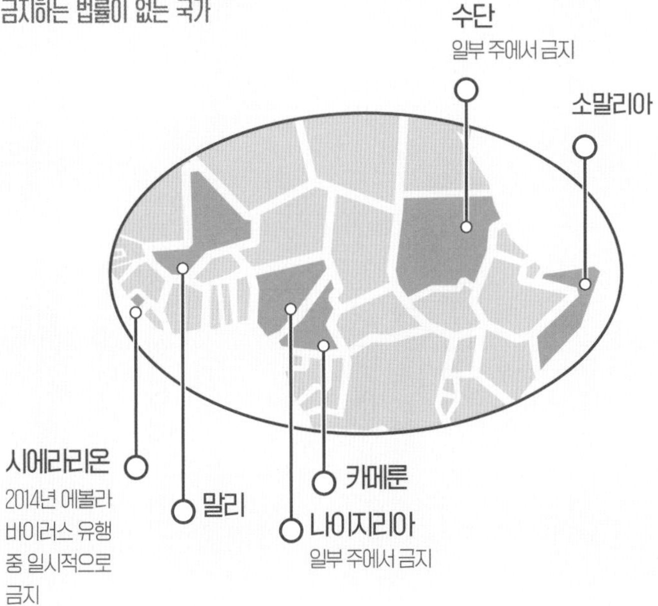

할례를 강요받는 여성들

여성 할례의 유행

할례를 받은 15~49세 소녀 및 여성 비율
2011년 이후 최신 통계

- 90% 이상
- 60~90%
- 30~59%
- 5~29%
- 5% 미만
- 발병률 보고가 불명확하고, 소규모 지역 사회 또는 집단의 자료만 존재하는 경우

콜롬비아

세네갈
모리타니
니제르
말리
기니비사우
감비아
코트디부아르
시에라리온
가나
베냉
토고
카메

부르키나파소
219개의 지역 사회가 2016년까지 할례 관행을 포기하겠다고 공개적으로 약속했다.

감비아
할례를 경험한 15~49세 소녀와 여성 중 55%가 5세 이전에 수술을 받았다.

라이베리아
소득이 가장 낮은 1분위에서 70%의 소녀와 여성이 할례를 받았으며, 5분위의 29%가 할례를 경험했다.

나이지리아
할례한 소녀의 95%는 5세 이전에 할례를 받았다.

88% 무슬림
76% 전통 종교인/애니미스트
66% 로마 가톨릭교도
부르키나파소

89% 무슬림
77% 로마 가톨릭교도
49% 전통 종교인
에티오피아

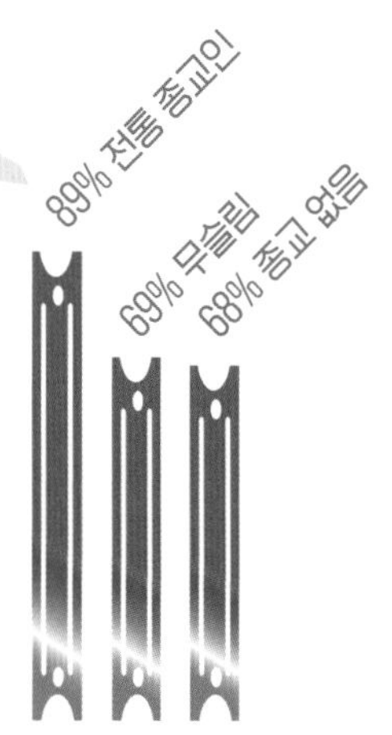

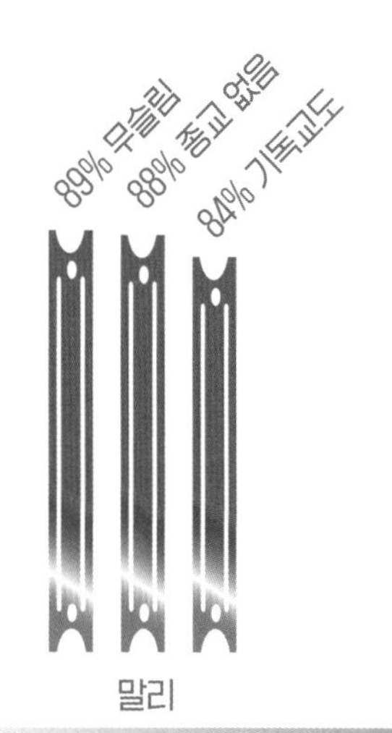

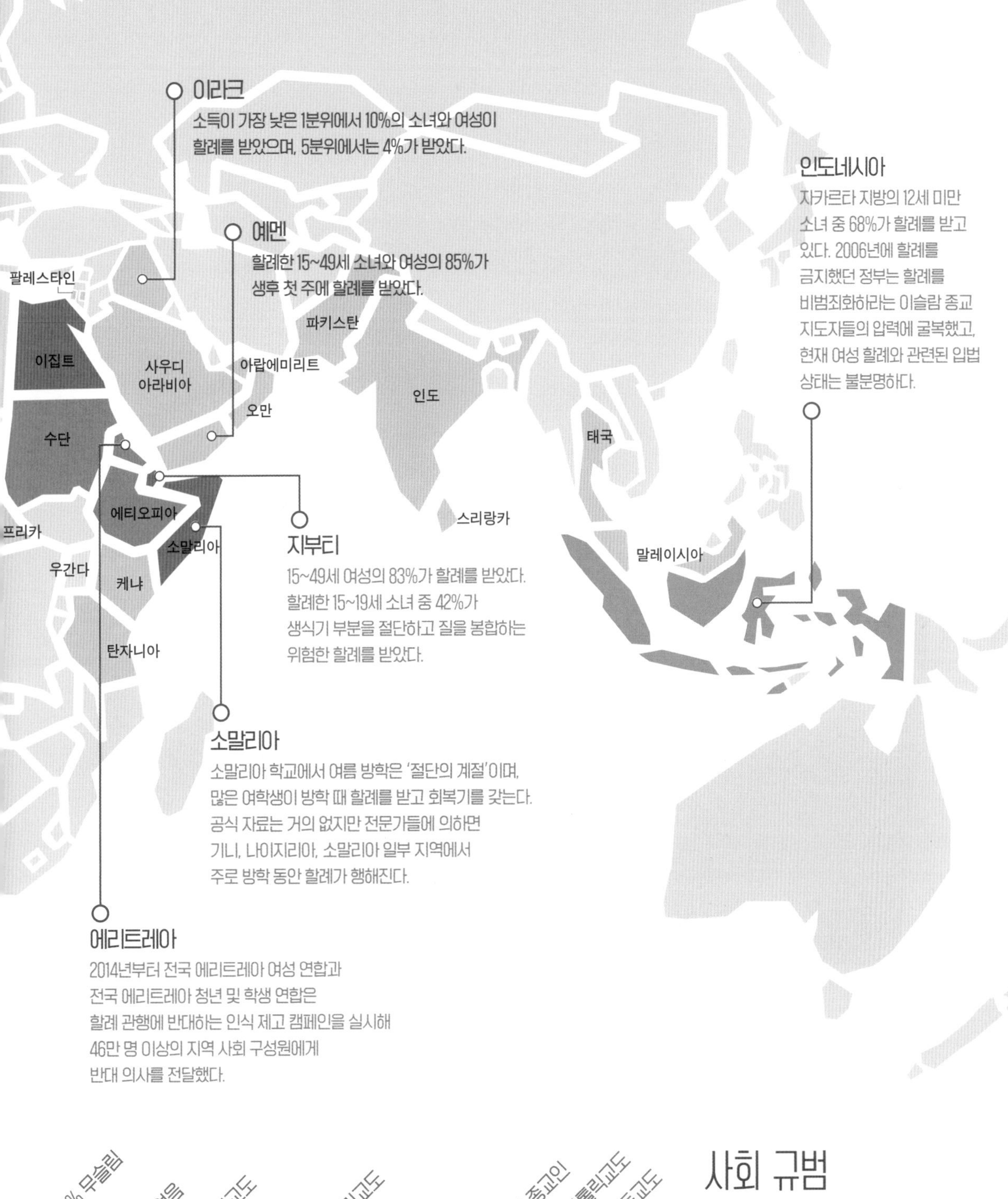

사회 규범

종교 관습에 따라 할례를 받은
15~49세 소녀 및 여성 비율

2011년 이후 최신 통계

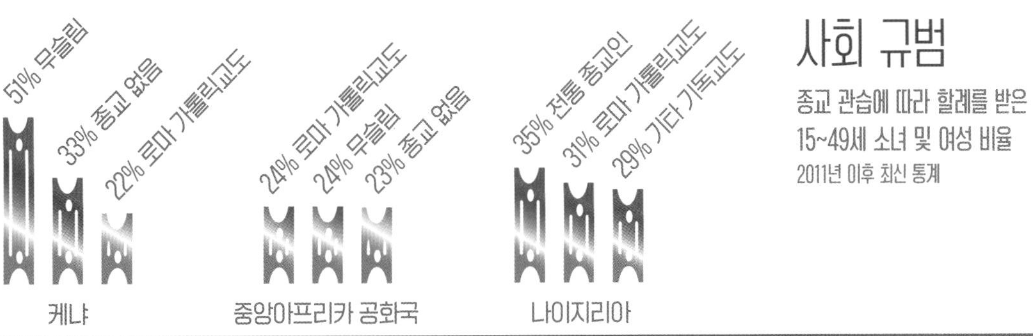

변화의 바람

여성이 할례에 반대하는 조직을 주도하고 있다.
젊은 여성이 주축이 된 페미니스트 단체들은 할례 관행을 끝내기 위해 행동하기 시작했다.
한 가지 고무적인 추세는 15~19세 여성이 윗세대 여성보다 할례를 받은 비율이 낮으며,
특히 젊은 여성 사이에서 할례 종식에 대한 지지가 높다는 점이다.

할례 반대 캠페인, 우간다 카프초르와 도로 표지판, 2004년

할례는 중단되어야만 한다

할례 중단을 주장하는 15~49세의 소녀/여성, 소년/남성 비율
2011년 이후 최신 통계

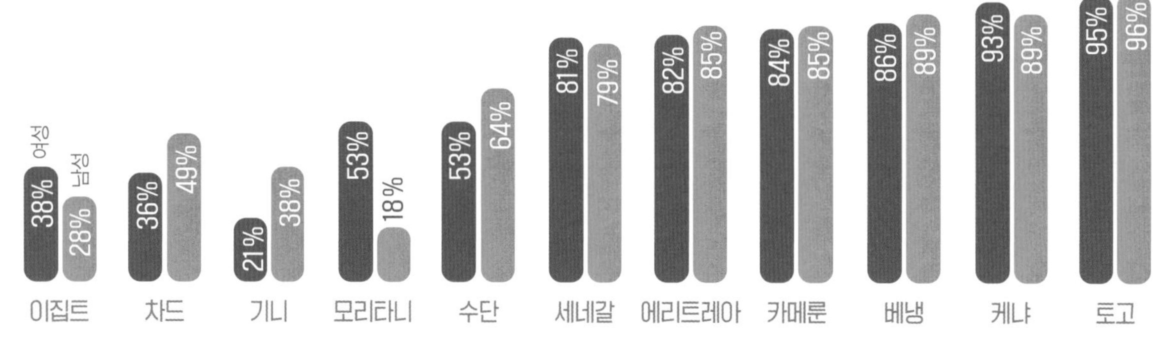

경찰에 신고된 아동 성범죄 건수

인구 10만 명당 발생률
2013~2014년

아동 성범죄 신고 대상은
아동 음란물, 성매매 알선, 성관계 동의 연령 미만인
아동 강간, 아동 성 착취와 관련된
성범죄 등이 포함된다.

잉글랜드와 웨일스 272
자메이카 218
뉴질랜드 190
칠레 174
벨기에 158
독일 145
프랑스 128
노르웨이 115
캐나다 64
우간다 58
러시아 37
일본 21
케냐 17
이탈리아 10

강요된 성관계

첫 성관계를 강제로 당한 여성의 비율
2010년 이후 최신 통계

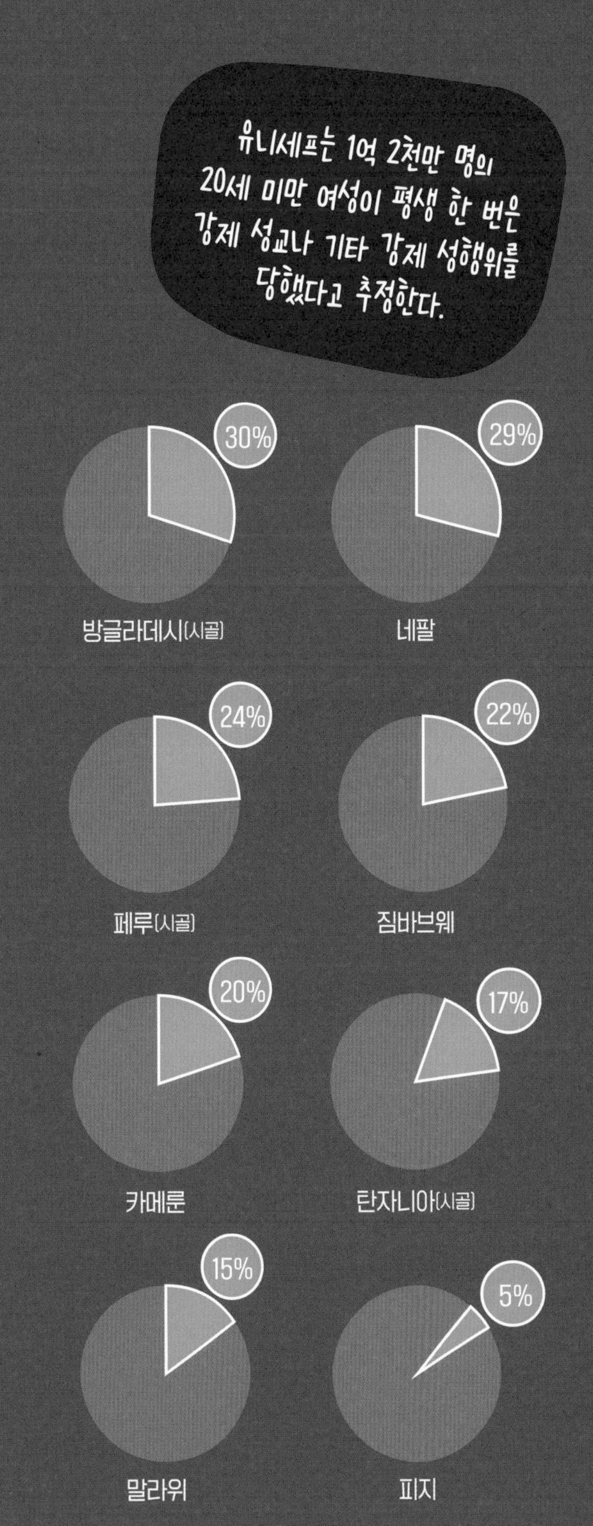

섹스 관광

남성 중심적인 권력과 특권이 결탁한 섹스 관광은 익명성을 띠고 있을 뿐만 아니라 처벌이 쉽지 않다는 이유로 지속되고 있다. 남성 개인 차원이든 단체 여행의 일부로 이루어지든 섹스 관광의 '매력'은 가정에서 경험할 수 없는 성적 자극에 접근할 기회를 제공한다는 점이다. 아동과의 성관계가 섹스 관광의 대표적 유형이다.

섹스 관광객은 어디에서 왔는가

섹스 관광객의 목적지

섹스 관광은 해변 휴양지 같은 일반적인 관광지나 성매매가 활발한 도심에서 이루어진다.

매춘

성매매 여성을 보호하고 지원하는 최선의 방법이 합법화인지 범죄화인지에 대한 논란이 계속되는 가운데, 합의된 성 교환과 강제 성매매의 구분도 상당히 어려운 일이다. 유럽에서 인기가 높은 '스웨덴식 모델'은 성 판매자는 제외하고 성 구매자만을 처벌한다.

유럽의 매춘

* 성매매 호객 행위, 성매매 알선 행위, 성매매 업소 소유와 같은 일부 활동은 불법일 수 있다.

#참고 사항

기후 변화와 매춘 세계 곳곳에서 자연재해와 환경 오염이 심해지면서 천연자원과 생계 수단이 위협받고 있다. 그 결과 여성은 자신과 가족을 부양하기 위해 생계형 또는 계약형 섹스를 강요받고 있다.

성매매(여성 인신매매)

여성 인신매매 세계 현황

2014년 이후 가장 최근

주요 인신매매 흐름

<인신매매, 특히 여성과 아동을 대상으로 한 인신매매 방지, 억제, 처벌을 위한 UN 의정서>를 비준하지 않은 정부
2017년 9월 현재

독일
국내 성매매 종사자 40만 명 중 3분의 2가 해외에서 온 이주자이다.

중앙아메리카
중앙아메리카에서 적발되는 인신매매 피해자의 60% 이상이 아동이다.

국제 현황
2016년 전 세계적으로 인신매매에 대한 기소 건수는 1만 4,894건, 유죄 판결 건수는 9,071건에 불과했다.

전 세계 인신매매 현황

2014년 혹은 가장 최근

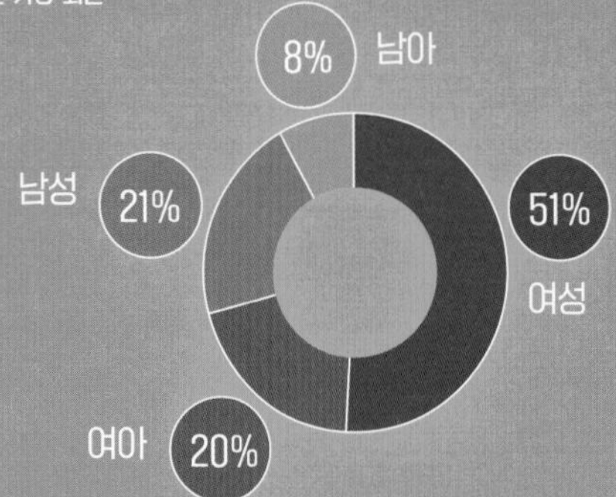

전 세계에서 최소 2,100만 명에 달하는 성인과 아동이 상업적 성노예, 강제 노동, 담보 노동*의 형태로 인신매매를 당하는데, 그중 가장 많은 경우가 성적 착취를 위한 인신매매였다.
성매매 목적으로 이루어지는 인신매매 대상 인력의 96%가 여성과 소녀이고,
강제 노동을 위해 인신매매되는 인력의 63%는 남성이다.
자연재해와 군사적 충돌이 빈번하게 일어나는 지역에서는 성매매가 일상화되어 있다.

* 채무 상환을 위해 일정 기간 하는 강제 노동

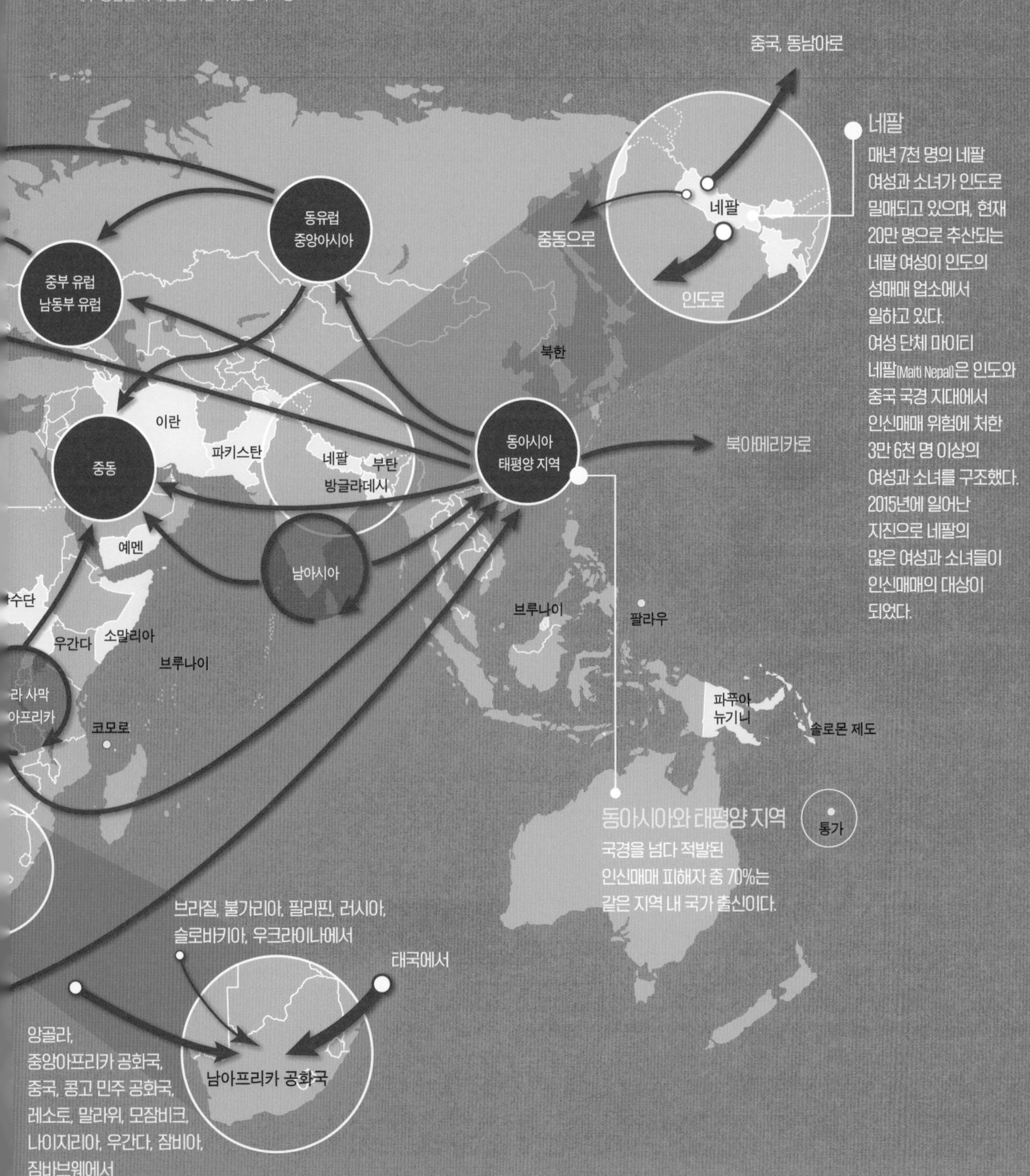

네팔

매년 7천 명의 네팔 여성과 소녀가 인도로 밀매되고 있으며, 현재 20만 명으로 추산되는 네팔 여성이 인도의 성매매 업소에서 일하고 있다. 여성 단체 마이티 네팔(Maiti Nepal)은 인도와 중국 국경 지대에서 인신매매 위험에 처한 3만 6천 명 이상의 여성과 소녀를 구조했다. 2015년에 일어난 지진으로 네팔의 많은 여성과 소녀들이 인신매매의 대상이 되었다.

동아시아와 태평양 지역

국경을 넘다 적발된 인신매매 피해자 중 70%는 같은 지역 내 국가 출신이다.

포르노물

상품화된 성은 거대 산업이 되었고, 이제 주로 온라인을 통해 거래된다.
특히 포르노물은 페미니스트에게 가장 복잡하고 어려운 문제 중 하나다.
많은 사람이 포르노가 여성에 대한 조직적인 억압과 여성 비하의 일부이며,
여성을 성적 대상으로 규정하고 분류하는 가부장적인 요소라고 믿는다.
이에 반해 일부는 포르노물에 반대하는 입장이 포르노물에 출연하는 여성의 주체성을 무시하며,
포르노 출연자가 자신의 신체를 통제하지 못하고 있다는 그릇된 가정에 기초하고 있다고 반박한다.

세계의 현실

★ 인터넷 전체 웹사이트의 약 12%가 포르노 사이트이다.

★ 전체 웹 검색의 약 13%가 성적 콘텐츠에 대한 것이다.

'세계 최대 포르노 사이트'의 자체 보고서

PornHub.com의 2017년 연말 평가

총 방문객 285억 명, 하루 8,100만 명의 방문객 중

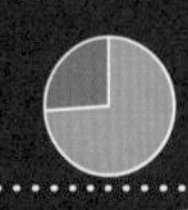

74%는 남성

폰허브 방문자의 67%가 스마트폰으로 웹사이트에 접속

24%는 데스크톱 컴퓨터로 접속

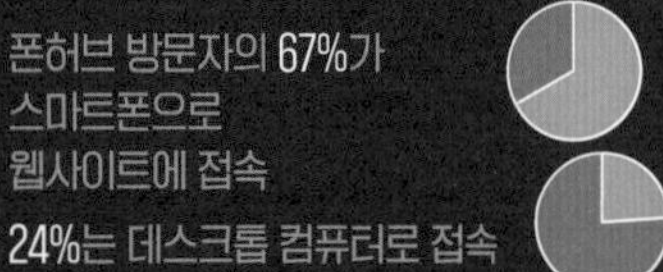

폰허브를 방문한 여성 비율

전 세계 평균 26%

필리핀 출신 36%

미국과 캐나다 출신 25%

일본 출신 19%

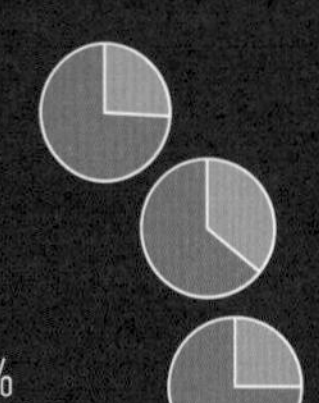

남성이 많이 보는 성적 행위의 5가지 범주

- 일본식
- 에보니(Ebony)
- 섹시한 중년 여성(milf)
- 농염한(mature)
- 애널(항문)

남성이 가장 많이 검색한 용어

- 섹시한 중년 여성
- 새엄마
- 일본식
- 헨타이
- 엄마

여성이 많이 보는 성적 행위의 5가지 범주

- 여성(레즈비언)
- 쓰리썸
- 큰 성기
- 여성에게 인기 있는
- 에보니

여성이 가장 많이 검색한 단어

- 여성(레즈비언)
- 레즈비언 시저링
- 쓰리썸
- 헨타이
- 일본식

#참고 사항

매년 갤럽이 실시하는 '사회적 가치' 여론조사에서 성별 차이가 가장 큰 항목은 포르노물에 대한 태도다. 2015년 미국 남성의 43%는 포르노가 '도덕적으로 용인된다'고 답한 반면, 여성은 25%만이 그렇다고 응답했다.

건강

HIV(인체면역결핍 바이러스)는 여성의 가장 큰 사망 원인 중 하나다. 세계적으로 HIV 감염자의 51%가 여성이다. 성관계에서 남녀 간 권력 차이가 주된 요인으로, 특히 젊은 여성이 나이 많은 남성과 성관계를 가질 때 안정성을 보장받기 위한 사전 합의가 어려워 HIV 감염 위험이 크다.

선진국 여성은 평균 수명 85년의 생애에서 8명에 1명꼴로 유방암에 걸리는데, 1970년대에는 그 비율이 20명 중 1명이었다. 서유럽과 북미에서 유방암으로 사망하는 여성의 비율은 감소하고 있다. 의료 혜택이 불공평한 미국에서는 백인 여성이 다른 인종보다 유방암 발병률이 더 높지만, 유방암으로 사망할 가능성은 흑인 여성이 더 높다. 세계적으로 유방암 발병률은 증가세인데, 서구적 식생활과 생활 방식 확산이 주요 원인으로 지목된다.

환경 파괴는 그 자체가 건강을 위협할 뿐 아니라 다른 건강 문제를 악화한다.

기후 변화가 말라리아모기의 서식지를 확장해 말라리아 발병 지역이 넓어졌다.

세계 최빈국에서도 위생 수준이나 깨끗한 물에 대한 접근성이 향상되고 있다. 하지만 부유한 나라, 가난한 나라 모두에서 식수가 화학적으로 급속히 오염되고 있다. 집은 농축 오염물로 가장 위험한 장소인데, 농축 오염물의 오염원 한 가지는 화학적인 오염이고, 다른 한 가지는 빈곤한 가정에서 쓰이는 모닥불에서 나오는 분진 오염이다.

유방암

여성 10만 명당 발생률
2012년

- 80 혹은 그 이상
- 50~79
- 25~49
- 25 이하
- 자료 없음

주간 사망자 수

유방암으로 사망하는 여성 수
2012년 선택된 예시들

- 6명 이상

세계

폐암은 남성, 유방암은 여성의 대표적인 사망 원인이다. **2012년 거의 170만 건에 달하는 유방암이 진단됐다.** 유방암 발병률이 가장 높은 지역은 북미와 유럽이고, 아시아와 아프리카에서 가장 낮다. 인구 10만 명당 유방암 발병률은 중앙아프리카와 동아시아는 27명, 서유럽은 96명이다.

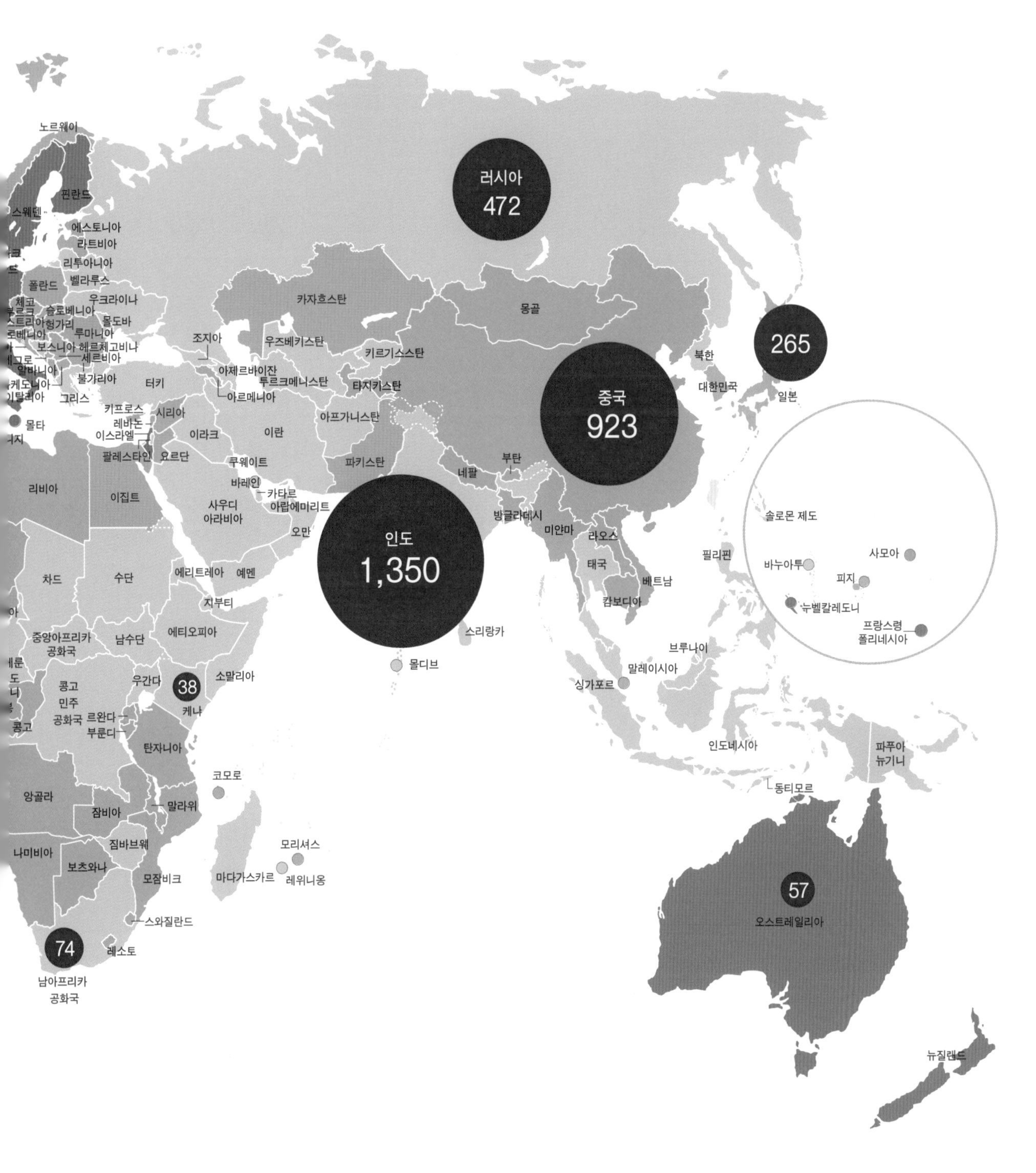

노르웨이
핀란드
스웨덴
에스토니아
라트비아
리투아니아
벨라루스
폴란드
우크라이나
체코
슬로베니아
헝가리
몰도바
루마니아
보스니아 헤르체고비나
세르비아
알바니아
불가리아
그리스
터키
몰타
키프로스
레바논
이스라엘
시리아
팔레스타인
요르단
이라크
이란
조지아
아제르바이잔
아르메니아
카자흐스탄
우즈베키스탄
투르크메니스탄
키르기스스탄
타지키스탄
아프가니스탄
파키스탄
쿠웨이트
바레인
카타르
아랍에미리트
사우디 아라비아
오만
예멘
리비아
이집트
차드
수단
에리트레아
지부티
중앙아프리카 공화국
남수단
에티오피아
소말리아
우간다
38
케냐
콩고 민주 공화국
르완다
부룬디
탄자니아
코모로
앙골라
잠비아
말라위
짐바브웨
나미비아
보츠와나
모잠비크
스와질란드
74
남아프리카 공화국
레소토
마다가스카르
모리셔스
레위니옹
러시아
472
몽골
중국
923
네팔
부탄
인도
1,350
방글라데시
스리랑카
몰디브
미얀마
라오스
태국
베트남
캄보디아
북한
대한민국
265
일본
필리핀
브루나이
말레이시아
싱가포르
인도네시아
파푸아 뉴기니
동티모르
솔로몬 제도
바누아투
사모아
피지
뉴벨칼레도니
프랑스령 폴리네시아
57
오스트레일리아
뉴질랜드

유방암과 지역적 차이

여성 10만 명당 발병률 및 사망률 상위 5개 지역
2012년

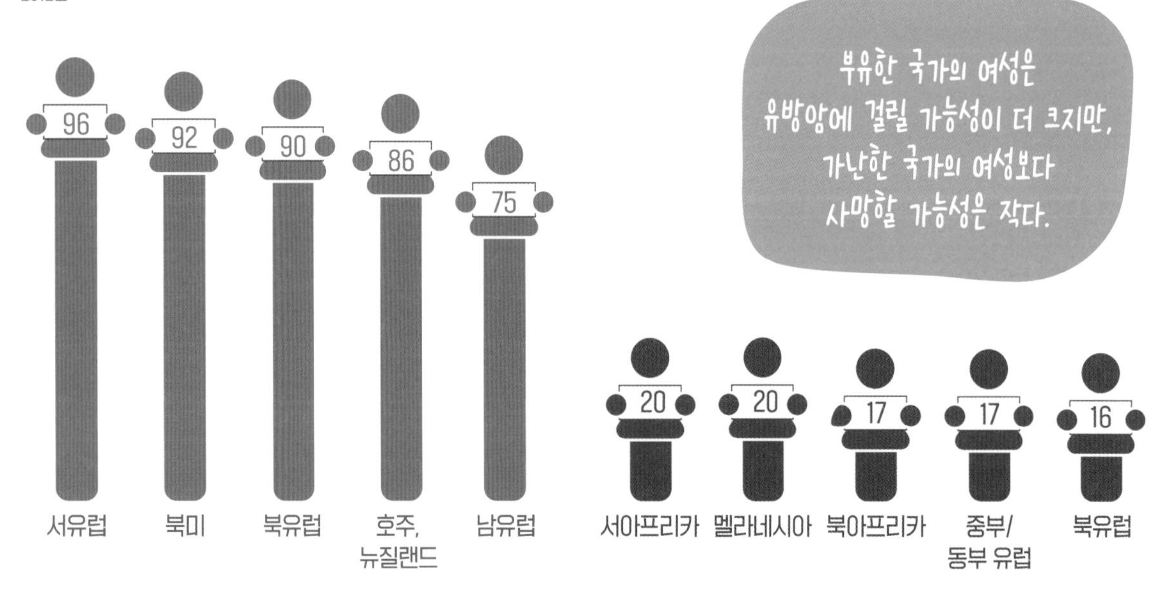

유방암과 인종, 민족의 관련성

미국 여성 10만 명당 발병률 및 사망률
2014년

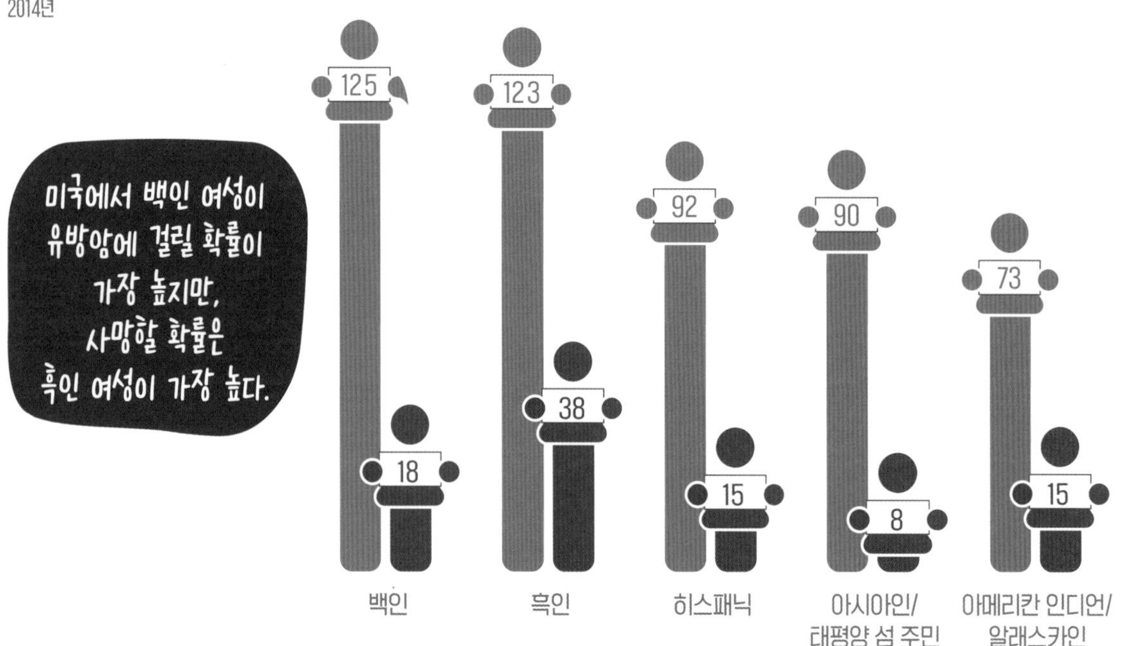

동남부 아프리카의 HIV 비율

HIV에 감염된 15~49세 여성 비율
2015년

HIV 감염자의 삶

2015년

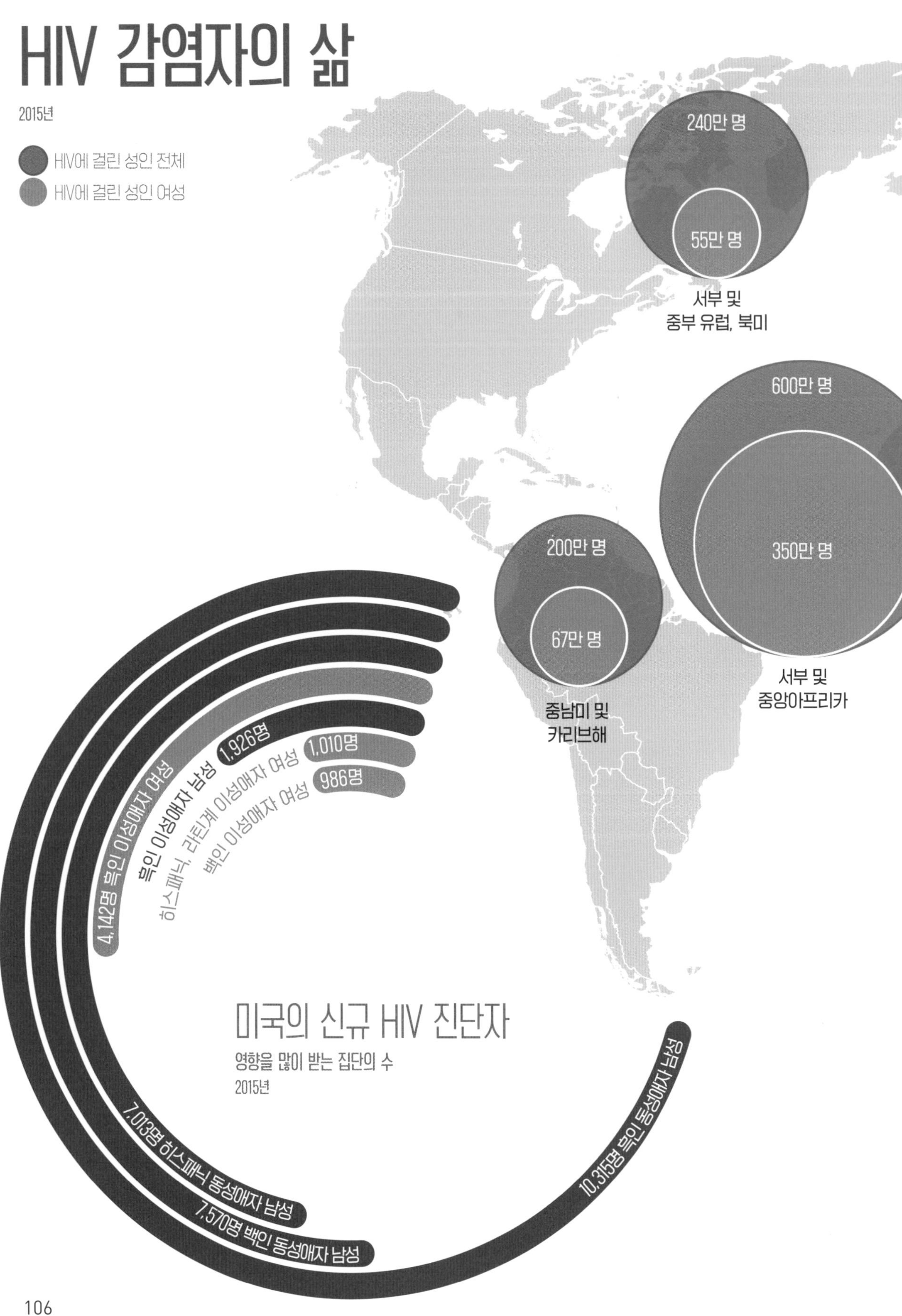

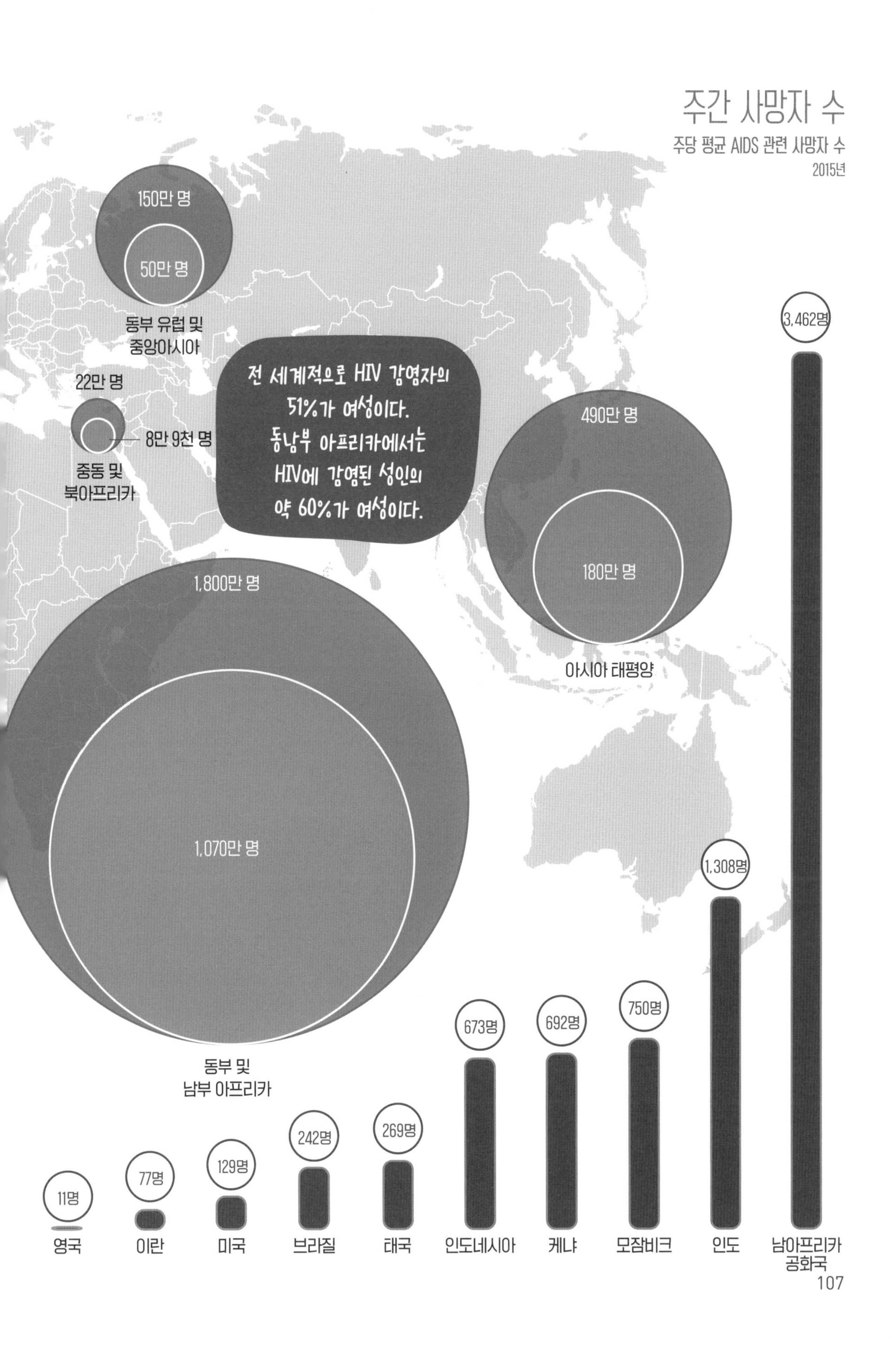

주간 사망자 수
주당 평균 AIDS 관련 사망자 수
2015년
150만 명
50만 명
동부 유럽 및
중앙아시아
22만 명
8만 9천 명
중동 및
북아프리카
전 세계적으로 HIV 감염자의
51%가 여성이다.
동남부 아프리카에서는
HIV에 감염된 성인의
약 60%가 여성이다.
490만 명
180만 명
아시아 태평양
1,800만 명
1,070만 명
동부 및
남부 아프리카
11명
영국
77명
이란
129명
미국
242명
브라질
269명
태국
673명
인도네시아
692명
케냐
750명
모잠비크
1,308명
인도
3,462명
남아프리카
공화국

HIV 치료

약물 치료 중인 동남부 아프리카의 HIV 감염자 비율
2015년

신규 HIV 감염자와 젊은 여성

2015년 전 세계적으로 HIV 감염자 210만 명이 추가로 발생했는데, 신규 HIV 감염자 중 젊은 여성의 비율은 실제 인구 구성 비율보다 높았다.

왜곡된 젠더 규범, 교육 기회 및 의료 서비스 부족, 빈곤과 불평등, 식량 부족, 여성에 대한 폭력, 어린 소녀에게 강요되는 성적 억압이 HIV에 감염될 위험을 높이는 근본 원인이다. HIV가 만연한 지역의 남성은 어린 소녀와 관계할 경우 감염될 확률이 낮다고 생각해 어린 소녀를 선호한다. 문제는 소녀들이 나이가 많은 남성 파트너와 안전한 성행위를 하기 어려워 감염 위험에 무방비로 노출된다는 점이다.

신규 HIV 감염자

15~24세 비율

2015년 전 세계

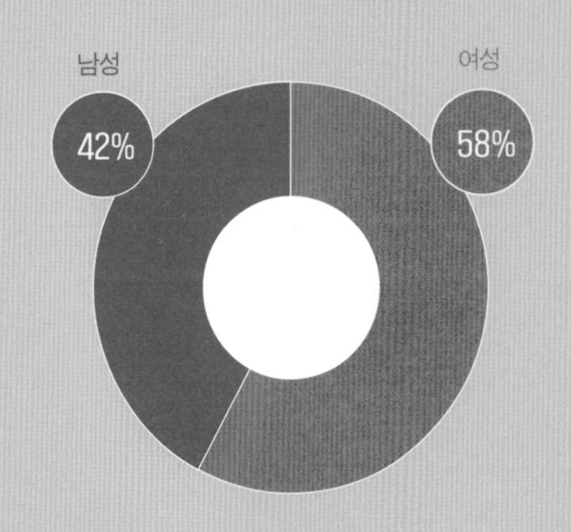

신규 HIV 감염자의 연령 및 성별 불평등

2015년

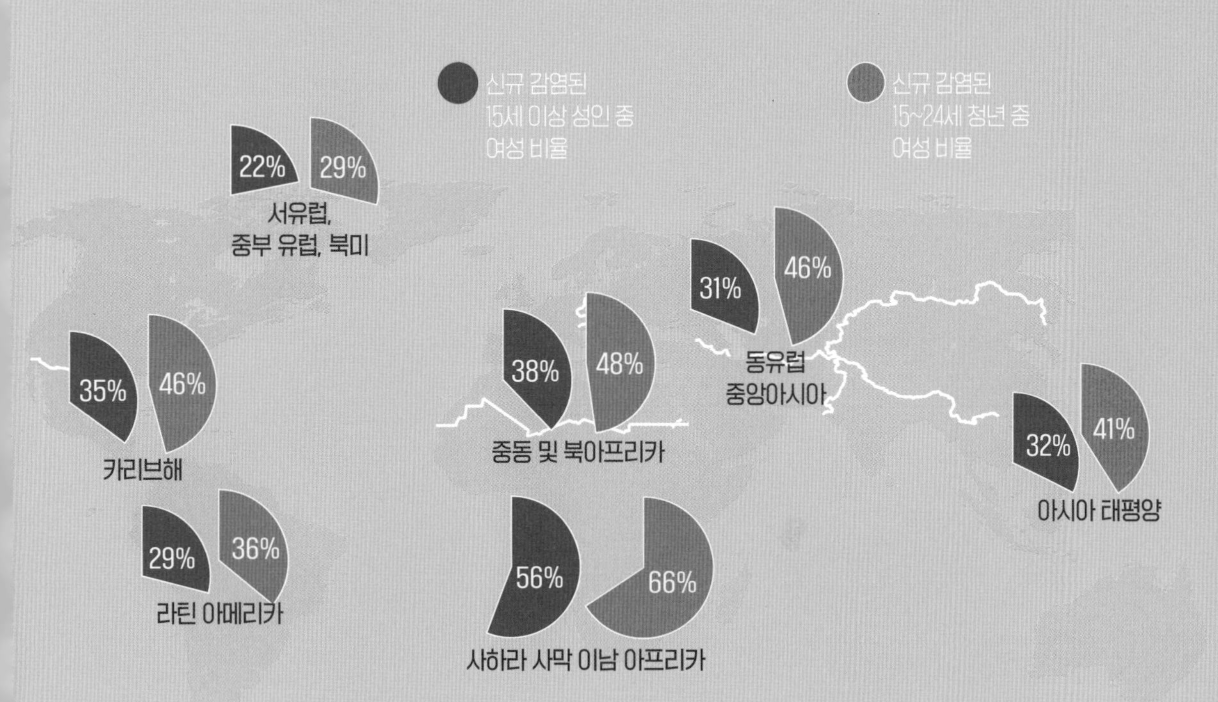

결핵

전 세계 발병률

2016년

결핵은 세계적으로 치명률이 높은 질병 중 하나다. 세계 인구의 약 3분의 1이 결핵에 감염되는데, 많은 감염자가 결핵에 걸렸다는 사실을 너무 늦게 알게 된다. 2016년 전 세계적으로 1,040만 명이 결핵에 걸렸고, 170만 명이 사망했다. 결핵은 HIV 양성인 사람의 주요 사망 원인으로, 2016년 HIV 감염된 사망자의 40%가 결핵으로 사망했다.

20개국이 전 세계 결핵 발병률의 84%를 차지한다.

브라질 · 남아프리카 공화국 · 모잠비크 · 앙골라 · 콩고민주 공화국 · 탄자니아 · 케냐 · 나이지리아 · 에티오피아 · 파키스탄 · 인도 · 방글라데시 · 미얀마 · 러시아 · 북한 · 중국 · 태국 · 인도네시아 · 필리핀 · 베트남

성기 결핵은 남성에게는 드물지만, 여성 폐결핵 환자 8명 중 1명이 걸리는 질환이다. 결핵 환자가 많은 나라에서 성기 결핵은 여성의 주된 불임 원인이다.

결핵으로 인한 사망자 세계 현황

2016년

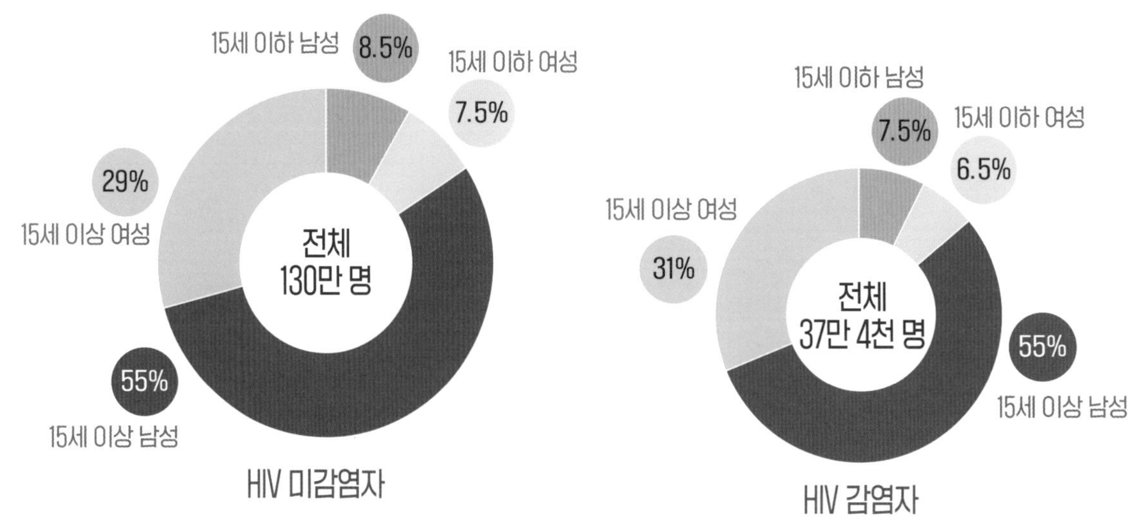

말라리아

전 세계적으로 말라리아 사망자는 감소 추세지만,
여전히 매년 50만 명이 말라리아에 걸려 사망하고
수백만 명이 후유증을 겪는다.
2016년 전 세계적으로 약 2억 1,600만 명의
새로운 말라리아 환자가 생겼는데,
그중 90%가 아프리카에서 발생했다.

아동은 성인보다 말라리아에 훨씬 취약하다.
아프리카 아동 사망의 16~24%가 말라리아 감염 때문이다.
전 세계적으로 말라리아로 인한 사망자 수는
남성보다 여성이 약간 더 많다.
야외에서 저녁식사를 준비하거나 해 뜨기 전 일어나
물을 길어야 하는 여성은 말라리아에 걸릴 위험이 더 크다.

임산부는 더욱 말라리아에 취약하다.
면역이 저하돼 더 쉽게 감염되기 때문이다.
임신 중 말라리아 감염은 산모뿐 아니라
태아나 신생아를 위험에 빠뜨릴 수 있다.
병원은 멀고 진료비는 부담스러운데
치료를 받으려면 남편의 허락까지 구해야 하는 아프리카 임산부의
약 60%가 제대로 치료받지 못하는 상황이다.

임신 중 말라리아 감염으로 아프리카에서 매년 약 1만명의 여성이 사망한다

연간 말라리아 사망률

2013년 이후

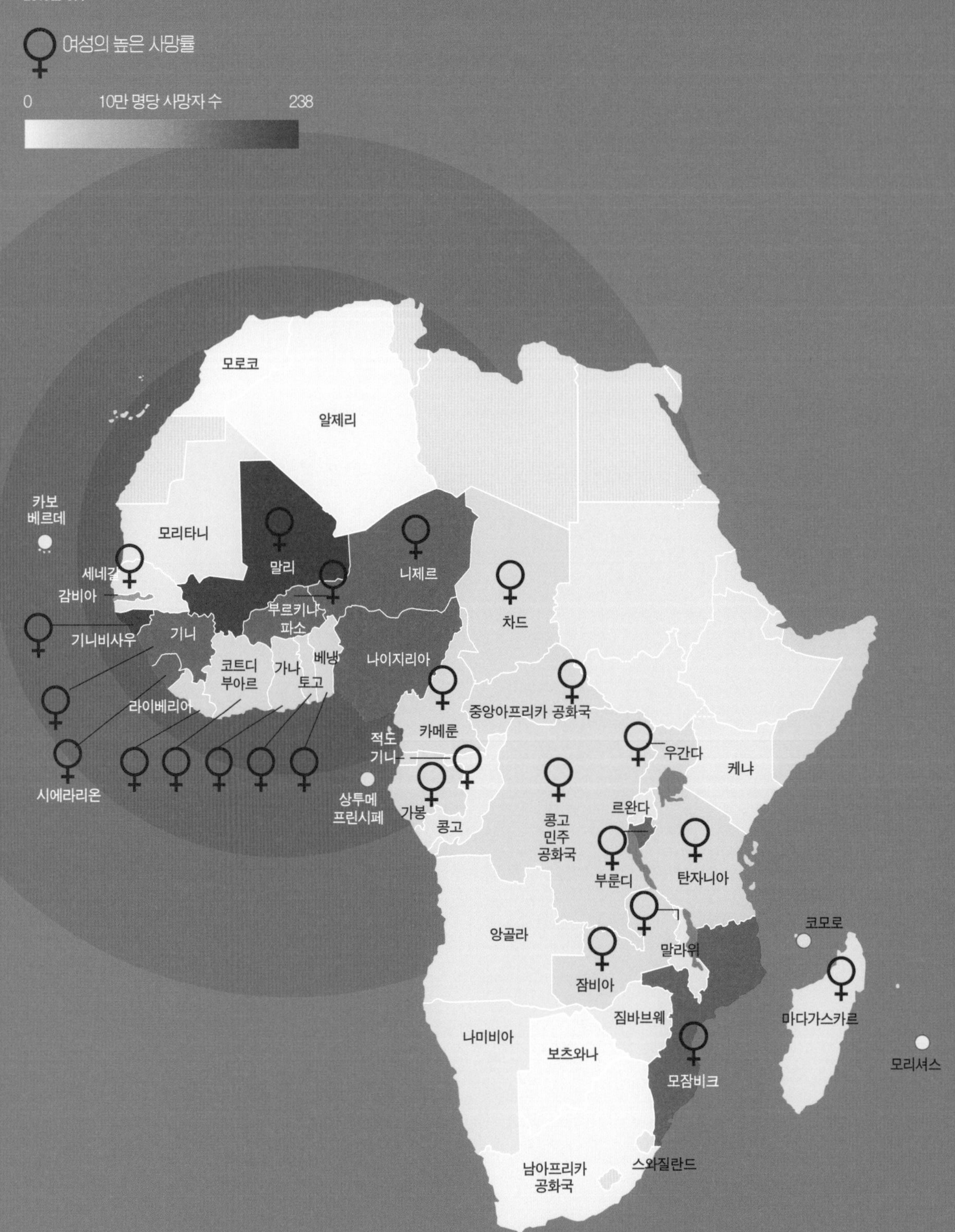

기본 위생 시설

2015년

인구의 26~50%가 기본 위생 시설을 갖추고 있다.
인구의 26% 미만이 기본 위생 시설을 갖추고 있다.

'기본 위생 시설'은 배설물이 사람과 직접 접촉하지 않도록 분리하는 설비를 의미하며, 전통적인 '푸세식' 화장실과 수세식 화장실을 포함한다.

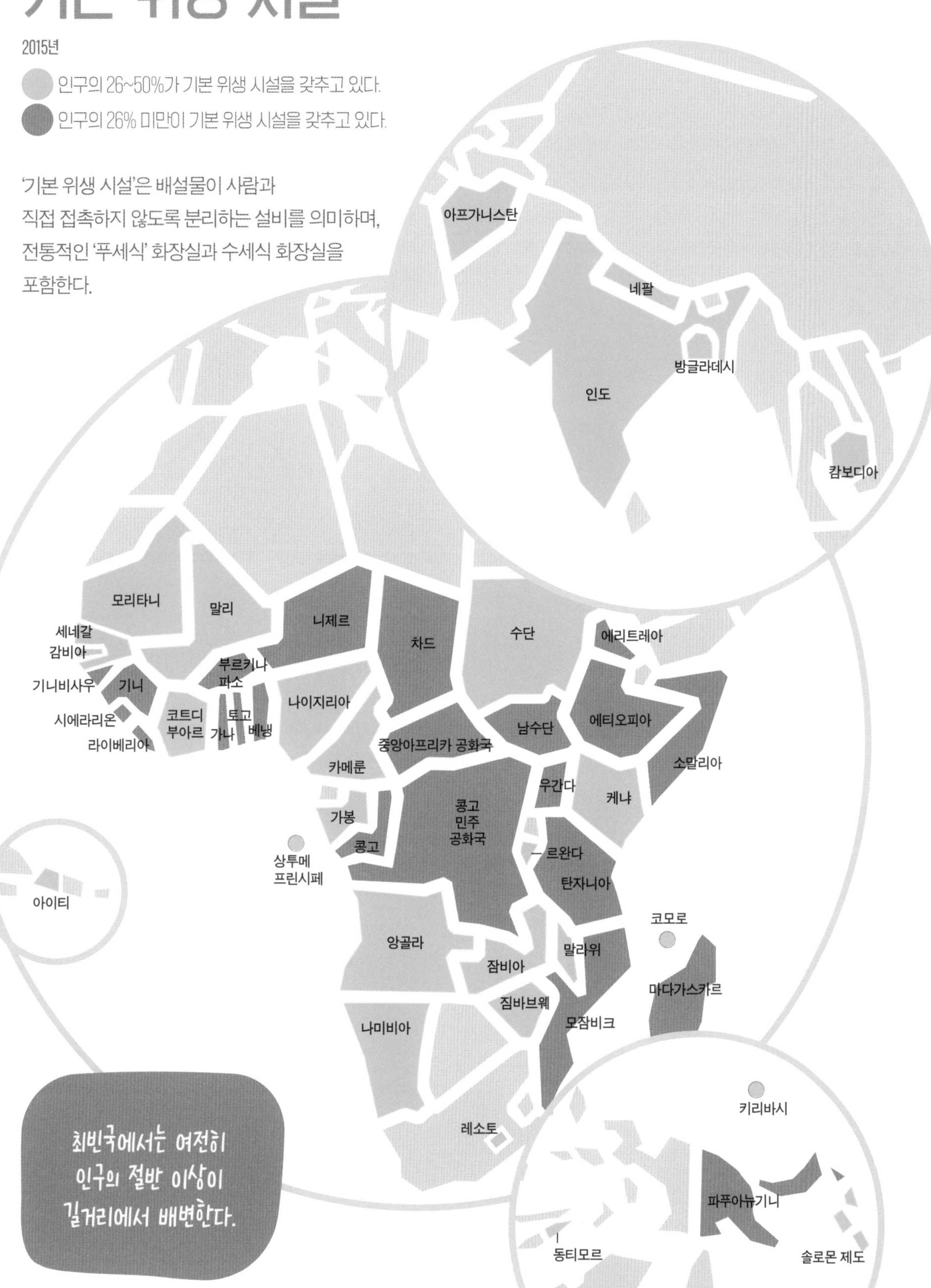

최빈국에서는 여전히 인구의 절반 이상이 길거리에서 배변한다.

식수

미국

살충제는 미국 전역의 식수를 오염시킨다.
미국에서 적어도 1,200만 명이 고농도 1,2,3-트리클로로프로판에 오염된 식수를 마시고 있다.
에린 브로코비치의 활동으로 유명해진 **공업용 화학 물질** 육가 크로뮴은
50개 주에 걸쳐 2억 5천만 명 이상에게 공급되는 식수에 존재한다.
700만 명 이상이 사용하는 식수에 환경보호국의 발암 위험 기준을 초과하는 수치의
산업용 용매 1,4-다이옥세인 성분이 들어 있다.

우리의 일상 식단에는
다양한 플라스틱 물질이 포함돼 있다.
플라스틱 물질은 체내에서 에스트로겐처럼 작용해
유방암의 원인으로 의심되는 내분비 교란을 일으킨다.
2017년 전 세계 식수 표본의 83%에서 미세 플라스틱이 발견됐다.

세계적으로 지표수의 농약 오염도 심각하다.
2015년 규제 기준을 초과하는 농업용 살충제 성분이
73개국의 침전물 및 지표수 표본
절반 이상에서
검출됐다.

오염된 물

인구의 75% 미만이
정수된 깨끗한 식수를
공급받고 있다.
2015년

정수된 깨끗한 식수에 대한 접근성은 지난 20년 동안
극적으로 증가했다. 하지만 개발 도상국 농촌 지역에 사는
약 6억~8억 명의 사람들은 여전히 정수된 물을
공급받지 못한다. 이들 중 절반이
사하라 사막 이남 아프리카에 살고 있다.
정수 처리된 식수라도 항상 안전한 것은
아니다. 매년 수십만 명이 배설물로 오염된
식수를 마시고 사망한다.
널리 퍼져 있는 살충제 및
화학 잔류물은 첨단 정화 처리
시스템으로도 제거할 수 없기에
화학 물질에 의한
수질 오염의 위협도
계속되고 있다.

타지키스탄
아프가니스탄
미얀마
수단
에리트레아
예멘
남수단
에티오피아
소말리아
우간다
케냐
콩고 민주 공화국
르완다
부룬디
탄자니아
잠비아
말라위
짐바브웨
마다가스카르
스와질란드
레소토
키리바시
동티모르
파푸아뉴기니
솔로몬 제도

설사병으로 인한 사망

2014년

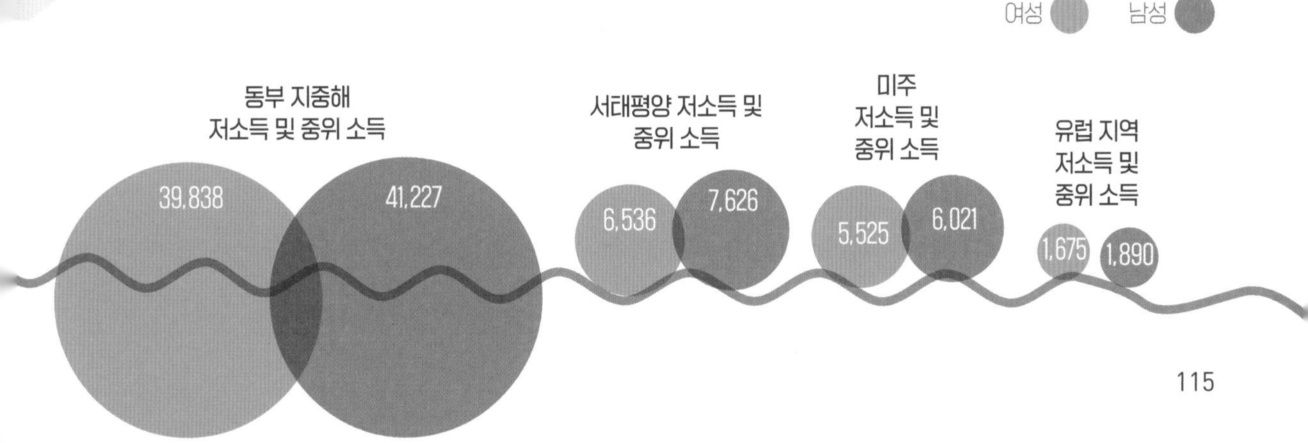

여성 남성

동부 지중해 저소득 및 중위 소득
39,838
41,227

서태평양 저소득 및 중위 소득
6,536
7,626

미주 저소득 및 중위 소득
5,525
6,021

유럽 지역 저소득 및 중위 소득
1,675
1,890

화장실 문제

전 세계 인구의 27%만이 하수 처리되는 화장실을 이용하고, 23억 명의 사람들은 여전히 화장실과 같은 기본 위생 시설을 갖추지 못하고 살아간다. 약 10억 명은 거리의 배수로, 수풀 뒤, 물가 등 야외에서 배설하는데, 특히 생리 중인 여성은 야외에서 배변하며 굴욕감에 시달린다. 야외에서 배변할 경우 강간과 학대의 위험이 커지기 때문에 여성은 안전한 장소를 찾아야 한다. 안전한 위생 시설이 없는 지역에서의 임신은 위험하다.

화장실에 대한 접근성, 이용의 편리성은 그 사회의 성 관념(성차별)을 반영한다. 세계 어디서든 여성용 공중화장실 시설은 남성 화장실보다 낙후돼 있으며, 공중화장실 앞에 긴 줄을 서 있는 사람은 대부분 여성이다. 여성용 공중화장실이 없거나 부족할 경우 여성은 공공장소에서 배제되기 쉽다. 누구든 소변을 볼 곳이 없으면 사회 활동에 적극적으로 참여하기 어렵다. 안전한 학교 화장실을 갖추지 못한 가난한 지역에서는 사춘기 소녀들이 학교에 갈 수 없어 제대로 교육받을 기회를 갖지 못한다.

세계 많은 곳에서 동성애자, 트랜스젠더 권리 운동에는 성 소수자를 위한 화장실을 만들어 달라는 주장이 포함돼 있는데, 예상한 대로 보수 단체와 정치인의 반대가 심하다. 페미니스트들은 성중립 화장실을 만들고자 기존 여성 화장실을 없애는 것은 결코 모두에게 좋은 것이 아니라는 입장이다.

2015년 미국의 50만 가구 이상(약 130만 명에 해당)이 하수 처리가 안 되는 화장실을 사용한다. 특히 인디언 보호 구역이 있는 지역에서 이 비율이 높다. 2014년 사우스다코타주 일부 지역에 거주하는 가구의 14%, 애리조나주 아파치 카운티에 거주하는 가구의 17%가 하수 처리가 안 되는 화장실을 사용하고 있었다.

화장실을 이용할 권리!

화장실 이용에 있어 발생하는 성차별이
'화장실을 이용할 권리' 운동의 자극제였다.
화장실 이용권 운동은
여성용 화장실 개선 요구가
개인적 문제에서 공공 정책의 영역으로
전환되는 데 기여했다.

'화장실을 이용할 권리' 운동, 인도 뭄바이, 2017년

오염된 지구

환경 오염으로 발생하는 경제적 손실

환경 오염으로 발생하는 질병, 장애, 손상으로 인한 경제적 비용은 전 세계 GDP의 10%를 넘을 수도 있다. 인간이 배출한 다양한 오염 물질(대기 오염, 내분비 교란 화학 물질, 납, 수은, 살충제, 신경 독소 및 기타 오염 물질)로 전 세계가 질병, 건강 관리, 임금 및 생산성 손실이라는 대가를 톡톡히 치르고 있다.

"우리는 지구상의 다른 생명체뿐만 아니라 인류, 즉 우리 자신의 멸종을 일으키는 원인이 될 수 있다. 우리가 자연의 본성을 지나치게 해친 결과 지구가 황폐해졌다."

실비아 얼 박사, 해양생물학자
2017년

"우리는 세상을 유독한 화학 물질로 채워야 한다고 말하는 사람들의 주장을 받아들여서는 안 된다."

레이첼 카슨, 생물학자이자 환경보호론자
《침묵의 봄》, 1962년

건강을 해치는 환경 오염

2015년 공해 관련 질병으로 900만 명이 사망했다고 추산한다. 이는 전 세계 사망자의 16%이고, AIDS 및 결핵, 말라리아로 인한 총 사망자 수의 거의 3배에 달한다. 오염이 심한 지역에서는 4명 중 1명 이상이 공해로 인한 질병으로 사망한다. 환경 오염은 빈곤하고 경제적으로 취약한 사람에게 더 큰 영향을 끼친다. 환경 오염이 초래하는 질병은 소수자 및 사회적 약자에게서 많이 발생하고, 오염된 곳은 빈곤한 지역에 밀집돼 있다.

미국

자폐증

임신 중 고속도로 인근에서 생활한 산모의 경우 장애아를 출산할 확률이 두 배나 높아진다. 인산 화합물 살충제를 살포한 농경지 근처에 살았던 임산부가 낳은 아기는 이후 경미한 자폐 증상을 보일 확률이 60%나 더 높다.

조산

미국에서는 매년 대기 오염으로 약 1만 6천 명의 산모와 아기 모두를 위험에 빠뜨리는 조산이 발생한다.

납

400만에 달하는 미국 가구의 아동은 고농도 납에 노출될 가능성이 있다.

"환경 오염은 더는 단순한 환경 문제가 아니다. 전체 사회의 건강과 복지에 영향을 미치는 복합적인 문제다."

랜싯 위원회, 2017년

치명적인 화학 물질

산업화, 도시화된 세계에서는 많은 사람이 합성 화학 물질이 농축된 환경에서 생활한다.
현대적인 서양 주택은 유독한 발암 물질,
또는 강한 발암성이 의심되는 화학 물질을 사용해 건축되는 경우가 많다.
미국에서 일상적으로 사용하는 생활용품에 포함된 약 8만 개의 화학 물질 중
내분비 교란 물질로 알려진 약 1,300가지 성분은
남녀 모두에게 불임을 유발하고 유방암의 원인이 되기도 한다.

실내 독성 화학 물질

2016년 미국 가정에서 채취한 먼지 샘플의 90% 이상에서 건강에 유해한 화학 물질이 발견됐다.
여기에는 생식계 독성, 태아 및 어린이 발달에 치명적인 독성,
암을 유발하고 호르몬을 교란할 위험성이 높은 물질이 포함되어 있었다.

살충제 잔여물은 미국 가정에
널리 퍼져 있는데,
2016년 미국 가정의 75%가 최소
하나 이상의 살충제를 실내에서
사용했다.

물질	분류 및 사용처
DEHP, DEHA, BBZP, DNPB, DIPB	**프탈레이트** 비닐 바닥재, 음식 포장지, 네일 폴리시, 개인 관리 및 미용 제품
MEP	**페놀** 화장품, 로션, 탈취제
HHCB	**향** 방향제
TPHP, TDCIPP, HBCDD	**절연 물질** 절연 처리된 가구, 유아용품, 건물 단열재, 카펫 충전재
PFCs	**과불소 화합물** 방수 아웃도어 의류, 얼룩 방지 카펫 및 직물, 회로 기판, 비접착 조리 기구

공기 오염

약 30억 명의 사람들이 나무, 숯, 석탄, 똥 또는 농작물 폐기물(추수 후 남는 볏단) 등의
고체 연료를 아궁이나 전통 난로에서 태워 요리하고 난방도 한다.
연간 400만 명 이상이 가정 내 공기 오염으로 사망한다.
남성보다 여성이 일상적인 가사 및 조리 활동에 더 많이 참여하기 때문에
오염된 실내 공기에 더 오래 자주 노출되고, 남성의 흡연으로 인한 실내 공기 오염은 여성의 사망률을 더 높인다.
오랜 기간 꾸준히 개선되어 온 조리용 화덕은
고체 연료 연소로 발생하는 미립자 배출가스의 영향을 감소시켰지만, 실제 효과는 입증되지 못했다.

수은 오염

강력한 신경 독성 물질인 수은은
해양 먹이 사슬을 따라 축적된다. 임산부에게는 수은 축적 위험이 큰 특정 생선을
가급적 먹지 않도록 권고한다. 수은은 임산부뿐만 아니라
태아에게도 심각한 발달 장애를 유발할 수 있다.
생선을 주식으로 하는 지역 주민은
체내에 수은이 축적될 위험이 크다

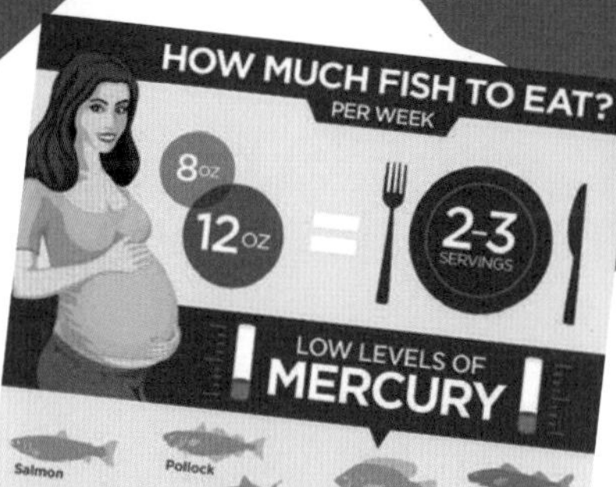

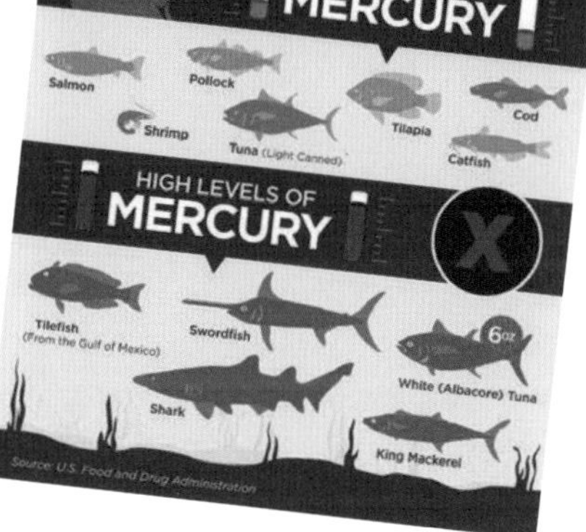

캐나다 이누이트

2004년 누나빅(퀘벡 북부 이누이트 거주 지역)에 거주하는 인구의 28%, 가임기 여성의 72%가 캐나다 보건 당국이 권장하는 최대 수은 함량을 초과한 수치를 보였다. 2007~2008년 연구에서 누나부트 준주 아동의 25%가 WHO 권장 수치보다 높은 체내 수은 함량을 나타냈다.

미국

2010~2011년 미국 여성의 2.4%, 남성의 3.7%가
EPA 권장 기준값보다 높은 메틸수은 수치를 보였다.
그러나 인종과 민족에 따라
상당히 다양한 결과가 나타났다.

멕시코계 미국인	0.4%
히스패닉이 아닌 흑인	2.1%
히스패닉이 아닌 백인	2.8%
아시아인	15.6%

일본 미나마타

수은 노출 위험성은 1950년대 일본 미나마타현에서 처음 드러났다. 이 지역의 한 화학 공장에서 수은에 오염된 폐수를 수십 년간 미니마타만에 방류해 온 것이다. 그 결과 인근 바다에서 생산되는 어패류의 생태계 사슬에 중금속이 축적됐고, 오염된 생선을 먹은 수천 명의 주민에게 기형, 사망, 선천적 결함이 발생했다.

위험 지역

EPA 권장 사항을 초과하는
머리카락 내 수은 수치를 보인
가임기 여성의 비율
2017년

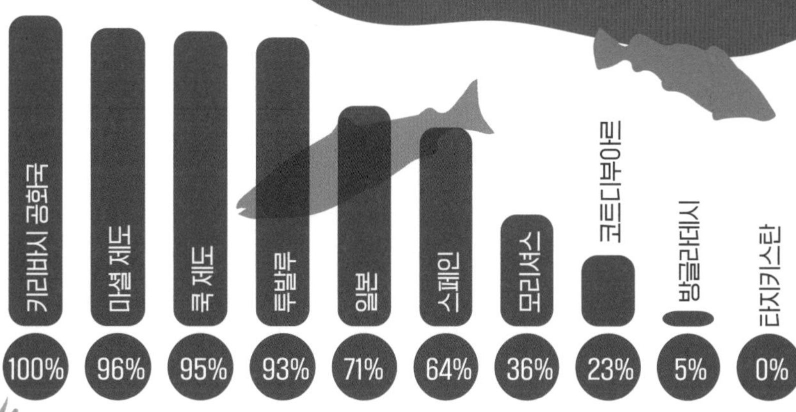

노동

무보수 노동은 남성보다 여성에게 흔하다.

지역에 상관없이 전 세계 노동계에서 주목할 만한 변화는 많은 여성 노동자가 임금 노동 시장으로 뛰어들고 있다는 점이다. 이러한 변화는 여권과 여성의 자율성을 높이는 데 도움이 된다. 독립적인 경제권을 갖는 것은 다른 모든 권리의 기초가 되기 때문이다. 노동을 하고 보수를 받는 여성은 폭력적인 관계에서 벗어나거나 성적 정체성에 문제를 제기할 수 있고, 출산 도구 취급을 받지 않고 자신과 자녀의 미래를 주체적으로 설계할 수 있게 된다.

여성의 노동 조건은 남성과 차이가 크다. 우선 여성은 동등한 지위를 갖고, 동등한 업무를 하더라도 남성보다 더 적은 임금을 받는다(그 격차는 나이, 인종, 민족에 따라 더 커지기도 한다). 둘째, 일반적으로 기업은 여직원의 출산에 부정적이다. 셋째, 여성은 특정 직업군에 '편중'돼 있으며, 흔히 여성의 일로 인식되는 특정 직업군에 '격리'돼 있다. 페미니스트들은 여성이 '끈적한 바닥과 유리 천장' 사이에 갇혀 있다고 자주 설명한다. 여성의 노동은 저임금, 낮은 지위의 직종에 집중되어 있으며, 직장에서 고위직에 오르는 여성은 극소수이다.

비공식적 노동, 무보수 노동, 아이 돌보기, 자원봉사, 가사 노동 등 여성이 수행하는 노동 대부분이 수치화하거나 공식적으로 명시하기 어렵다.
무보수 노동은 남성보다 여성이 더 많이 수행한다. 가사 노동과 아이 돌보기 등 가정생활 유지에 필요한 일을 전부 노동에 포함한다면, 전 세계 어디에서든 여성은 남성보다 60% 더 많이 일한다.

직업군의 성차별

2010년 이후 최신 통계

여성은 직장에서 특정한 직종에 '편중'되고 '격리'되어 있다.
비록 남성과 여성의 직업에 관한 구분이 역사적, 공간적으로 달라지기는 하지만, 전 세계 대부분 지역에서 '남성의 직업'과 '여성의 직업'이 뚜렷이 구분된다. 성별로 허용되고 권장되는 직업은 여성과 남성의 지위뿐만 아니라 적절한 여성성과 남성성에 대한 문화적 규범까지 반영한다. 여성이 특정한 직종에서 대다수일 경우, 그 직종의 가치는 평가절하되고 실제 노동 가치에 비해 낮은 임금을 받는다.

여성이 대다수인 직종

보육 및 산파
영국(89%)와 방글라데시(88%)에서는 대부분이 여성이다.

초등학교 교사
영국(89%), 몽골(96%), 뉴질랜드(84%), 볼리비아(66%)에서 대부분이 여성이다. 단 라이베리아(87%)와 네팔(58%)에서는 대부분이 남성이다.

콜 센터 직원
말레이시아, 필리핀, 라트비아에서 대부분이 여성이다.

치위생사
유럽(97%), 미국(97%), 캐나다(97%)에서 대부분이 여성이다.

남성이 대다수인 직종

외과의
오스트리아(90%, 일반 외과의), 영국(89%, 고문 외과의), 뉴질랜드(91%, 모든 외과 전공의)에서는 대부분이 남성이다.

비행기 조종사
미국(93%), 핀란드(88%), 일본(93%), 브라질(98%)을 비롯해 전 세계(93%)에서 대부분이 남성이다.

도로를 건설하는 미숙련 노동자
미국, 브라질에서는 대부분 남성이다. 단 인도와 네팔에서는 대부분 여성이다.

택시 운전사
영국(98%), 홍콩(85%), 호주(94%)에서 대부분 남성이다. 단 우버는 UN 여성기구와의 글로벌 협력을 통해 2020년까지 10만 개에 달하는 여성 운전사 일자리를 창출하겠다고 공약했다.

바뀌고 있는 곳들은?

치과의
미국 치의학과 신입생 중 여성 비율: 1978년 16%, 2014년 48%

수의사
미국 수의학과 신입생 중 여성 비율: 1986년 50%, 2017년 80%

직장에서 여성의 지위

보수를 받고 일하는 15~64세 여성 비율

2012년 이후 최신 통계

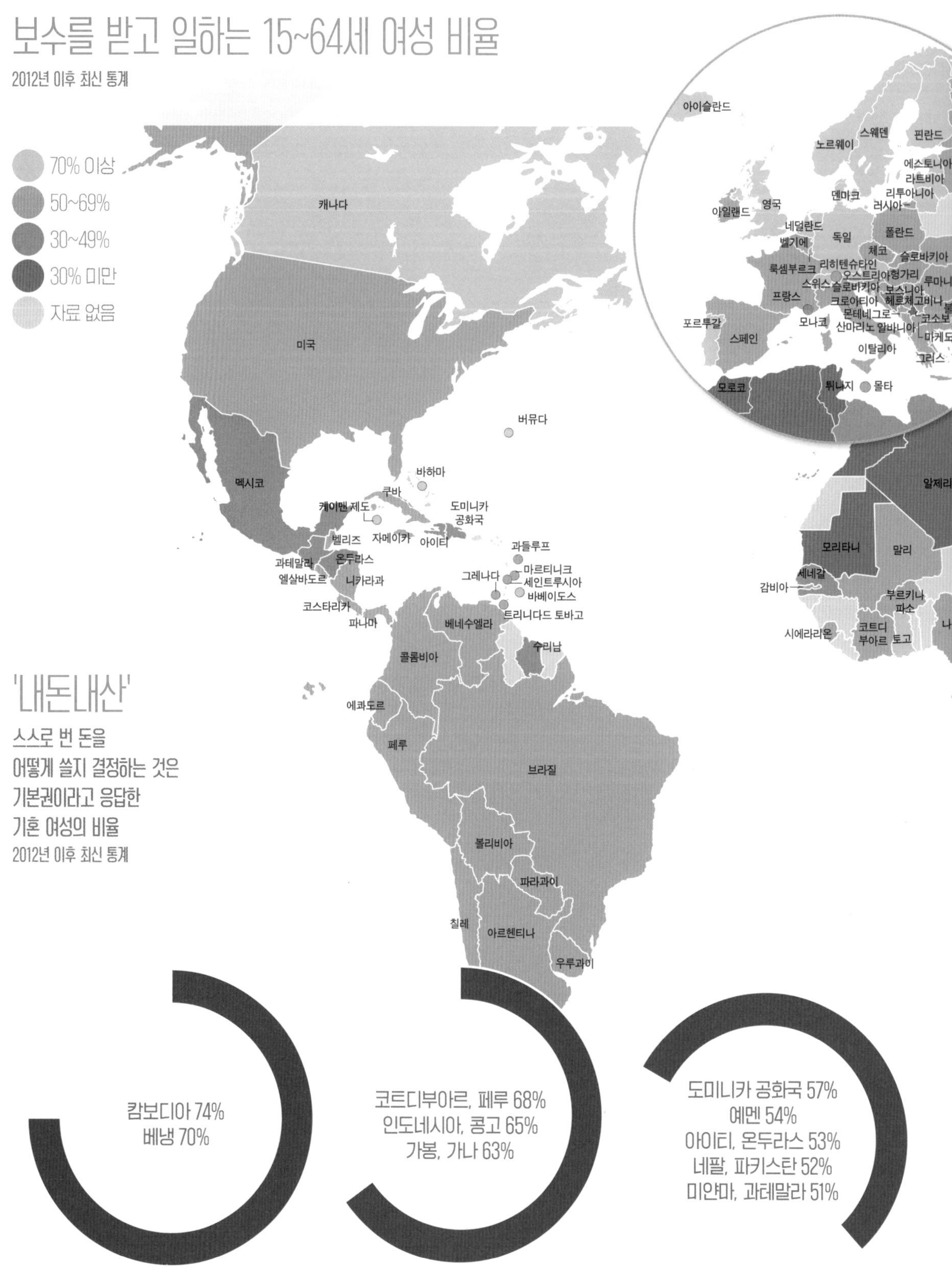

'내돈내산'

스스로 번 돈을
어떻게 쓸지 결정하는 것은
기본권이라고 응답한
기혼 여성의 비율

2012년 이후 최신 통계

캄보디아 74%
베냉 70%

코트디부아르, 페루 68%
인도네시아, 콩고 65%
가봉, 가나 63%

도미니카 공화국 57%
예멘 54%
아이티, 온두라스 53%
네팔, 파키스탄 52%
미얀마, 과테말라 51%

세계의 많은 여성이 임금을 받는 직장에서 일하지만,
여성 노동자는 낮은 임금을 받으며 남성과 분리된 직종에서 일하는 경우가 많다.
노동 시장에서 성별에 따른 격차는 사회적 문제이다.
공식 통계에서 '노동'으로 인정받지 못하는 활동은 실제로 세상에 존재하는 많은 노동,
특히 여성이 주로 하는 일이 대부분이다.

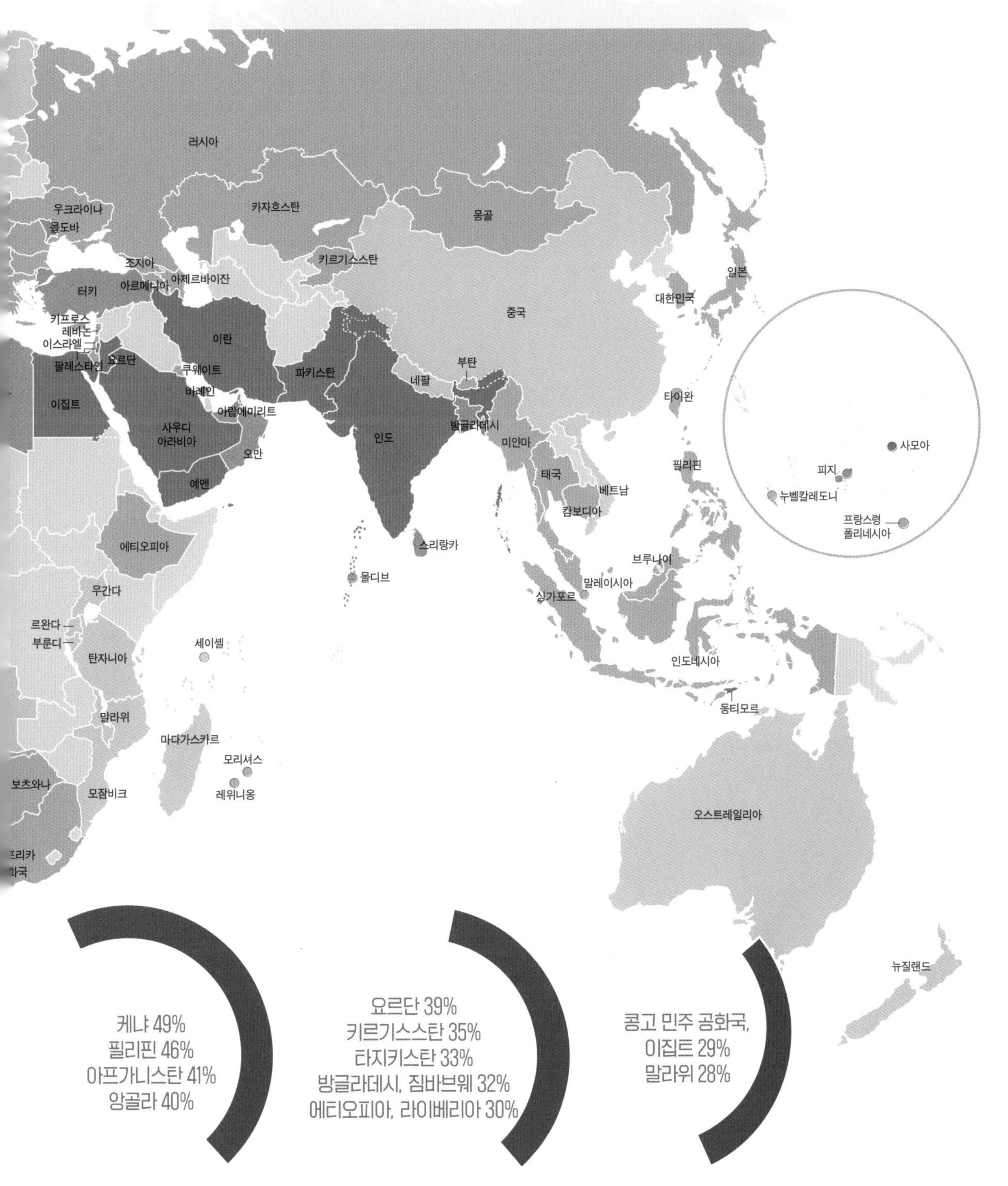

소득 격차

거주 국가와 상관없이 대부분 지역에서 여성의 소득은 남성의 소득보다 적고,
그 소득 격차는 인종, 연령에 따라 확대된다. 성별 임금 격차의 주된 요인 중 하나는 성 차별적인 관습이다.
남녀 동일 임금 지급을 명시한 법이 있더라도 남성과 동일한 노동을 한 여성은 더 적은 임금을 받는 게 현실이다.
여성에게는 남성과 동일한 승진과 출세의 기회가 주어지지 않으며,
직장에서의 성별 격차는 단순한 임금 격차를 넘어서 더 광범위하고 복합적인 현상이다.
여성은 끈적한 바닥과 유리 천장 사이에 갇혀 고전하고 있다.

총소득에서 여성이 차지하는 비율은 더 낮다. 여성은 저임금 직종에 집중된 반면,
남성은 주로 고임금 직종에 몰려 있기 때문이다. 여성은 남성보다 시간제 근무를 더 많이 하며,
가족은 여성이 주로 돌봐야 한다는 사회적 압박과 문화적 관습의 영향을 받아
제대로 임금을 받을 수 있는 직종에서 경력을 쌓기 어려운 경우가 많다.
남녀 임금 격차는 은퇴 후 연금과 사회적 안전망에서의
성차별도 악화한다.

영국 BBC

2017년 BBC 내 성별에 따른
임금 격차 폭로는 정부 조사로 이어져
대중의 분노를 샀고, 내부 신뢰 위기를 초래했다.
당시 가장 높은 연봉의 남성 앵커는
220만 유로를 받았고,
가장 높은 연봉의 여성 앵커는
45만~50만 유로를 받고 있었다.

미국 월마트

2001년 월마트 여성 노동자가 제기한 성차별 소송을 통해
월마트에서 임금에 관한 조직적인 성차별이 있었음이
밝혀졌다. 여성 시급 노동자는 동등한 일을 하는 남성에
비해 연간 1,100달러를 덜 받았고, 관리직 여성은 동일
직급 남성보다 연간 1만 4,500달러를 적게 받았다.
2011년 미국 대법원은 '직급'에 의한 차이라는 근거로
이 소송을 기각했다. 당시 1,600만 명에 달하는 여성
노동자들은 무력하게 대응했지만, 소송에 참여했던
여성들이 중심이 돼 2017년 항소를 제기했다.

미국 내 인종, 민족을 반영해 백인 남성의 임금과 비교한 여성의 임금

2016년

아시아인

히스패닉이 아닌 백인

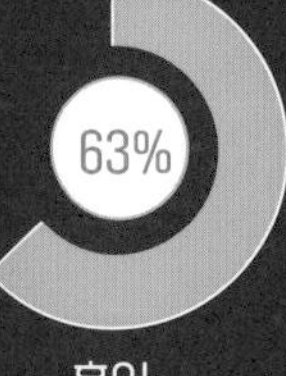

흑인

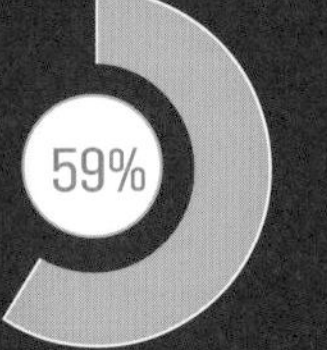

하와이 선주민, 태평양 제도 선주민

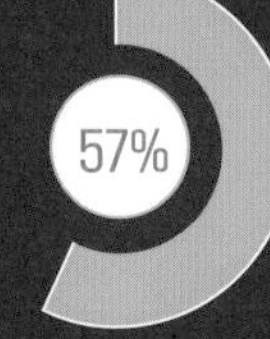

아메리칸 인디언, 알래스카 선주민

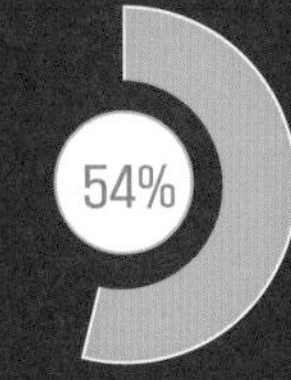

히스패닉, 라틴 계열

유럽의 성별 임금 격차

남성 대비 여성의 시간당 평균 소득 백분율
2014~2015년

세계 최초
아이슬란드 정부는 성별에 따른 소득 격차를 불법으로 규정한 최초의 국가이다. 2018년부터 동일한 노동을 하는 남녀에게 동일한 임금이 지급된 사실을 고용주는 반드시 입증해야 하는 책임이 생겼다. 고용주는 경험, 실적을 비롯해 여러 기준에 따라 다른 액수의 임금을 지급할 수 있지만, 그 임금 격차가 젠더에 의한 것이 아님을 반드시 증명해야 한다. 아이슬란드 정부는 2022년까지 젠더 임금 격차를 완전히 없애겠다고 약속했다.

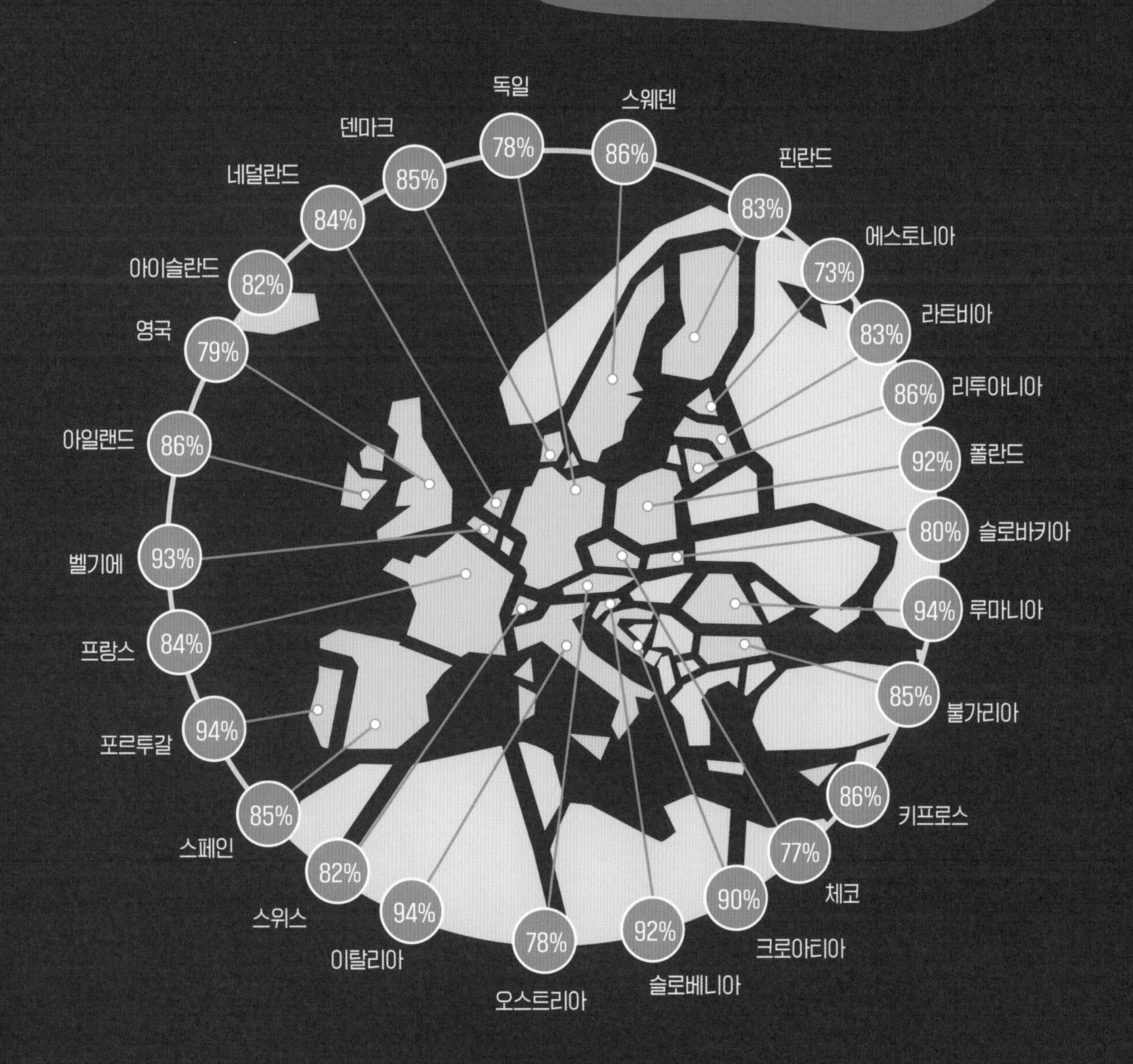

여성의 노동

비공식 노동

농업 외 비공식 부문(공식 고용 외)**에서 임금을 받는 여성 노동자 비율**
2012년 이후 최신 통계

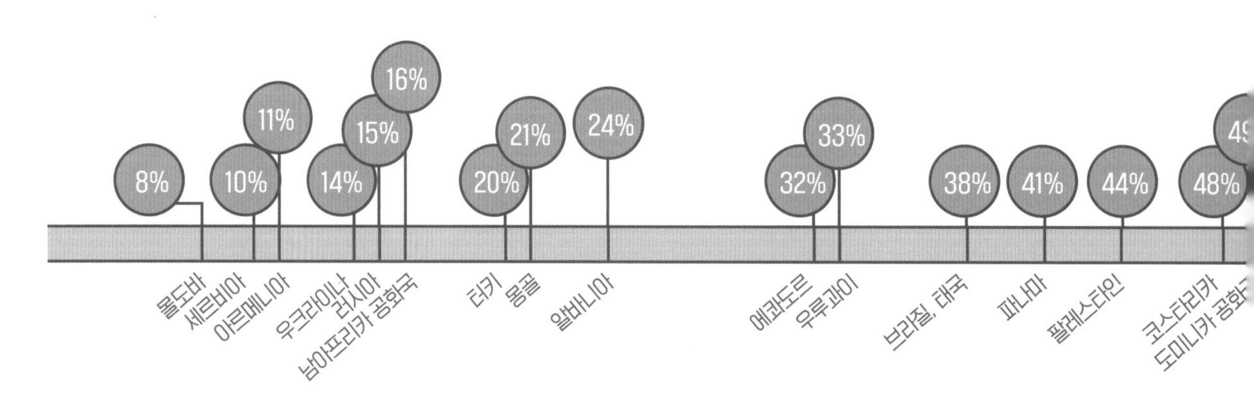

지구촌 조립 라인

수출 자유 지역에서 일하는 노동자 중 여성의 비율
2006년

수출 자유 지역(EPZ)은 외국 기업을 위한 면세 산업 단지로, 종종 노동법이 무시돼 노동자가 권리를 보호받지 못하는 경우가 있다. 2006년에는 130개 국가에 조성됐다.

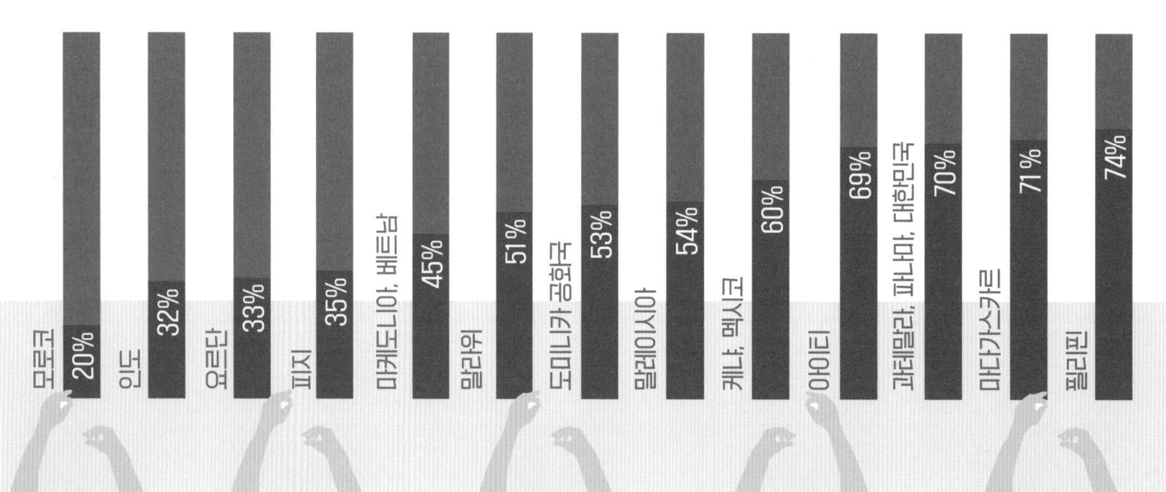

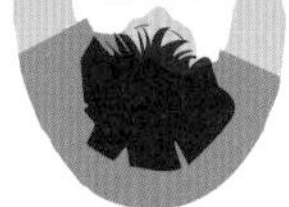

'비공식 부문' 노동은 법적 등록이 어렵거나 임금을 받지 못하는 등 행정 규제의 사각지대에 있는 노동을 의미한다. 노점, 가내 수공업 제품 판매, 삯바느질, 보육 등 집에서 이루어지는 서비스 활동이 주를 이루며, 대부분 여성의 노동으로 이루어진다.

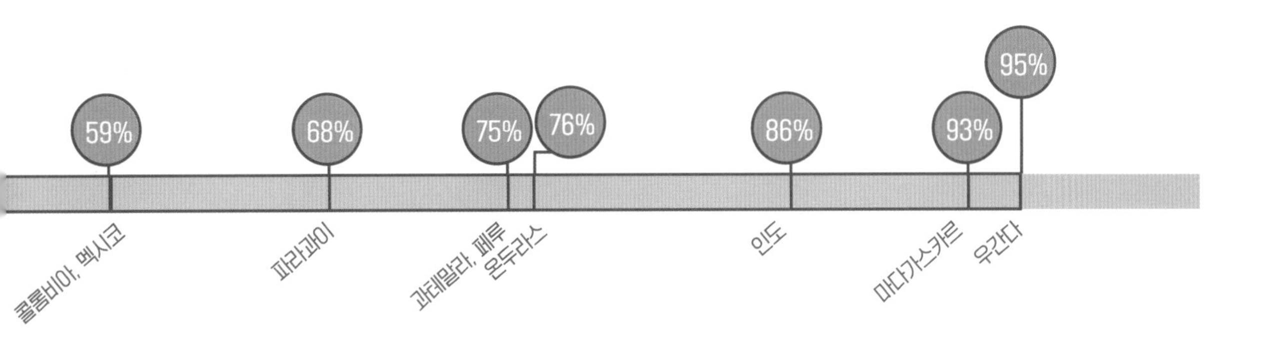

수출 자유 지역

전 세계 3,500개의 수출 자유 지역에서 6,600만 명 이상이 일하고 있으며, 85%는 아시아인이다. 이곳에서 일하는 노동자의 대다수는 여성이고, 여성에게 임금 노동자가 될 기회를 열어 준다. 하지만 고용주 입장에서 여성 노동자의 '매력'은 적은 보수를 주어도 되고 언제든 대체 가능하다는 점이다. 수출품 제조업체들은 저임금 노동자로부터 고수익을 창출하고 있다.

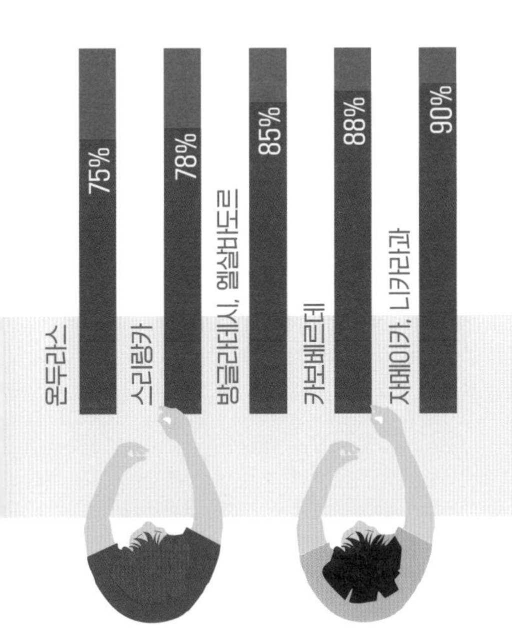

2012년 방글라데시 다카의 타즈린 패션(Tazreen Fashions) 의류 공장 화재로 117명의 노동자가 사망하고 수백 명이 부상당했다. 2013년에는 다카의 라나 플라자(Rana Plaza) 의류 공장이 붕괴돼 1,134명의 노동자가 죽고 2천 명 이상이 부상당했다. 두 사고 모두 노동자들이 위험한 작업 환경에 대한 우려를 사전에 전달했지만, 관리자와 사장이 이를 무시했다. 방글라데시 의류 수출 지구에서 일하는 노동자의 85%~90%가 여성이다.

정상은 외롭다

주식 시장에 공개 상장된 기업 이사회의 여성 비율
2016년 선별된 예시

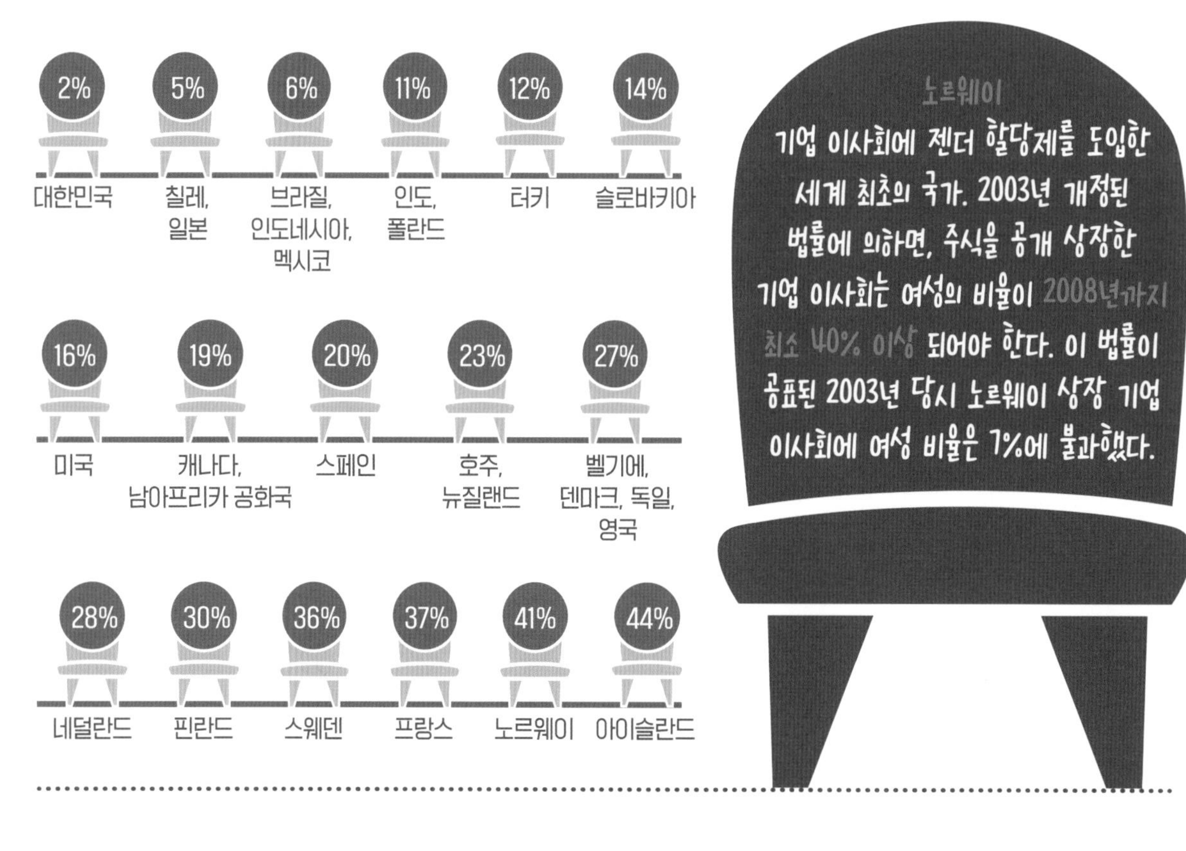

2017년 영업 이익 기준
미국 500대 기업의 6%만이
여성 CEO를 두고 있었다.

<포춘> 지 선정 500대 기업 소속
5,089명의 임원, 고위직 간부 중
80%가 남성이었다.

그중 73%는 백인,
21%는 아시아인, 3%는 라틴계,
2%는 흑인, 0.2%는 아메리칸 인디언,
0.1%만이 하와이 혹은 태평양 제도
선주민 출신이었다.

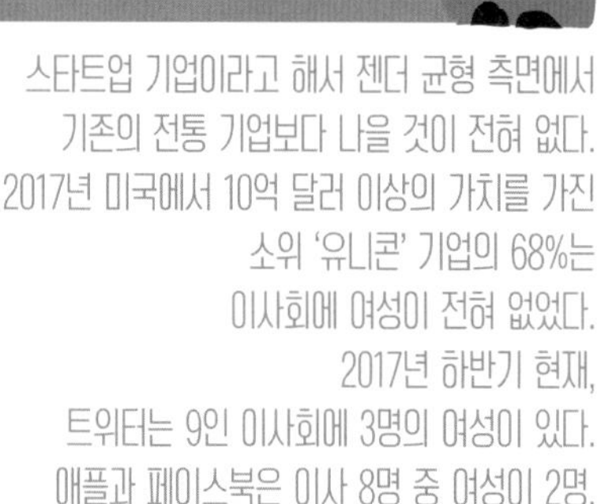

#참고 사항

스타트업 기업이라고 해서 젠더 균형 측면에서
기존의 전통 기업보다 나을 것이 전혀 없다.
2017년 미국에서 10억 달러 이상의 가치를 가진
소위 '유니콘' 기업의 68%는
이사회에 여성이 전혀 없었다.
2017년 하반기 현재,
트위터는 9인 이사회에 3명의 여성이 있다.
애플과 페이스북은 이사 8명 중 여성이 2명,
알파벳(구글의 모회사)은 12명 중 3명만 여성이다.

출산과 배우자 출산 휴가

법적 요구 사항과 유급 지원

정부 지원금이 없는 대부분의 국가에서 고용주가 출산 휴가비를 제공해야 한다.

2013년

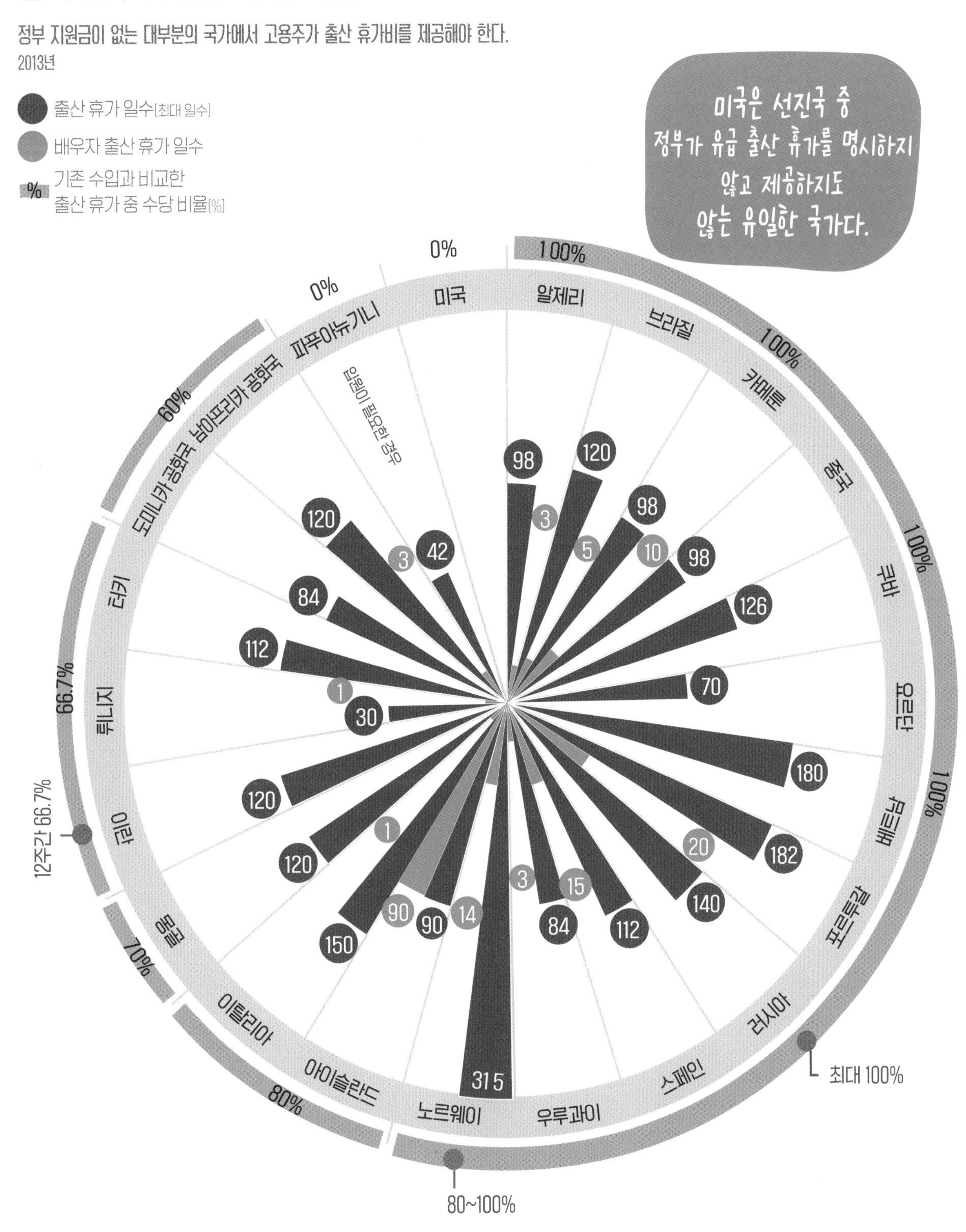

실업

25세 이상 남녀의 공식 실업률
2016년

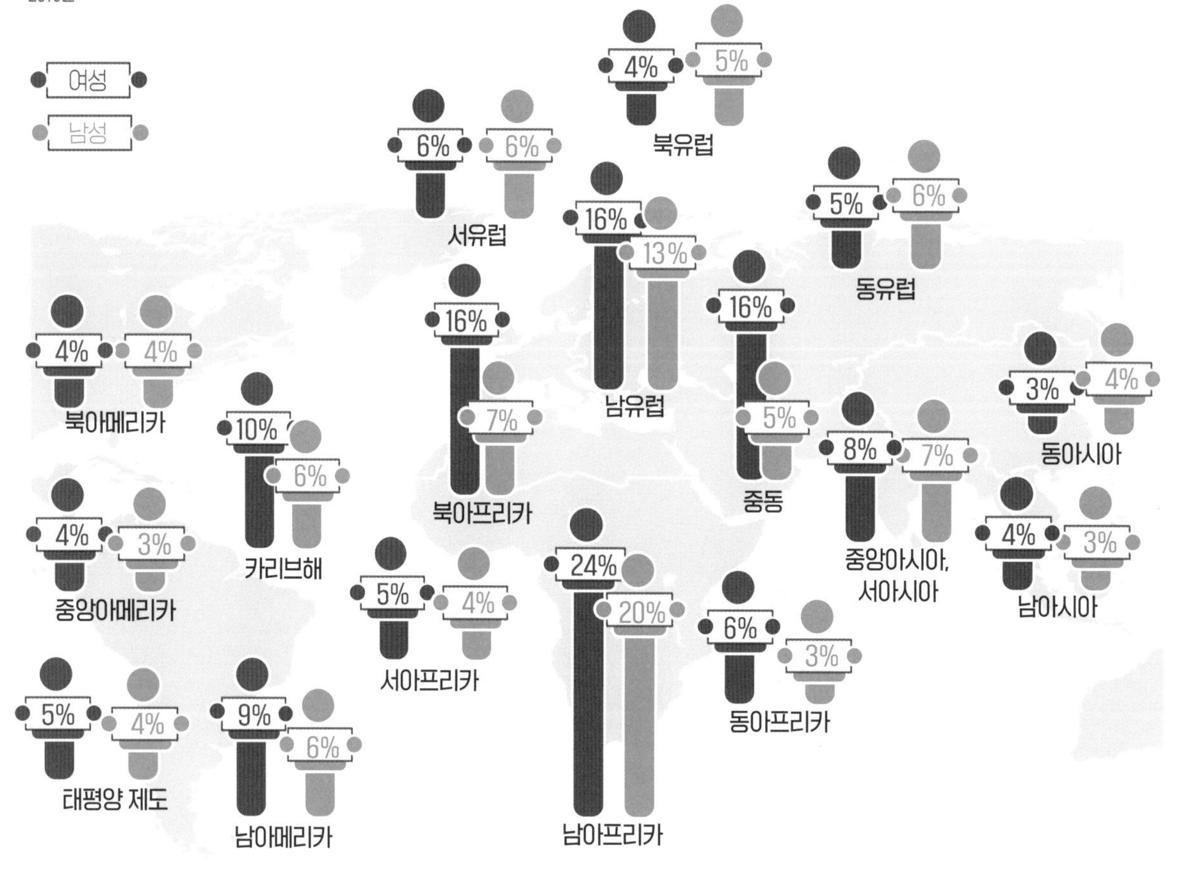

인종과 젠더, 변수가 실업률에 미치는 영향

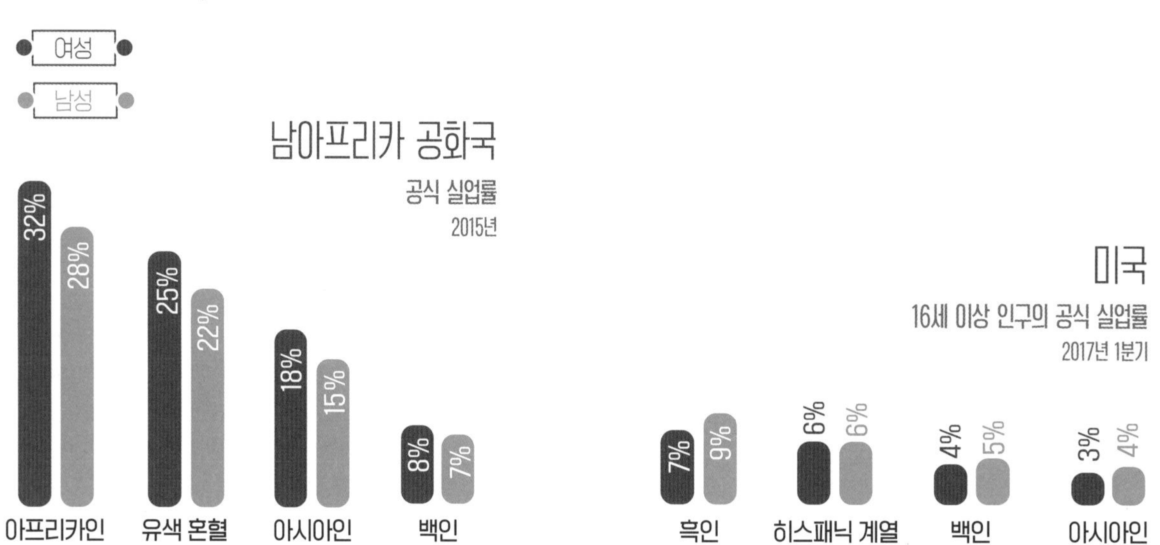

시간제 근무

여성
남성
불완전 취업
더 오래 일하고 싶은
14세 이상 시간제 노동자 비율
2016년
한계 시간제 근무
주간 14시간 이하 일하는
15세 이상 인구 비율
2014년
오스트리아 7% 3%
10% 3% 오스트리아
체코 1% 0.3%
2% 1% 체코
프랑스 12% 8%
6% 3% 프랑스
독일 6% 3%
13% 5% 독일
이탈리아 6% 4%
6% 2% 이탈리아
아일랜드 8% 7%
8% 4% 아일랜드
네덜란드 9% 4%
17% 9% 네덜란드
스페인 14% 7%
7% 2% 스페인
스웨덴 5% 3%
7% 5% 스웨덴
영국 9% 5%
10% 4% 영국
미국 4% 4%
5% 4% 미국

가사 노동과 육아

무급 노동

무급 가사(육아)에 투여되는 평균 시간
2012년 이후 최신 통계

모든 나라에서 남성은 여성보다 더 높은 임금을 받고, 여성은 남성보다 무급 노동에 더 많은 시간을 쓴다. 그 결과 유급, 무급 노동 시간을 다 합친 총 노동 시간은 여성이 남성보다 많으며, '시간 부족'은 여성의 자유를 제한한다.

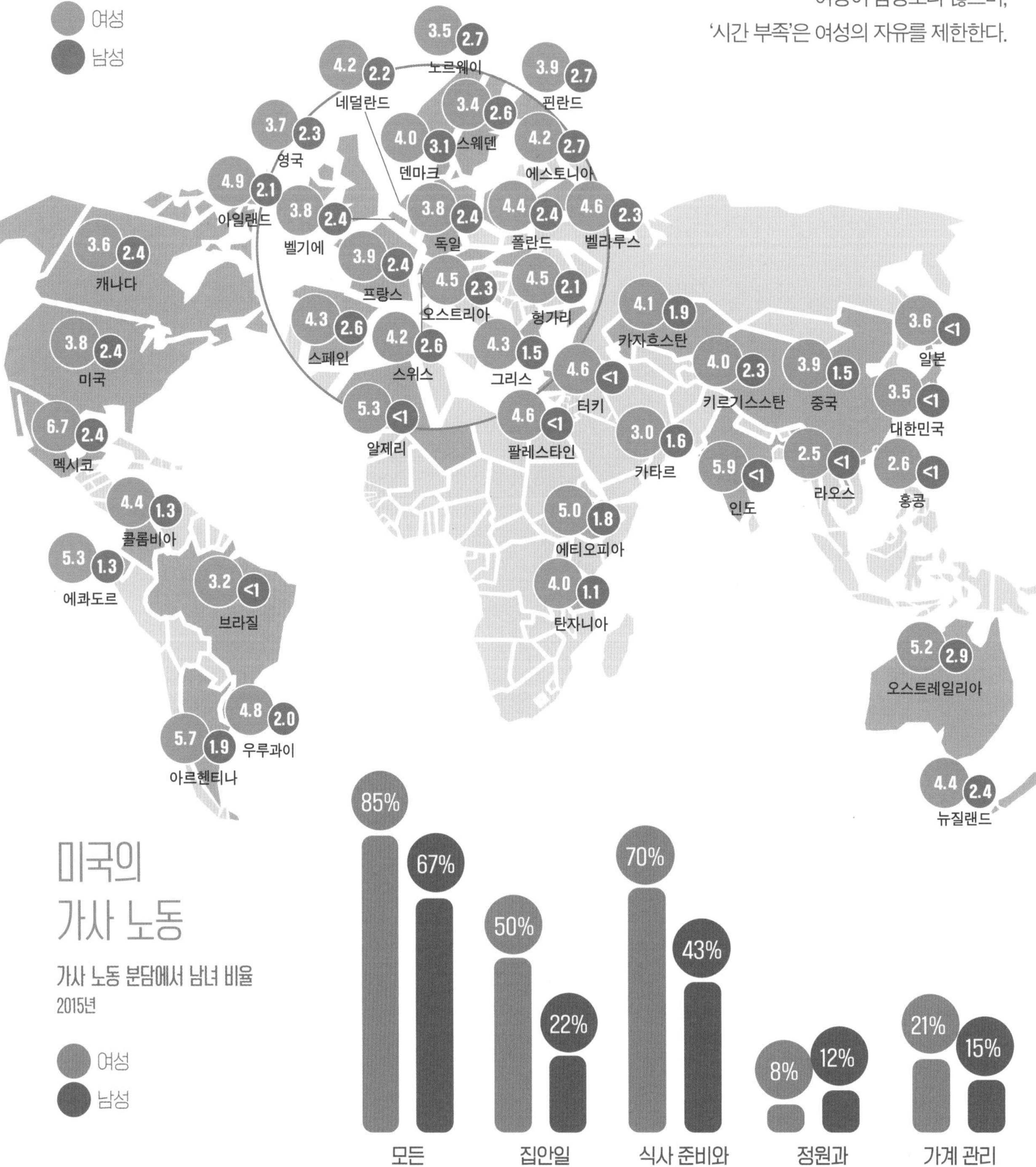

- 어떤 문제가 생기면 학교나 어린이집에 연락하는 역할
- 여행을 가게 되면 학교, 어린이집에 연락하는 역할
- 학교나 어린이집에서 급한 문제가 생기면 우선 연락을 받는 보호자 역할
- 책가방 싸 주는 역할
- 숙제를 해 주거나 도와주는 역할
- 육아 비용 관리하기
- 초등학교, 중학교 알림장 작성하기
- 놀이 모임 조직하기
- 클럽 활동에 자녀 데려다주고 데리고 오기
- 자녀 생일 파티 계획하고 준비하기
- 계절에 맞는 옷 마련하기
- 크리스마스 계획 세우기
- 가족용 선물 구입, 축하 카드 작성하기
- 병원, 치과, 안경사 예약하기
- 저녁과 주말에 아이 보기
- 남편이 저녁이나 주말에 아이를 볼 때 함께할 수 있는 활동 준비하기
- 침대 맡에서 책 읽어 주기
- 아픈 아이 돌보기
- 아이가 아플 때 휴가 내고 돌보기
- 밤에 깬 아이 다시 재우기
- 가족 생일 챙기고 선물 준비하기
- 휴가 예약하기

누가 빨래를 하는가?

영국, 2014년

남성이 주로 하는 집안일

- 쓰레기봉투 버리기
- DIY 물품 조립하고 수리하기
- 전구 갈아 끼우기

여성이 주로 하는 집안일

- 주간 청소
- 일일 청소
- 청소기 돌리기
- 부엌, 화장실 청소하기
- 오븐, 냉장고 등 힘든 주방 기기 청소
- 정리 정돈하기
- 옷 빨래하기
- 침구 세탁하기
- 시트 바꾸기
- 다림질하기
- 가계부 관리하기
- 자동차 보험 가입하기
- 주택 보험 가입하기

각종 공과금 납부하기 그리고…

가정 내 의사 결정자

가정에서 중요한 물품을 구매할 때 스스로 결정하거나
남편과 함께 결정한다고 응답한 15~49세 여성 비율
2012년 이후 최신 자료

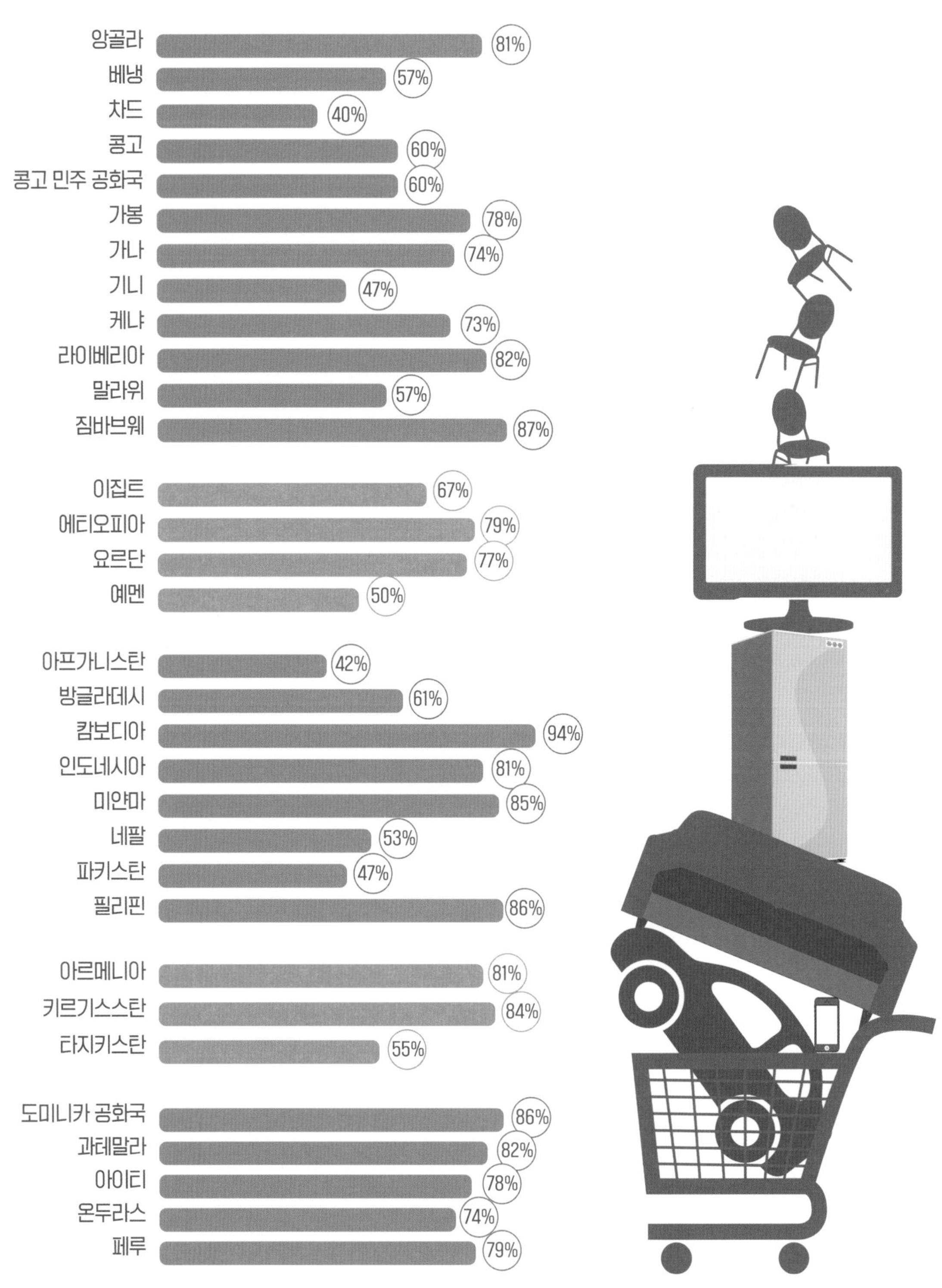

아동 노동

전 세계 어디서든 무보수로 가사 노동을 하는 아동을 쉽게 볼 수 있다. 보통 가정에서 딸이 아들보다 더 많은 가사 노동을 한다. 따라서 많은 소녀가 학교에 가거나 친구와 놀거나 돈을 벌 기회를 놓친다. 대부분의 가사 노동은 공식적인 아동 노동으로 집계되지 못한다.

오늘도 1억 5,200만 명의 5~17세 아동이 노동하는 가운데, 이 중 42%는 여자아이, 58%는 남자아이이다.

대부분 가족 농장이나 가족 기업에서 노동자로 일하는데,

그중 약 7,300만 명은 광산이나 어선 등 매우 위험한 환경에서 작업한다.

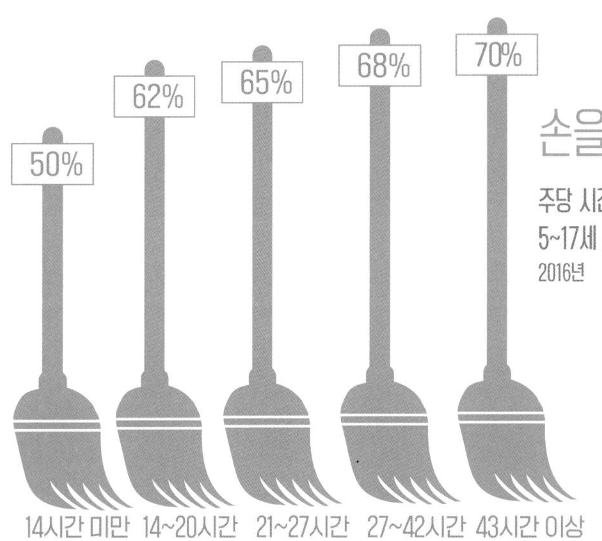

손을 거드는 정도 이상

주당 시간별 집안일을 하는 전체 아동 중 5~17세 소녀 비율

2016년

잃어버린 유년기

● 5~17세 소녀의 20% 이상이 아동 노동을 하는 지역

(2010~2016년까지 알려진 곳만 집계)

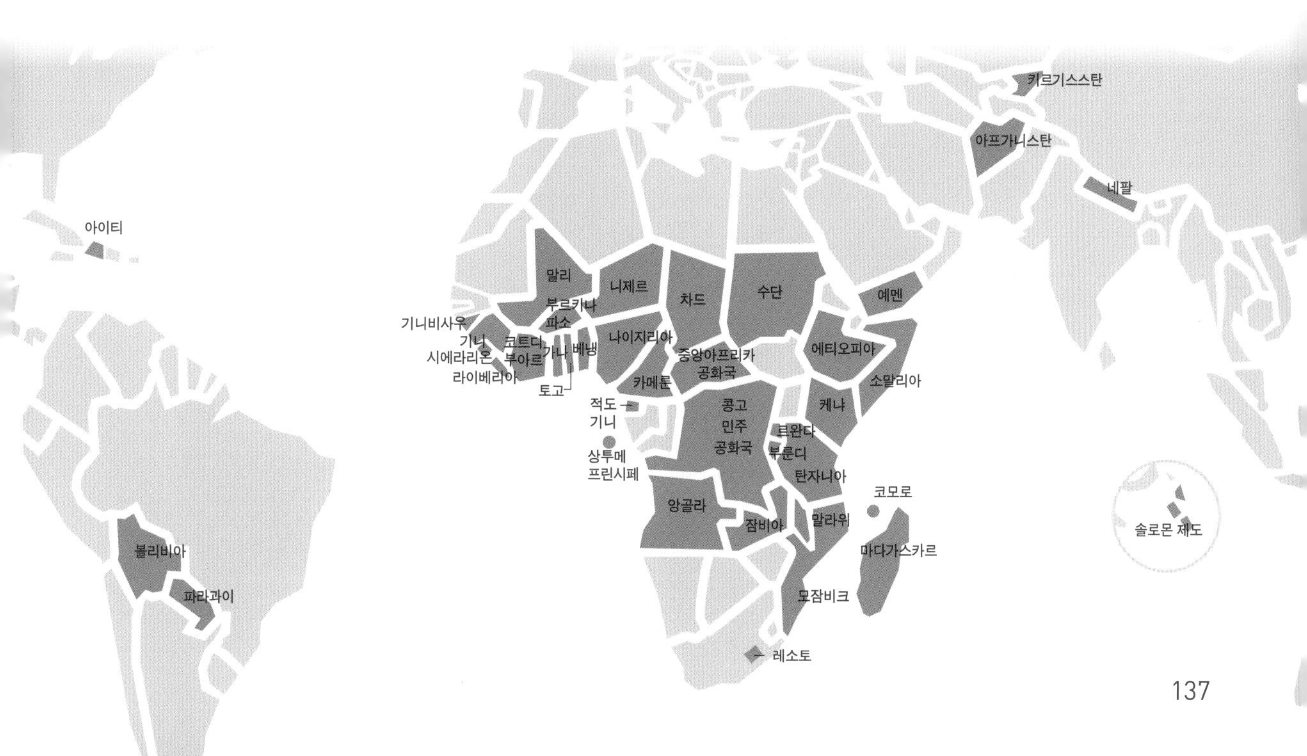

물 긷기

상수도가 없는 낙후된 지역에서 집 밖에서 물을 길어오는 사람은 여성과 소녀일 경우가 많다.
물 긷기는 육체적으로 고된 노동인데, 물을 길으러 고립된 지역에 다녀와야 하거나
수질이 나쁜 경우는 여성에게 더 위험하다.
무보수로 물 긷기에 많은 시간을 투자해야 하는 여성은 학교에 가거나 임금 노동을 할 기회를 얻지 못하고
여가도 즐기지 못하게 된다.

물을 길어오는 사람은?

상수도가 없는 사하라 사막 이남 아프리카 가정

2006~2009년

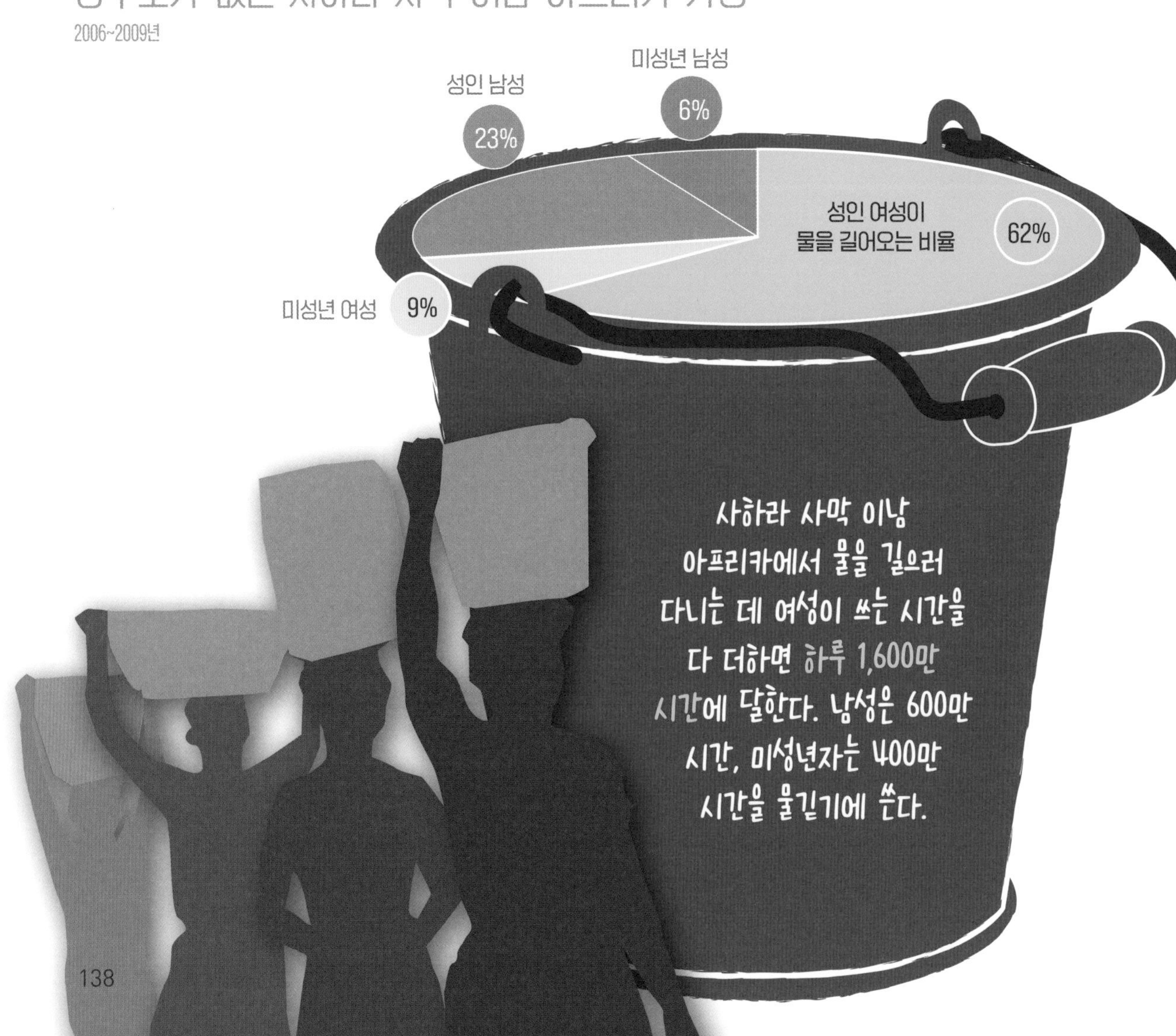

농업에 종사하는 여성

전 세계의 농업 노동력은 매년 감소하고 있다.

전 세계적으로 여성 경제 활동의 30%가 농업에서 이루어지는데,
이는 2000년 41%에서 감소한 수치다. 저개발국 여성의 경제 활동에서
농업이 차지하는 비중은 60% 이상이다.

농업 노동력 감소는 식량 생산 방식의 변화를 부른다.
가난한 나라일수록 소규모 농장 비율이 높지만, 기계화와 대형화는 세계적인 추세다.
대규모 농장에서 일하는 소수가 식량 생산을 전담하고,
생산된 농작물은 다국적 농업 대기업에 납품된다.

소규모 자급 농업에서 여성은 주요 노동력이고, 자급용 작물은 대개 '여성의 작물'로
인식된다. 반면 농업의 기계화와 대형화는 남성이 주도하는 가운데,
수출용 상품 작물은 주로 '남성의 작물'로 여겨진다.

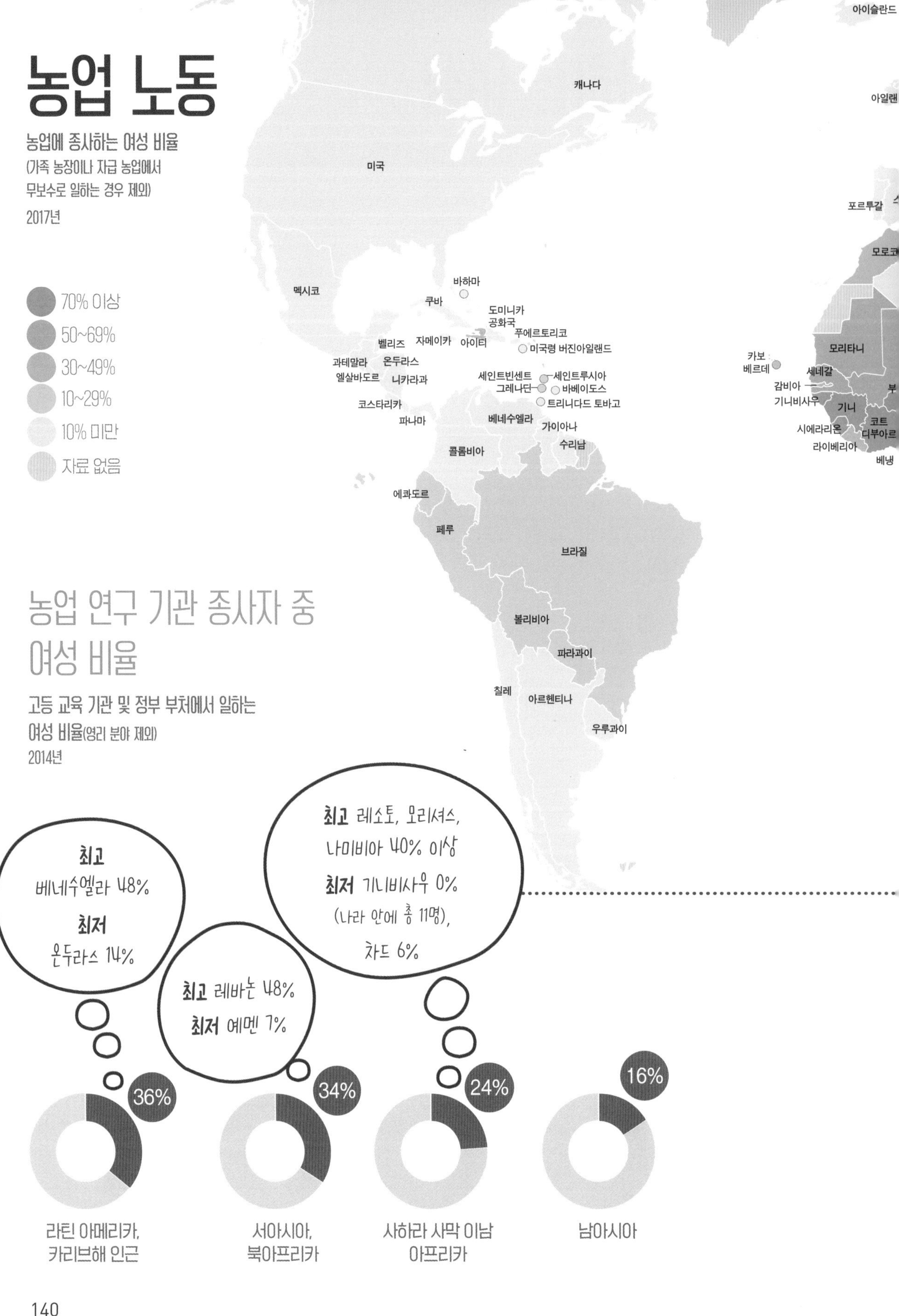
농업 노동
농업에 종사하는 여성 비율
(가족 농장이나 자급 농업에서
무보수로 일하는 경우 제외)
2017년
70% 이상
50~69%
30~49%
10~29%
10% 미만
자료 없음
아이슬란드
캐나다
아일랜
미국
포르투갈
모로코
멕시코
바하마
쿠바
도미니카
공화국
푸에르토리코
벨리즈
자메이카
아이티
미국령 버진아일랜드
과테말라
온두라스
엘살바도르
니카라과
세인트빈센트
세인트루시아
그레나딘
바베이도스
트리니다드 토바고
코스타리카
파나마
베네수엘라
가이아나
수리남
콜롬비아
에콰도르
페루
브라질
볼리비아
파라과이
칠레
아르헨티나
우루과이
카보
베르데
모리타니
세네갈
감비아
기니비사우
기니
시에라리온
라이베리아
코트
디부아르
베냉
농업 연구 기관 종사자 중
여성 비율
고등 교육 기관 및 정부 부처에서 일하는
여성 비율(영리 분야 제외)
2014년
최고
베네수엘라 48%
최저
온두라스 14%
최고 레바논 48%
최저 예멘 7%
최고 레소토, 모리셔스,
나미비아 40% 이상
최저 기니비사우 0%
(나라 안에 총 11명),
차드 6%
36%
34%
24%
16%
라틴 아메리카,
카리브해 인근
서아시아,
북아프리카
사하라 사막 이남
아프리카
남아시아

농업 분야의 성차별

개발 도상국에서 농업 노동력의 43%, 세계적으로는 6억 명에 달하는 영세한 가축 사육자의 2/3는 여성이다. 그러나 세계적으로 농업 연구 기관 종사자의 15%만이 여성이며, 고작 5%의 여성 농부가 농업 분야 교육 사업의 혜택을 받고 있다.

농업 연구자의 도움을 받은 농부 비율

2015년

에티오피아
- 남성의 27%
- 여성의 20%

가나
- 남성이 가장인 가정의 12%
- 여성이 가장인 가정의 2%

말라위
- 남성이 가장인 가정의 15%
- 여성이 가장인 가정의 8%

농장 일에 대한 일차적 책임

농장 내 업무 분장과 의사 결정은 시대와 지역에 따라 달라지지만,
대부분의 농장에서는 관행에 따른 성별 업무 분장이 행해진다.

유기 농업

캐나다 온타리오주
이성애 커플의 농장
2007년

주로 남성이 하는 일

- 장비 유지 보수
- 종자, 소모품 구매
- 분뇨 관리
- 비료 주기
- 기계화된 현장 작업
- 작물 심기

주로 여성이 하는 일

- 장부 관리

주로 함께하는 일

- 가축 돌보기
- 잡초 뽑기, 추수하기

벼 수확 후 처리 과정

동부 우간다
2016년

주로 남성이 하는 일

- 추수, 볏단 자르고 묶기
- 벼 타작하기
- 쌀의 건조 정도 확인하기
- 보관을 위해 자루에 쌀 넣기
- 농사 기술과 수확 방식 결정

주로 여성이 하는 일

- 추수 노동자를 위한 식사 준비
- 벼를 건조할 때 쪼아 먹는 새 쫓기

주로 함께하는 일

- 쌀을 건조용 방수포로 나르기
- 쌀을 햇빛에 말릴 때 고르게 펴기
- 쭉정이 골라내기
- 쭉정이 골라내는 방법 결정하기

커피 농업

콜롬비아 나리뇨주
2015년

주로 남성이 하는 일

- 살충제 뿌리기
- 작물 심기
- 종자 고르기
- 그늘 관리
- 뿌리 뽑기
- 비료 주기
- 추수하기
- 판매하기

주로 여성이 하는 일

여성이 주된 책임을 지는
커피 관련 활동은 없음.
- 가축 사육

주로 함께하는 일

- 습식 도정
- 원두 건조

젠더화된 살충제 노출 경로

동유럽
2015년

직접 살충제를 다루는 여성 농부의 비율

벨라루스	아르메니아	조지아	키르기스스탄
4%	15%	37%	56%

직접 살충제를 다루지는 않지만, 살충제에 오염된 옷들을 손세탁하는 여성 농부의 비율

벨라루스	아르메니아	조지아	키르기스스탄
25%	39%	36%	31%

어업

물고기 잡이와 수확 후 작업을 포함한
전체 어업 종사자 중 여성 비율
2012년 세계 평균

물고기 잡이는 주로 남성 몫이지만,
생산에서 판매까지 전 분야를 포함하면
세계 어업 노동력에서 여성 비중은 47% 정도다.
하지만 가공 및 판매 등 후반부 처리 과정에서
여성 노동자의 기여도는
남성을 능가한다.

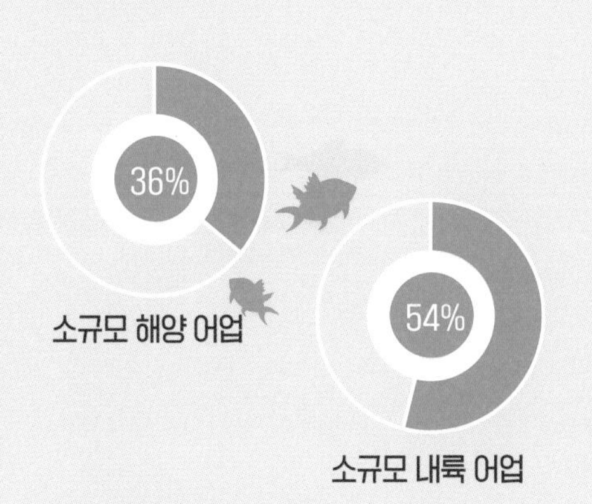

54%
소규모 내륙 어업

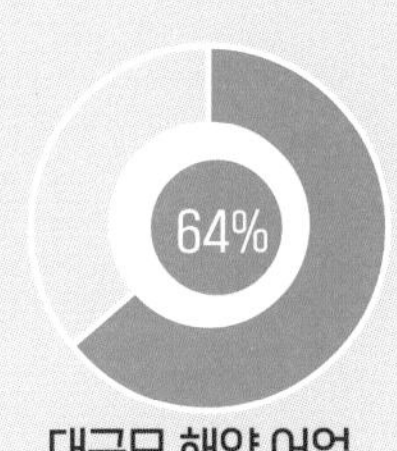

28%
대규모 내륙 어업

생선 가공

피지
90%
수산물 통조림 가공업 종사자

남아프리카 공화국
62%
수산물 가공

캄보디아
80%
어장(피쉬 소스) 공장 노동자

수산물 양식

양식업(새우 양식, 해초 가공, 민물 양식 등)
종사자 중 여성 비율
2000년대 초반 이후 최신 자료

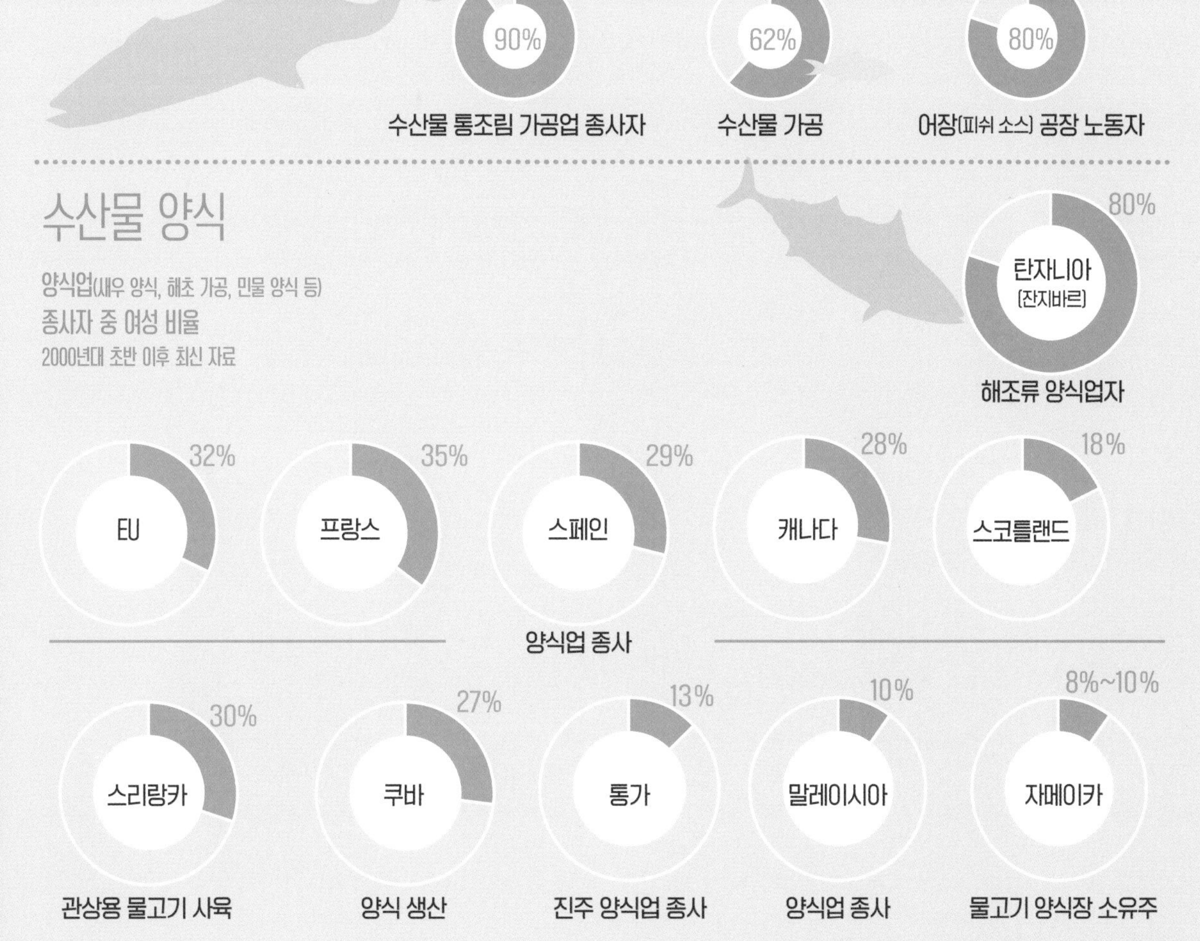

구직을 위한 이주

2015년 세계 인구의 약 3%가 이주자로, 그중 대부분이 국경을 넘었다.
전체 해외 이주자의 48%는 여성이고, 대다수는 새로운 일자리를 찾고 있다.

간호사

부유한 국가에서 간호사 부족 문제는 이주 여성에게 새로운 일자리 기회를 의미한다. 해외 채용을 담당하는 전문가들은 아프리카, 아시아, 카리브해 인근의 가난한 국가 출신 간호사를 적극적으로 영입하고 있는데, 그 결과 가난한 국가에서는 의료 인력 유출로 인한 인력 부족 문제가 심각하다.

매년 필리핀에서는 1만 7천 명에서 2만 2천 명의 의료 전문 인력이 해외 일자리를 찾아 고국을 떠나고 있으며, 대부분은 간호사들이다. 2010년 1만 2,100명의 간호사가 해외에서 신규 채용돼 필리핀을 떠났는데, 해외로 이주한 간호사의 85%는 여성이었다. 그들은 오른쪽 그래프에 적힌 나라들로 향했다.

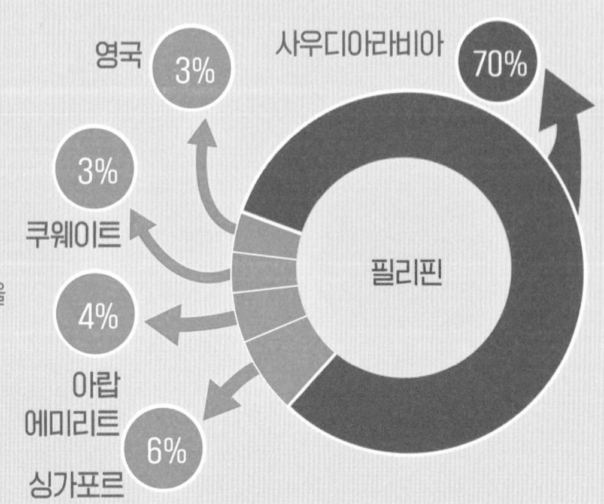

간호사 주요 수출입국

간호사 수출국	
필리핀	짐바브웨
가이아나	우간다
자메이카	폴란드
중국	리투아니아
인도	

간호사 수입국		
호주	스위스	아랍에미리트
뉴질랜드	미국	오만
영국	캐나다	바레인
독일	이스라엘	카타르
노르웨이	사우디아라비아	싱가포르
네덜란드	쿠웨이트	브루나이
벨기에	리비아	

간호사 수출입국
아일랜드
스페인

2015년, 미국 보건 분야에 종사하는 해외 이주 여성은 대부분 간호, 정신과, 가정 건강 보건사(28%), 혹은 정식 등록 간호사(27%)로 일했다. 반면 같은 직종에서 해외 이주한 남성은 내과, 외과 의사(30%), 과학자, 기술자(20%)인 경우가 많았다.

2017년, 영국 간호사의 15%가 국제 이주자였다. 7%는 다른 EU 국가에서 왔고, 아일랜드, 포르투갈, 스페인 출신 간호사의 비중이 높았다. EU 밖에서 온 간호사는 8%로, 출신 국가는 인도, 필리핀, 짐바브웨 순이었다.

국가별 해외 이주 간호사 비율
2010~2011년

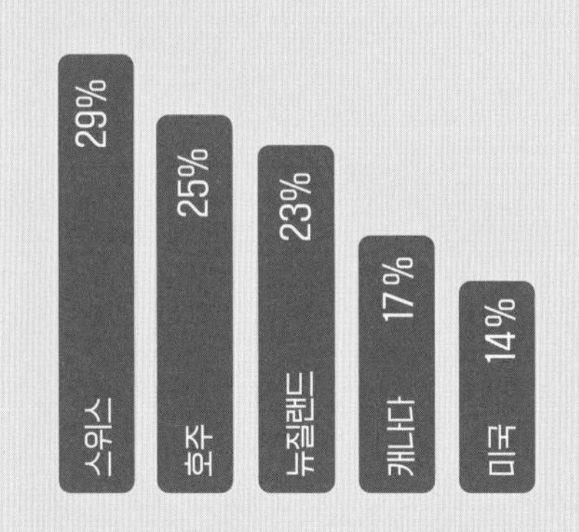

가사 도우미

전 세계적으로 1,150만 명의 해외 이주 가사 도우미가 유모, 청소부, 건강 관리사로 일한다.
이들의 약 73%는 여성이다.

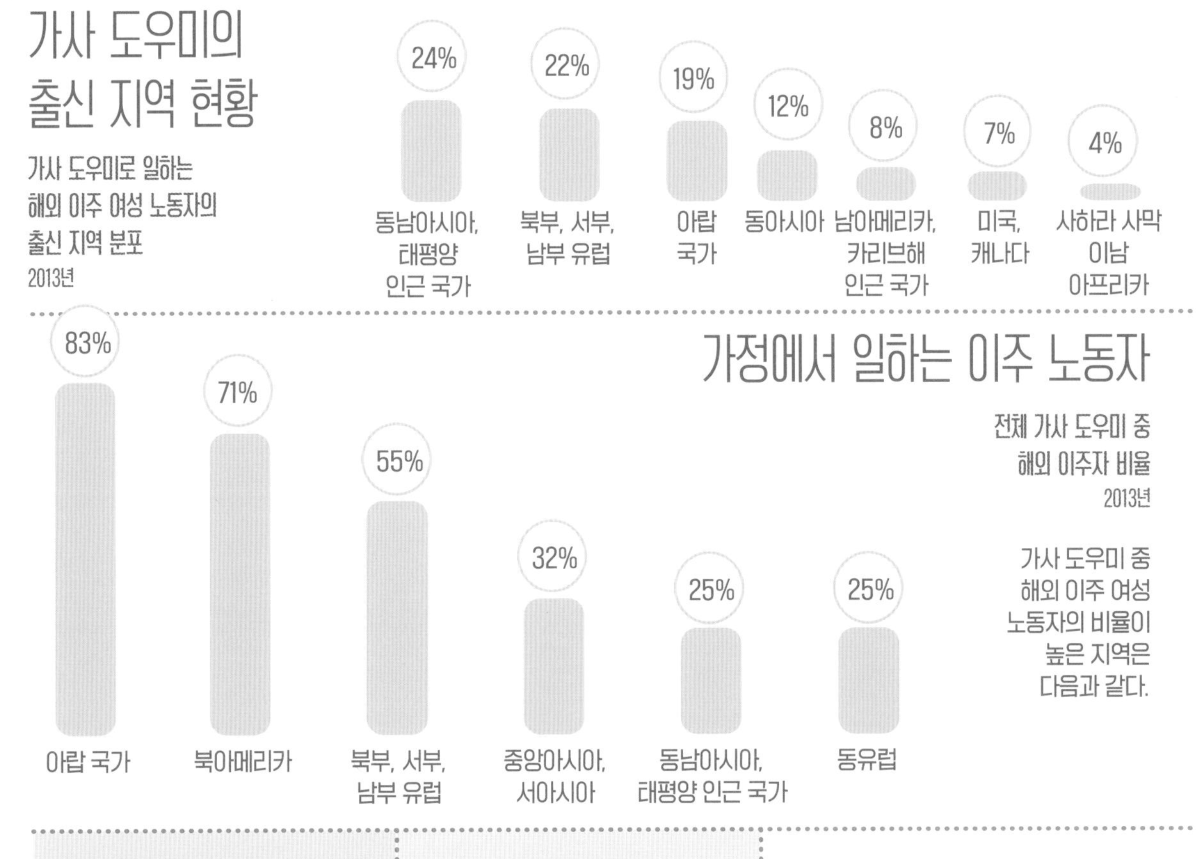

사우디아라비아

사우디아라비아에는 약 100만 명의 이주 여성이 있으며, 대부분 인도네시아, 필리핀, 스리랑카 출신이다. 해외 이주 여성은 거의 모두 가사 도우미로 일하고 있다.

이주 노동자들의 인권 보호

가사 도우미와 이주 노동자는 학대와 착취에 취약하다. 전 세계 30%의 국가에서 가사 도우미는 노동법의 보호를 받지 못하고, 10%의 국가에서만 노동법으로 다른 노동자처럼 권리를 보호받는다.

교육과 연결성

> 나는 나 자신에게 말했다.
> '말랄라, 용감해져.
> 아무도 두려워하지 마.
> 너는 단지
> 교육받으려
> 노력하고 있어.
> 너는 범죄를
> 저지르고 있지 않아.'

말랄라 유사프자이

2012년 파키스탄에서 15세 여학생이 탈레반의 총에 머리를 맞고 쓰러졌다. 그 소녀, 말랄라 유사프자이는 거침없이 여성 교육권을 옹호하며 주목받았기 때문에 탈레반은 그녀를 침묵시키려 했다. 그녀를 죽임으로써 다른 여성을 위협하려고 했지만, 그녀는 생존했고 결국 승리했다. 전 세계를 돌아다니며 소녀들의 교육권을 적극적으로 옹호해 최연소 노벨 평화상 수상자가 되었다.

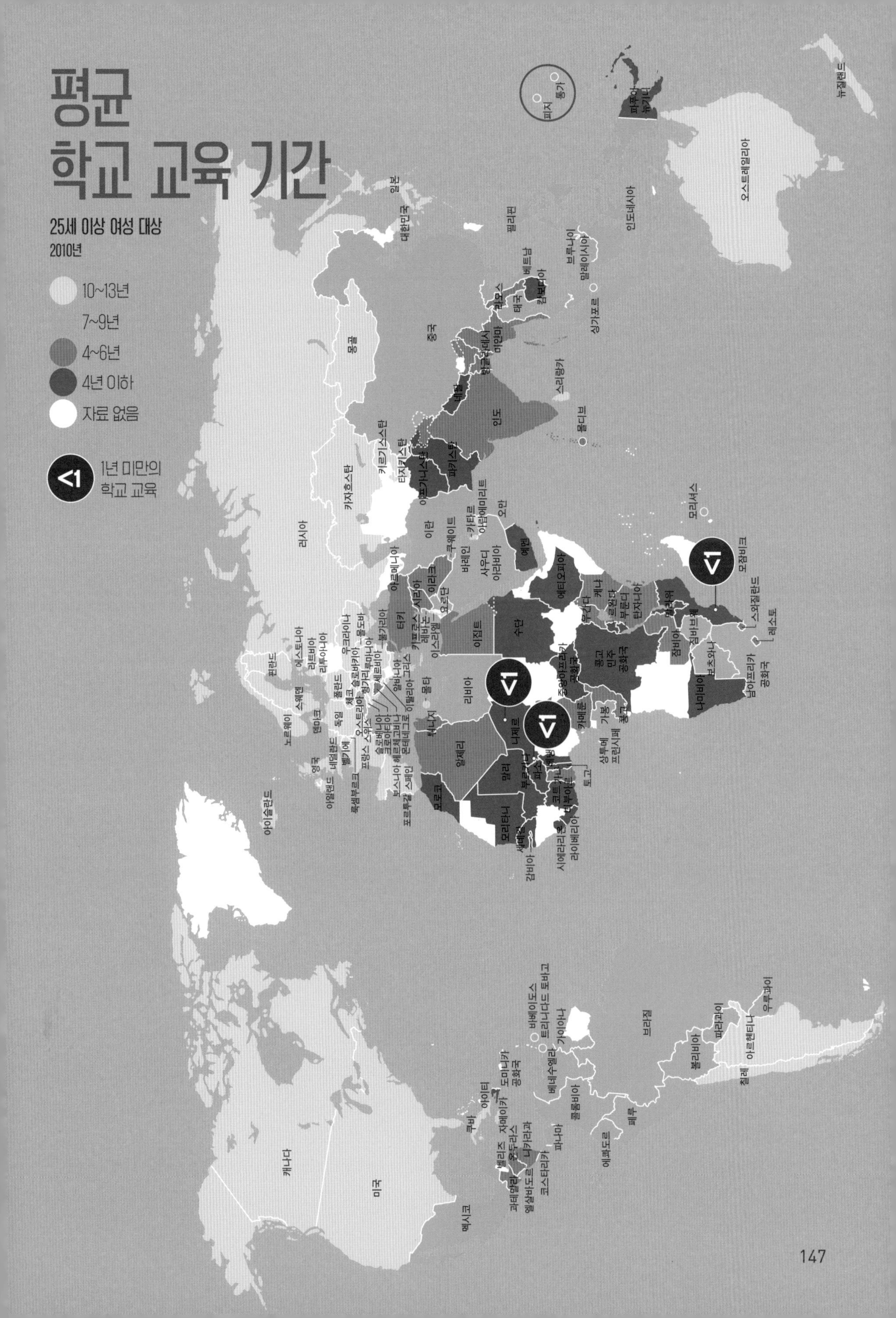
평균
학교 교육 기간
25세 이상 여성 대상
2010년
10~13년
7~9년
4~6년
4년 이하
자료 없음
<1 1년 미만의
학교 교육
러시아
카자흐스탄
몽골
중국
일본
대한민국
인도
파키스탄
아프가니스탄
이란
이라크
사우디 아라비아
예멘
이집트
리비아
알제리
모로코
말리
니제르
차드
수단
에티오피아
케냐
콩고 민주 공화국
남아프리카 공화국
나미비아
모잠비크
브라질
아르헨티나
칠레
페루
콜롬비아
베네수엘라
캐나다
미국
멕시코
오스트레일리아
인도네시아
필리핀
뉴질랜드
파푸아 뉴기니
아이슬란드
노르웨이
스웨덴
핀란드
독일
프랑스
영국
스페인
포르투갈
이탈리아
터키

성적 미달

여학생의 낮은 초등학교 졸업률

이수율이 75% 미만에 그친 국가
2015년

이전보다 더 많은 학생이 초등학교에 진학하지만, 기초 교육조차 제대로 제공하지 못하는 국가도 여전히 많다.
전 세계적으로 남학생보다 현저히 적은 수의 여학생이 학교에 다니고 더 어린 나이에 학업을 중단한다.
전쟁, 빈곤 악화, 기부금 감소 등의 고난이 닥치고 가족과 정부의 경제 상황이 나빠지면
여학생부터 학교에 다닐 수 없게 된다.
특히 사춘기에 접어든 여학생의 경우 적절한 위생 시설(화장실)을 갖추지 못한 학교에는
가기 어려운 상황이다.

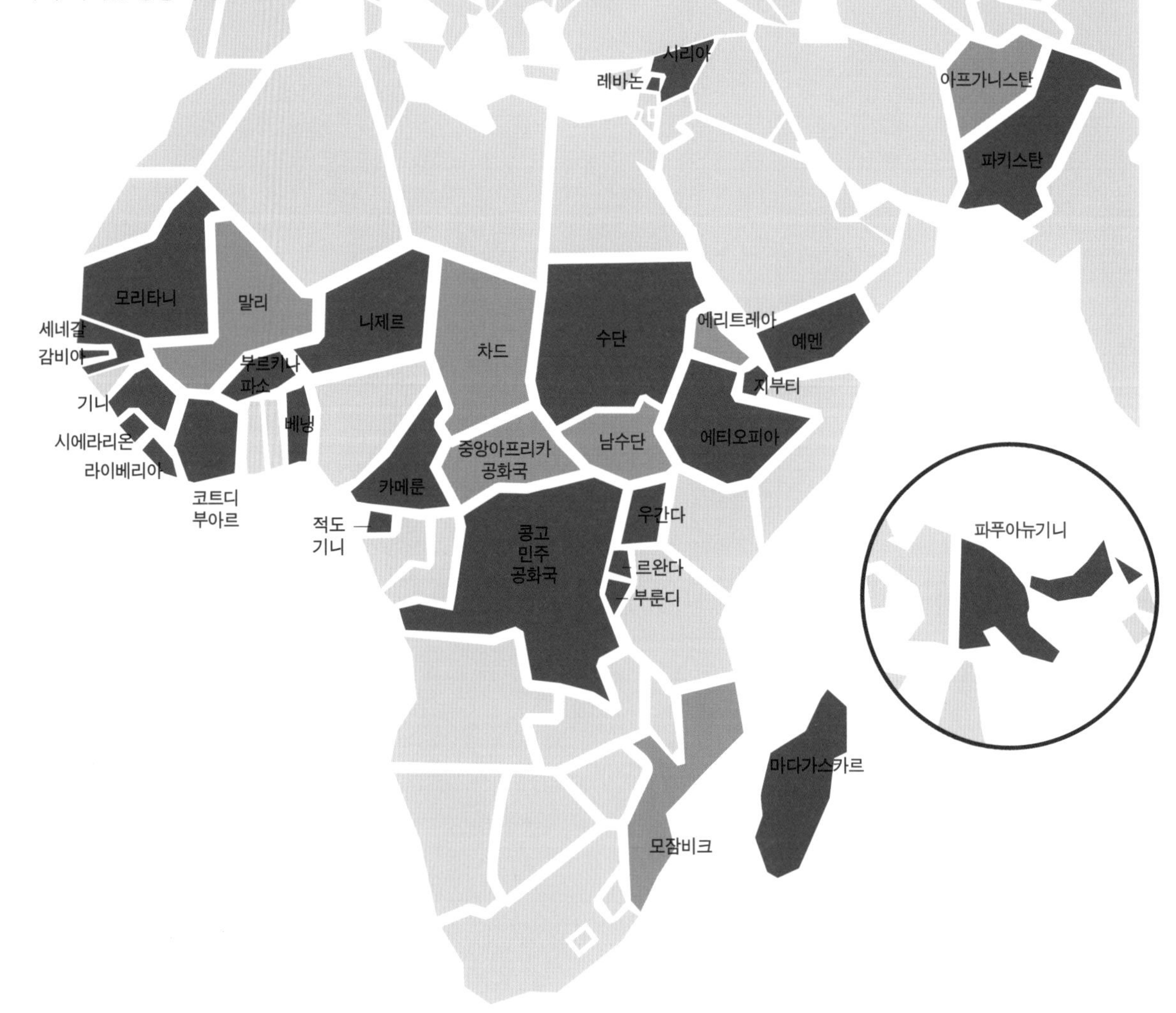

초등학교 졸업률의 성 격차

선택된 예시들, 2015년

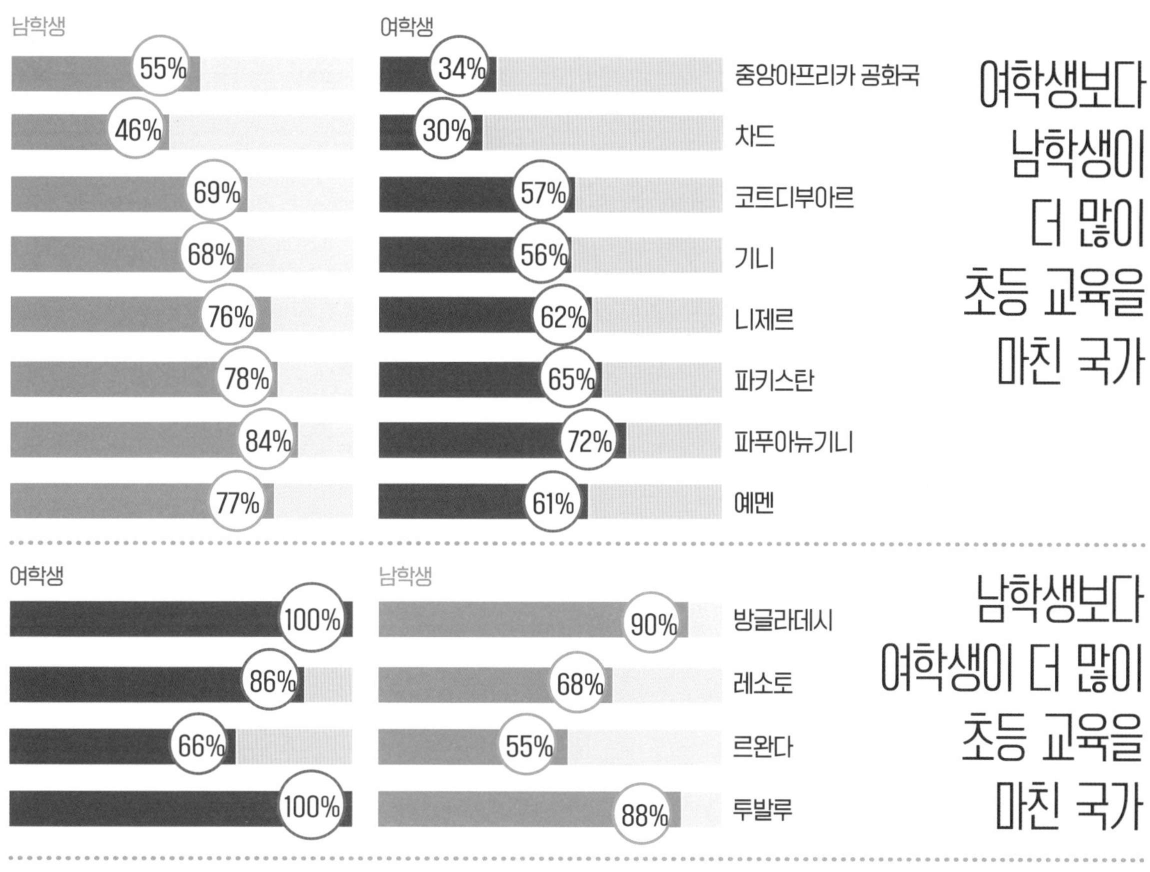

소득과 학력

부유층과 빈곤층의 소득 5분위(인구 중 상위 20%와 하위 20%)에서
초등학교를 수료한 아동 비율
선택된 예시들, 2011년 이후 가장 최신 자료

	부유층	빈곤층
아프가니스탄	69%	21%
방글라데시	89%	62%
부탄	90%	43%
캄보디아	90%	48%
카메룬	91%	18%
도미니카 공화국	98%	74%
에티오피아	73%	20%
기니	72%	12%
온두라스	98%	61%
케냐	94%	58%
라오스	97%	28%
네팔	92%	68%
나이지리아	96%	21%
남수단	44%	7%
탄자니아	92%	51%

중등 교육을 넘어서
고등 교육을 받은 여성 비율
2012년 이후 가장 최신 자료
60% 이상
50~59%
40~49%
40% 이하
자료 없음
캐나다
미국
멕시코
쿠바
터크스 케이커스 제도
도미니카 공화국
벨리즈
자메이카
과테말라
엘살바도르
앤티가 바부다
그레나다
바베이도스
버뮤다
코스타리카
파나마
베네수엘라
가이아나
콜롬비아
에콰도르
페루
브라질
파라과이
칠레
아르헨티나
우루과이
아이슬란드
노르웨이
스웨덴
핀란드
에스토니아
라트비아
리투아니아
덴마크
러시아
아일랜드
영국
네덜란드
독일
폴란드
벨라루스
벨기에
체코
우크라이나
룩셈부르크
리히텐슈타인
슬로바키아
오스트리아
헝가리
프랑스
스위스
코소보
루마니아
크로아티아
보스니아 헤르체고비나
불가리아
포르투갈
안도라
스페인
이탈리아
알바니아
마케도니아
그리스
튀니지
몰타
69%
가장 높은 비율
앤티가 바부다, 바베이도스, 버뮤다
모나코
알제리
모리타니
말리
니제르
카보 베르데
세네갈
감비아
기니비사우
부르키나 파소
기니
베냉
나이지리아
시에라리온
코트디부아르
토고
가나
라이베리아
카메룬
상투메 프린시페
16%
가장 낮은 비율
차드
미국에서 인종, 민족, 성별에 의한 격차
25~29세 학사 학위 이상 보유자
2016년
여성
남성
70%
61%
아시아인
46%
40%
백인

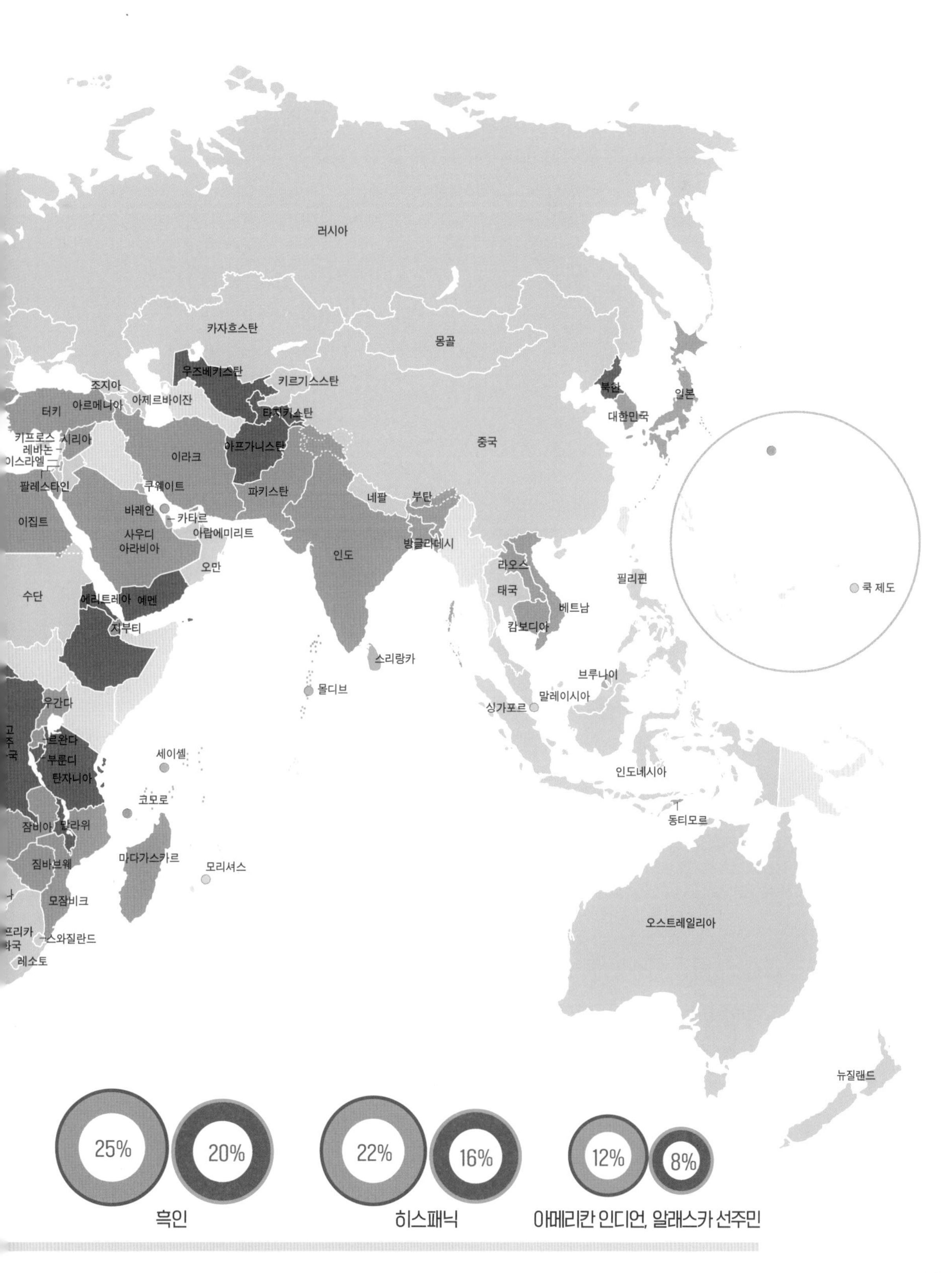
러시아
카자흐스탄
몽골
우즈베키스탄
키르기스스탄
조지아
아르메니아
아제르바이잔
터키
타지키스탄
북한
일본
대한민국
키프로스
시리아
레바논
이스라엘
이라크
아프가니스탄
중국
팔레스타인
쿠웨이트
파키스탄
네팔
부탄
바레인
카타르
이집트
사우디 아라비아
아랍에미리트
방글라데시
인도
라오스
오만
필리핀
수단
에리트레아
예멘
태국
쿡 제도
베트남
지부티
캄보디아
스리랑카
브루나이
몰디브
말레이시아
싱가포르
우간다
르완다
부룬디
세이셸
탄자니아
인도네시아
코모로
동티모르
잠비아
말라위
마다가스카르
모리셔스
짐바브웨
모잠비크
오스트레일리아
스와질란드
레소토
뉴질랜드
25%
20%
흑인
22%
16%
히스패닉
12%
8%
아메리칸 인디언, 알래스카 선주민

학위에 따른 진전

대학에서 여성이 남성과 동등하게 학위 수여 과정에 입학할 수 있었던 해

일부 대학은 부속 여자 대학에서 여학생 입학을 더 일찍 허락했지만, 아래 표시된 연도까지 정식 학위는 수여하지 않았다.
선택된 예시들

	대학 개교 연도 (남학생 대상)	여학생의 정식 입학이 승인된 해
멜버른 대학교(호주)	1853년	1881년
토론토 대학교(캐나다)	1843년	1884년
하이델베르크 대학교(독일)	1385년	1900년
옥스퍼드 대학교(영국)	1167년	1920년
카이로 대학교(이집트)	1908년	1928년
마케레레 대학교(우간다)	1922년	1945년
도쿄 대학교(일본)	1877년	1946년
케임브리지 대학교(영국)	1209년	1948년
예일 대학교(미국)	1701년	1969년
브라운 대학교(미국)	1764년	1971년
다트머스 대학교(미국)	1769년	1972년
하버드 대학교(미국)	1636년	1977년

고등 교육

최근까지 고등 교육의 역사에서 여성은 철저히 배제됐다.
가장 우수한 대학조차 남학생만 가입 가능한 클럽을 중심으로
여학생 입학에 반대했고, 남성의 격렬한 저항을 극복하고 여학생이
입학할 수 있게 되기까지 수백 년의 세월이 걸렸다.

시작은 험난했지만 **최근 세계 교육계에서 가장 주목할 만한 변화 중
하나는 고등 교육 분야의 '여성화'다.** 1990년대만 해도 여성보다 훨씬
많은 남성이 고등 교육을 받았지만, 2000년대 초반부터 전 세계 대부분
국가에서 고등 교육의 성별 격차가 상당히 좁혀졌다. 현재는 여러
나라에서 남성보다 훨씬 많은 수의 여성이 고등 교육을 받고 있다.
고등 교육 '여성화' 추세는 대부분 국가에서 뚜렷하지만, 사하라 사막
이남 아프리카와 남아시아에서는 여전히 남성이 고등 교육을 주도한다.

이러한 변화에 대한 해석은 다양하다. 일반적으로 남성이 여성보다
고등 교육 기관 입학을 좌우하는 중등 교육 과정과 시험 성적에서
좋은 결과를 내지 못하기 때문이라는 분석이다. 비록 고등 교육을 받지
못하더라도 임금 노동을 더 빨리 시작하는 남성은 여성보다 더 큰
경제적 기회를 가질 수도 있다. 고등 교육의 여성화가 진행되자 남성은
더 일찍 교육을 중단하고 경제계로 바로 진출하기도 한다.

고등 교육을 받을 기회가 전반적으로 확대되면서 고등 교육 진입에
유리한 여성이 두각을 나타내는 경우도 나타나고 있다.

대부분의 국가에서 여전히 고등 교육은
엘리트의 전유물이다.

지금 이 문장을 못 읽는 5억 2천만 명의 여성

15세 이상 여성 중 문맹자가 50% 이상인 곳
2013~2015년 최신 자료

지난 20년간 세계 각지에서 문해력이 향상됐지만,
여전히 **세계 7억 8천만 명의 성인이 문맹이다. 문맹자의 약 3분의 2는 여성인데,**
이러한 남녀 간 비율은 20년 동안 그대로이다.
2015년 여성 문맹률이 50% 이상인 국가는 20개국에 달하지만,
50% 이상의 남성 문맹률을 보이는 국가는 8개국에 불과하다.

보통 문맹은 가난하거나 교육 기회가 부족하기 때문이고, 여성의 높은 문맹률은 성차별을 고착화한다.
특히 농촌에서 여성의 과중한 노동 시간(134쪽 참조), 여성과 소녀의 활동 공간을 가정으로 제한하고 가두는 관행, 여자가 글을 읽을 수 있게 되면 가정 내 주도권을 빼앗길까 봐 두려워하는 남자의 저항 등은 성차별을 악화시킨다.
여성에게 읽고 쓰는 능력이 있으면 경제력이 향상되고 남성에게 덜 의존하게 된다.
나아가 여성이 법적 권리를 이해하고 돈, 재산, 건강을 지키고 활용할 수 있는 힘도 생긴다.
지난 30년간 소녀에게 기초 교육 기회를 더 많이 제공함으로써 여성의 문맹률이 낮아진 것은 반가운 소식이다.

반가운 소식

읽고 쓸 줄 아는 성인 여성 비율

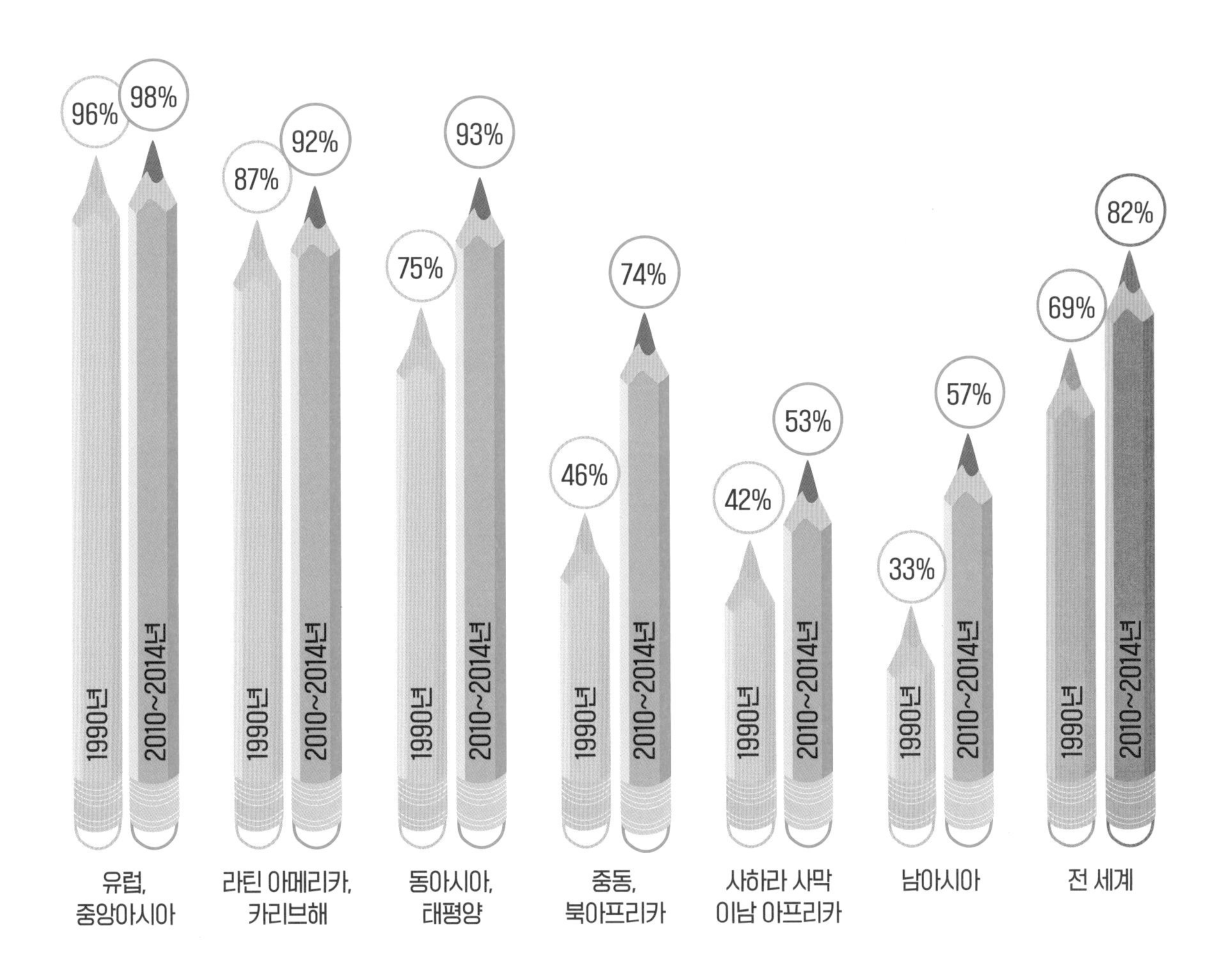

위대한 도약

읽고 쓸 수 있는 성인 여성 비율
선택된 예시들

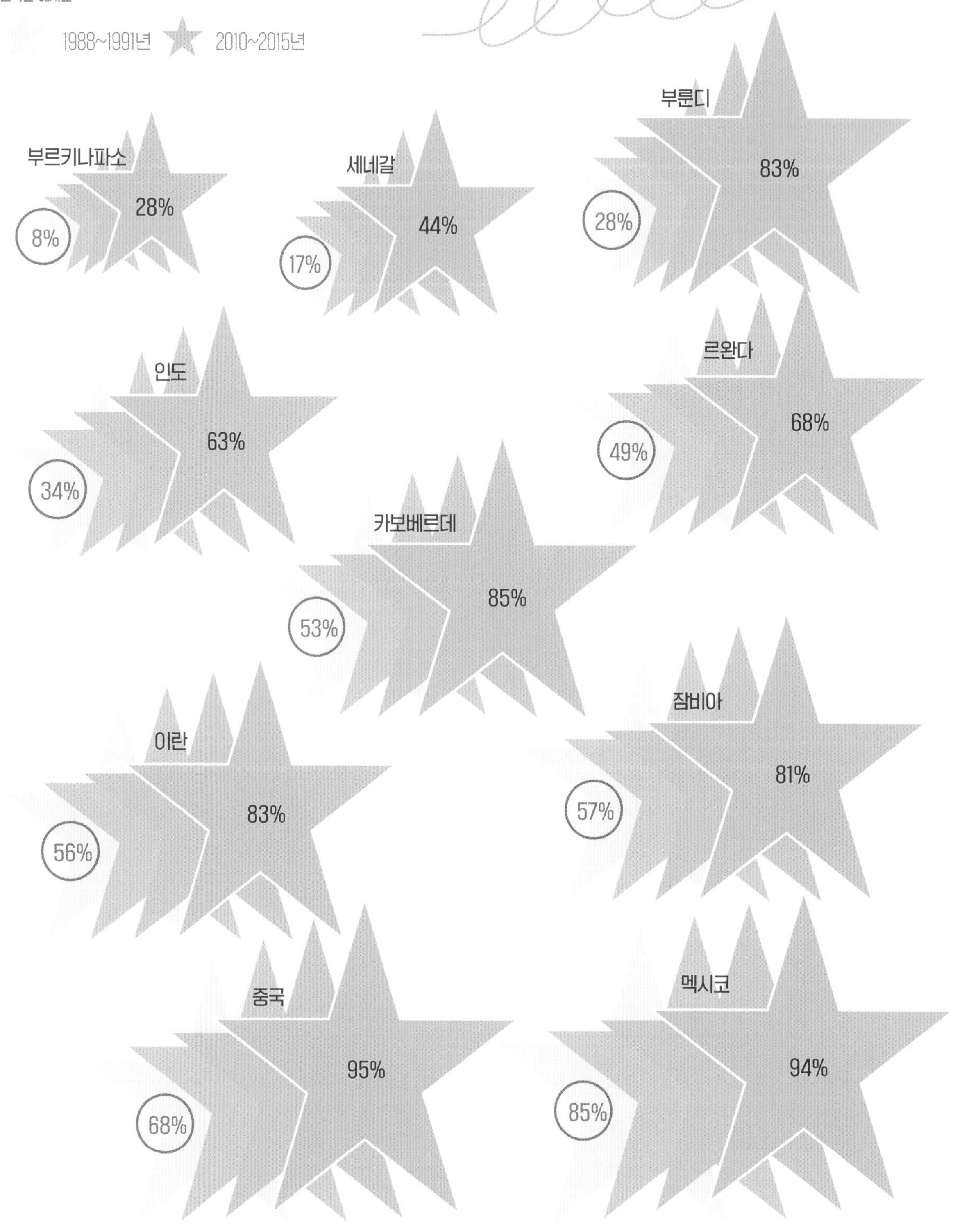

1988~1991년 2010~2015년

국가	1988~1991년	2010~2015년
부르키나파소	8%	28%
세네갈	17%	44%
부룬디	28%	83%
인도	34%	63%
르완다	49%	68%
카보베르데	53%	85%
이란	56%	83%
잠비아	57%	81%
중국	68%	95%
멕시코	85%	94%

실질적 문맹

미국에서의 문맹

문해력이 매우 낮은 16~65세 성인 비율
2014년

대부분의 선진국과 마찬가지로 미국은 공식적으로 0에 가까운 문맹률을 국제 통계 분석 기관에 보고한다.

19%
전체
10%
백인
35%
흑인
43%
히스패닉
18%
여성
19%
남성

#참고 사항

미국에서는 거의 3,600만 명에 달하는 성인이 읽고 쓰지 못하고, 초등학교 3학년 수준의 수학도 이해하지 못한다.

국제 문맹

읽고 쓰는 능력이 낮은 여성과 남성 비율
선정된 OECD 국가 대상, 2014년

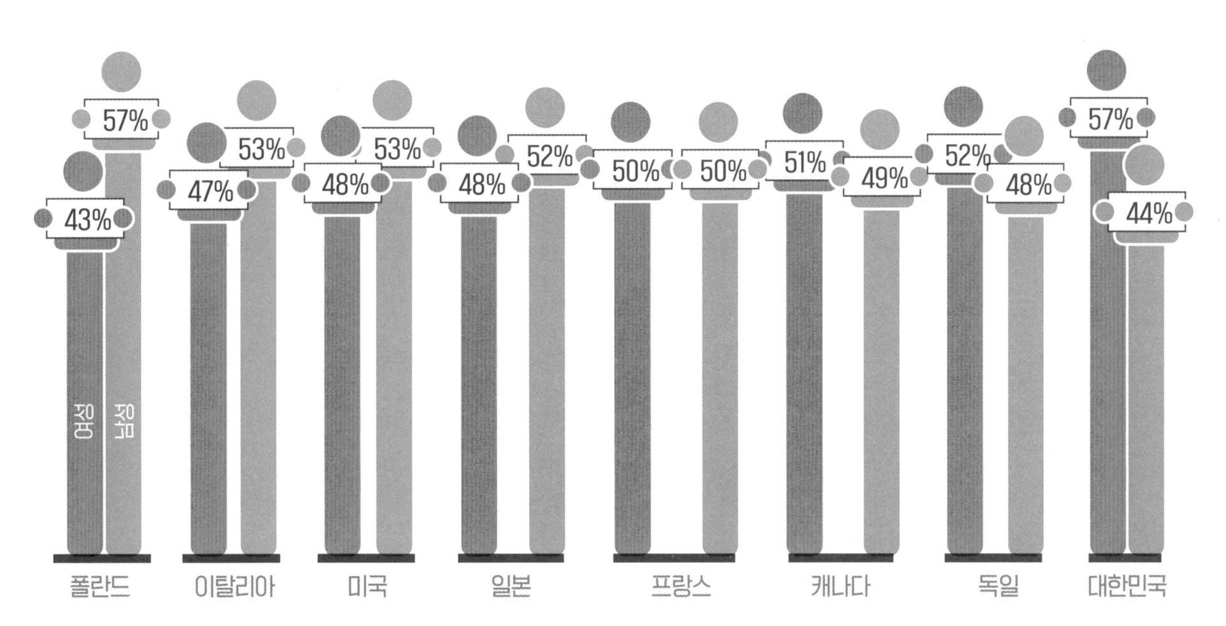

컴퓨터 업계의 여성 선구자들

그레이스 호퍼

미국인 **그레이스 호퍼**는 최초의 컴퓨터 프로그래머 중 한 명으로,
1950년대 후반 코볼(Cobol)*을 발명한 팀을 이끌었다.
프로그래밍 언어가 영어만큼 쉬워야 한다는
그녀의 소신은 1과 0 대신 'if/then'이라는 프로그래밍 아키텍처를 발달시켰다.
그녀는 1969년 미국 데이터 처리 관리 협회가 선정하는 '올해의 인물'이 되었다.

* 사무 처리를 위한 컴퓨터 프로그래밍 언어

헤디 라마

여배우로 널리 알려진 오스트리아 출신 **헤디 라마**는 컴퓨터 발명가였다.
그녀는 1940년대에 연합군이 전쟁에서 승리하도록
블루투스, GPS, 모바일폰 네트워크 등
많은 현대 무선 기술의 전신인 주파수 호핑 시스템을 발명했다.

에니악 6 에니악 6 에니악 6 에니악 6 에니악 6 에니악 6

1946년 미 육군이
필라델피아에서 운영한 제2차
세계 대전 비밀 프로젝트에서
6명의 여성이 프로그래밍이
가능한 최초의 전자식 컴퓨터
에니악(The Eniac)을 만들었다.
그들은 프로그래밍 언어나 도구
없이 논리적 다이어그램만으로
프로그래밍하는 법을
개발했지만, 1946년 에니악이
언론과 대중에 공개될 때
여성의 활약은
전혀 언급되지 않았다.

히든 피겨스

제2차 세계 대전 이후 많은 아프리카계
여성 수학자들은 미국 NASA 우주 프로그램을 위해
비행 궤도를 계산하고 핵심적인 알고리즘을 개발한
'히든 피겨스'였다. 그들은 우주 프로그램이 컴퓨팅을
기계로 전환한 초창기 포트란(FORTRAN)* 프로그램
개발자이자 관리자로 활약했다.

* 수식(Formular) 변환기(Translator)의 약자. 1954년 IBM 704에서 과학적인 계산을 하기 위해 시작된 컴퓨터 프로그램 언어

에이다 러브레이스

수학자 **에이다 러브레이스**는 찰스 배비지를 위한 계산기
알고리즘과 명령어를 개발한 세계 최초의 컴퓨터 프로그래머로
알려져 있다. 찰스 배비지의 기계는 만들어지지 않았다.

소년들만의 세계

미국에서 여성 컴퓨터 공학 학사 학위자 비율

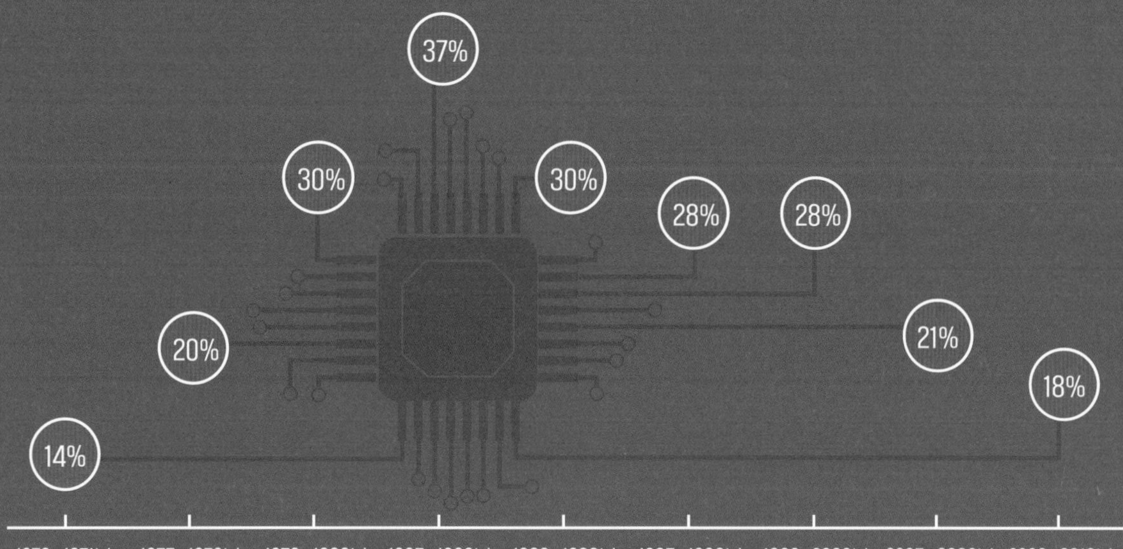

미국에서 현대 컴퓨터 과학은 남성들이 주도해 왔지만, 항상 그랬던 것은 아니며 선구자 중에는 여성도 많았다.
최근 수십 년간 컴퓨터 과학을 전공한 여성 수가 남성보다 가파르게 증가하고 있었다. 그러나 1984년에 상황이 바뀌었다.
미국 가정에 개인용 컴퓨터가 본격적으로 보급되면서 컴퓨터 과학에서 여성의 역할이 급격히 축소됐다.
초기의 개인용 컴퓨터는 대부분 남성, 소년용 장난감으로 인식됐기 때문이다.
컴퓨터가 '소년들의 장난감'이 되면서, 컴퓨터에 익숙해진 소년들은
초급 프로그래밍 수업에서 소녀보다 유리했다.

하지만!

2011년 여성이
컴퓨터 과학 및 컴퓨터 공학
학부생의 42%를 차지한 인도에서는
그렇지 않다.

컴퓨터를 보유한 가정 비율

2017년

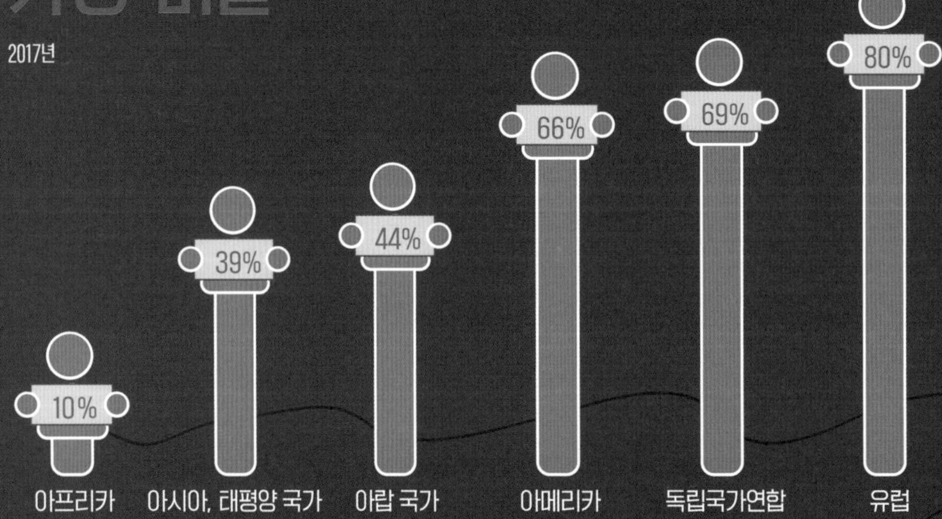

데스크톱 또는 노트북 컴퓨터를 보유한 미국 가정 비율

2015년 이후 가장 최근 자료

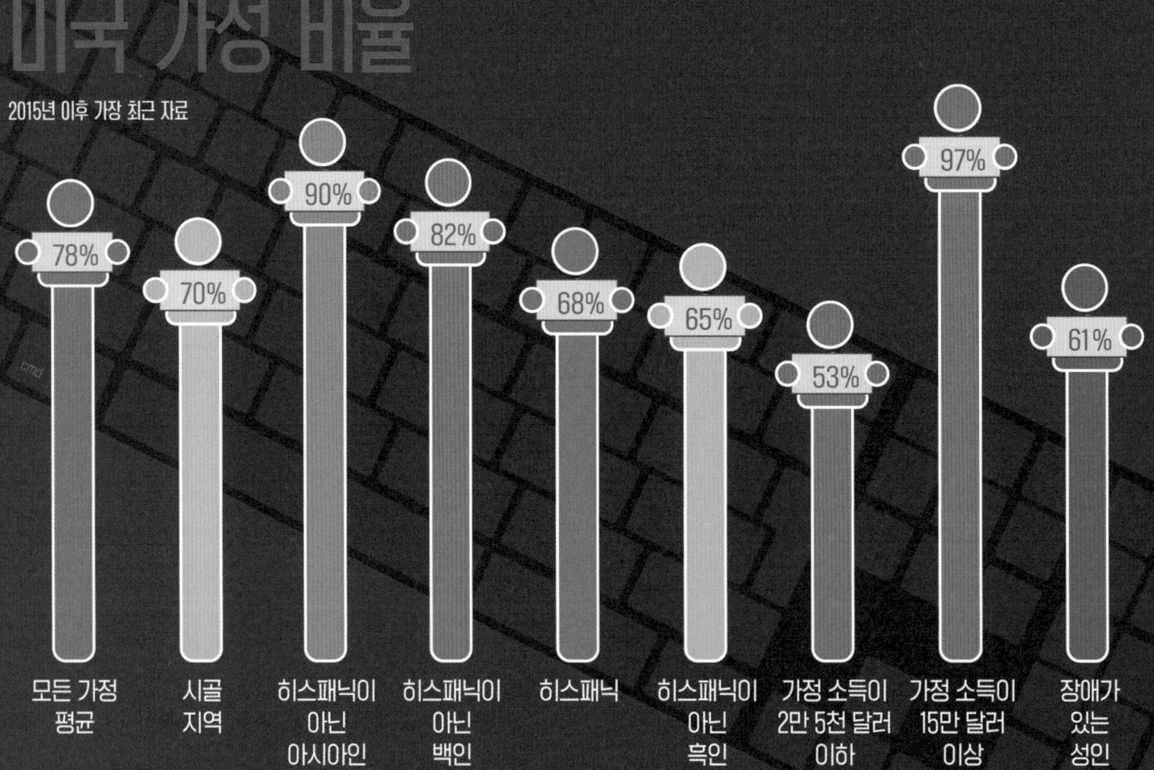

인터넷 사용자의 성별 차이를 나타낸 국가별 통계

2015년 이후 가장 최신 자료

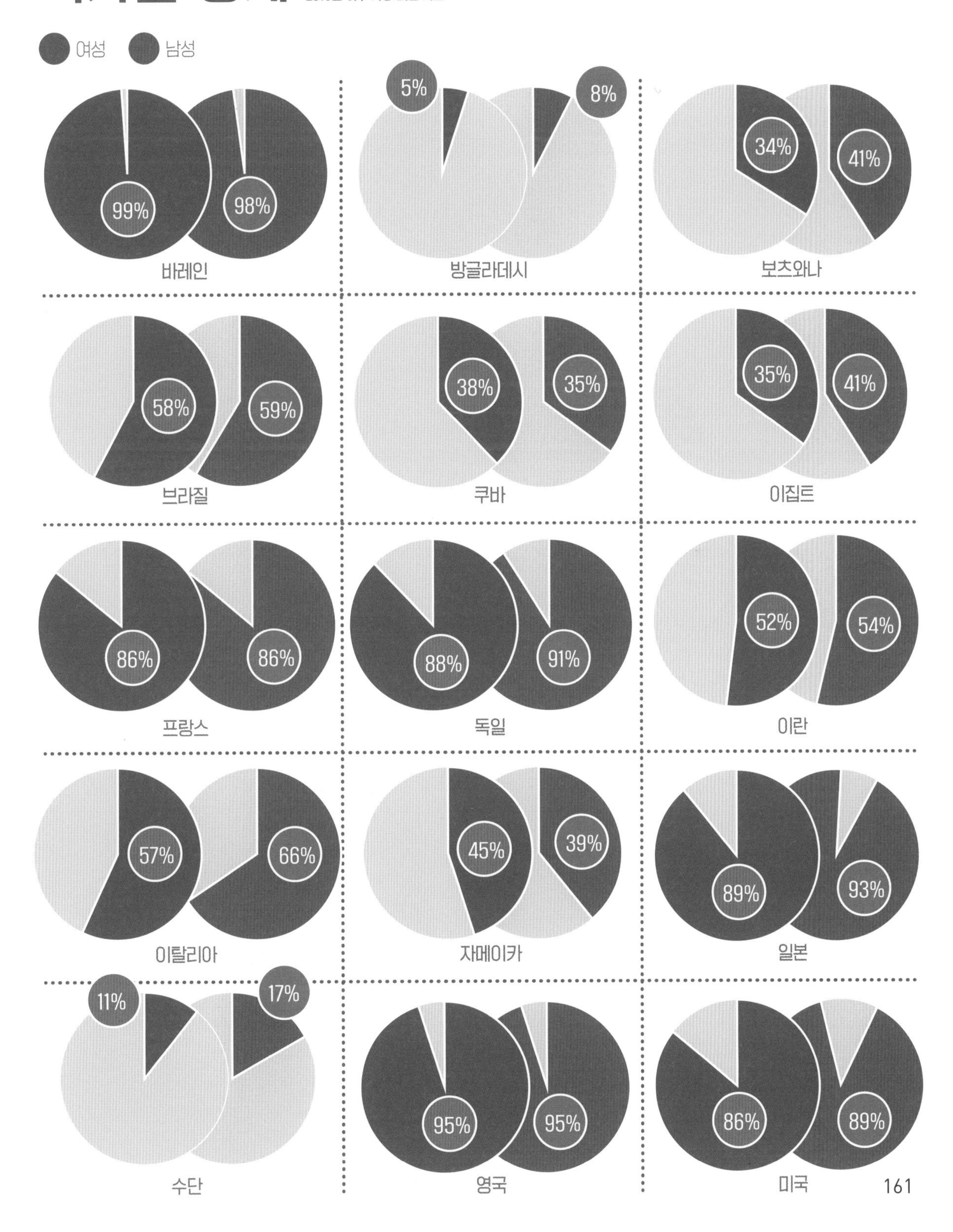

정보 격차

인터넷 사용자 비율
2016년

50% 이상
50% 미만

인터넷 사용자의 성별 차이를 나타낸 지역별 통계

2017년

남성
여성

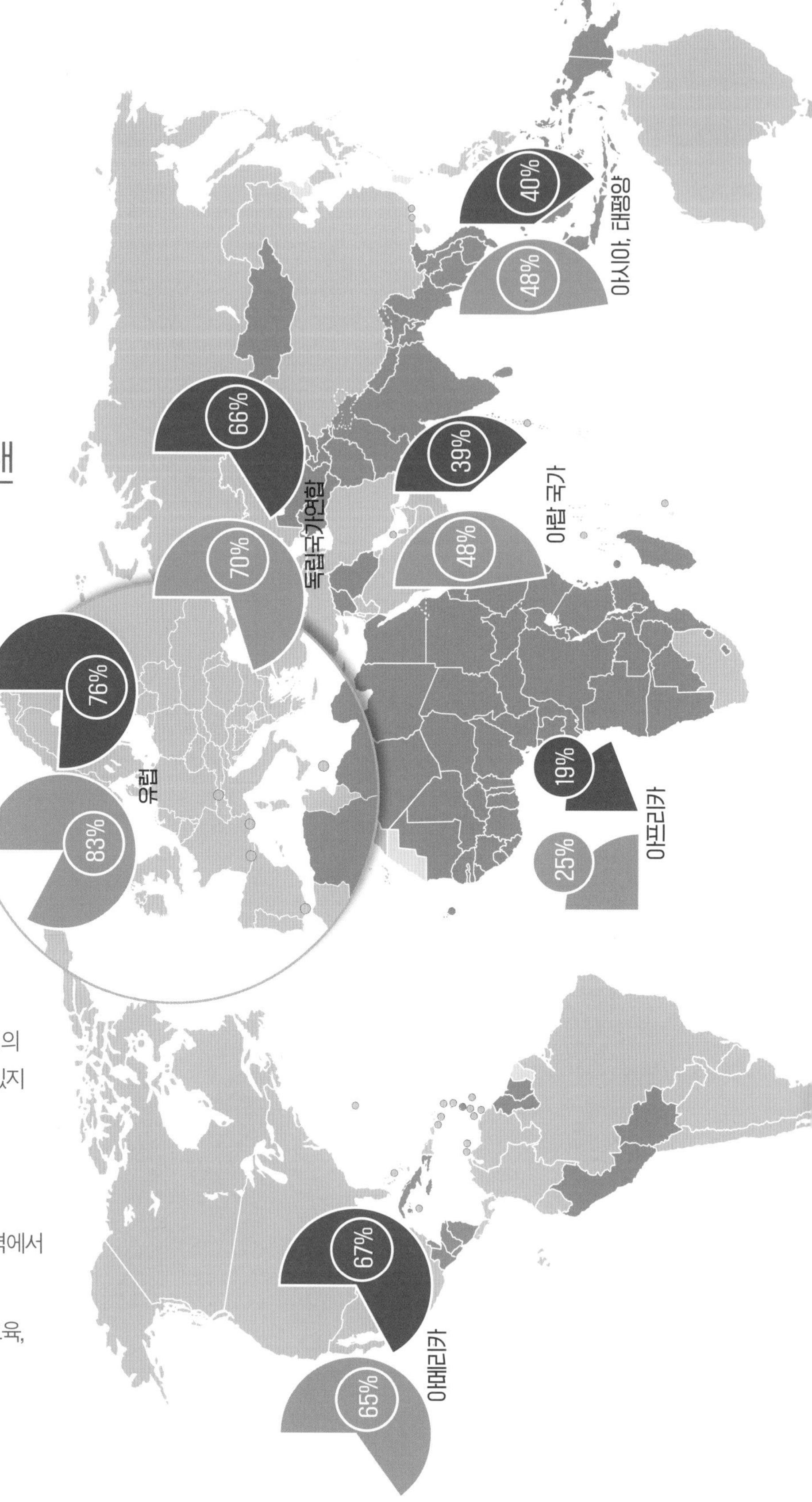

2016년 말

전 세계 인구의 53%인 39억 명의 사람들이 인터넷을 사용하고 있지 않다.

2013년 이후

인터넷 사용에서 성별 격차는 아프리카를 제외한 대부분 지역에서 좁혀졌다.

전반적으로 계급, 농촌 여부, 교육, 성별에 따라 접근한다.

뉴스 살펴보기
전년도에 정치 뉴스를 보기 위해
인터넷을 사용한 성인 인터넷 사용자
2014년
여성
남성
브라질
중국
콜롬비아
엘살바도르
인도네시아
말레이시아
나이지리아
페루
폴란드
우크라이나
베네수엘라
베트남
02
04
06
08
01
00
건강 정보
살펴보기
남성보다 더 많은 여성이
건강 정보를 얻기 위해
인터넷을 사용한다.
2013-2015년
여성
남성
방글라데시
브라질
콜롬비아
프랑스
독일
일본
대한민국
모로코
폴란드
카타르
우크라이나
영국
02
04
06
0
80
100

여성과 소셜 미디어

온라인 활동은 사회적 행동을 지원하고 촉진한다.
소셜 미디어는 새로운 형태의 통합과 초국가적 페미니스트 연대를 가능하게 한다.
온라인을 통한 여성의 조직화는 지역을 초월한 여성 운동을 가능하게 한다.
세계적으로 여성이 남성보다 더 적극적으로 소셜 미디어를 활용한다.

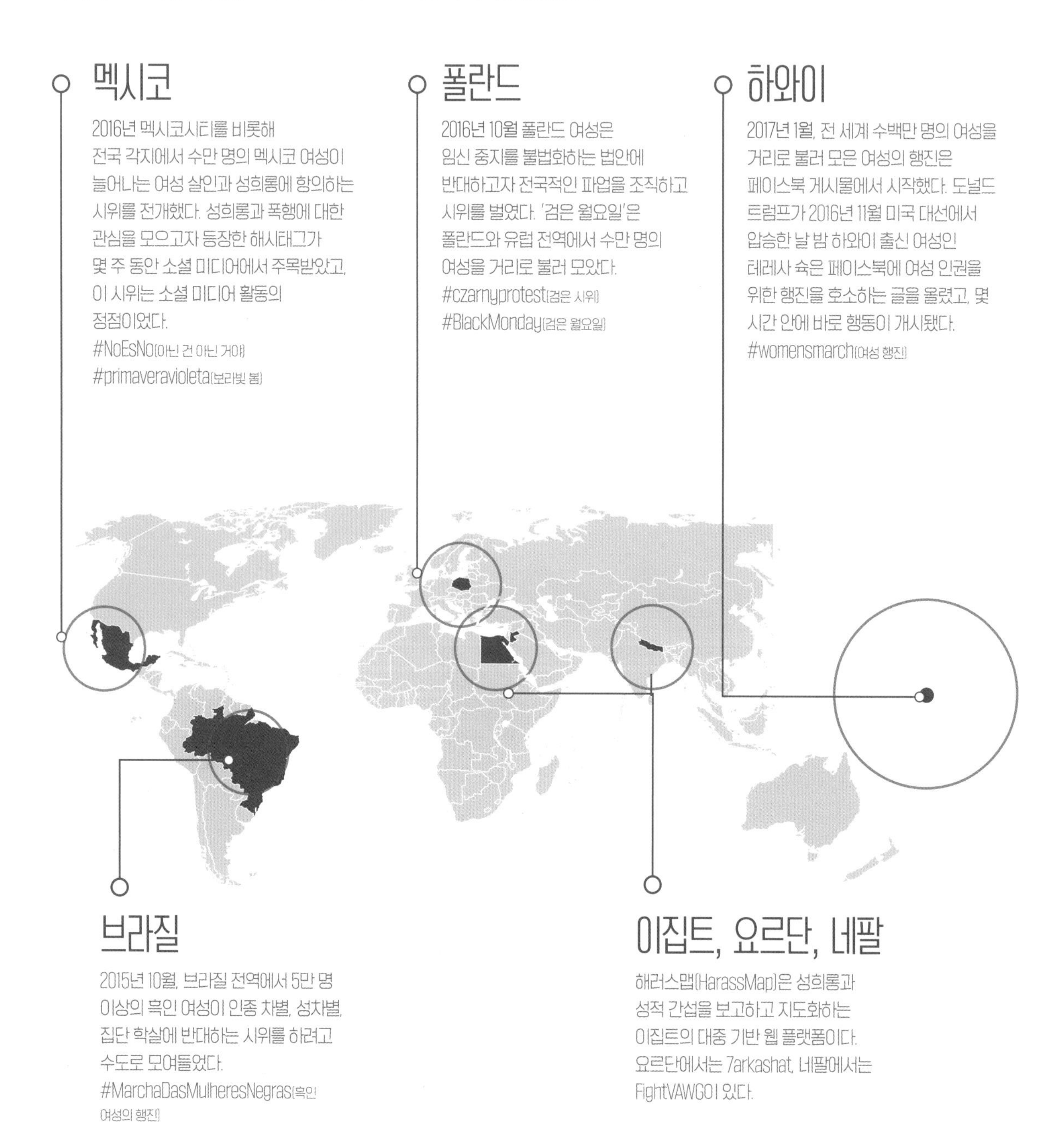

#온라인 괴롭힘

한편 온라인 웹은 위험한 장소가 될 수도 있다. 디지털 도구나 온라인 플랫폼은 괴롭힘, 따돌림, 위협, 스토킹, 인신매매, 인종 차별, 동성애 혐오, 심각한 여성 혐오 등을 표현하는 새로운 방법과 배출구가 되기도 한다. 여성에 대한 선동 공격은 사납고 무자비하다.

온라인 괴롭힘에 대한 태도

미국, 2017년

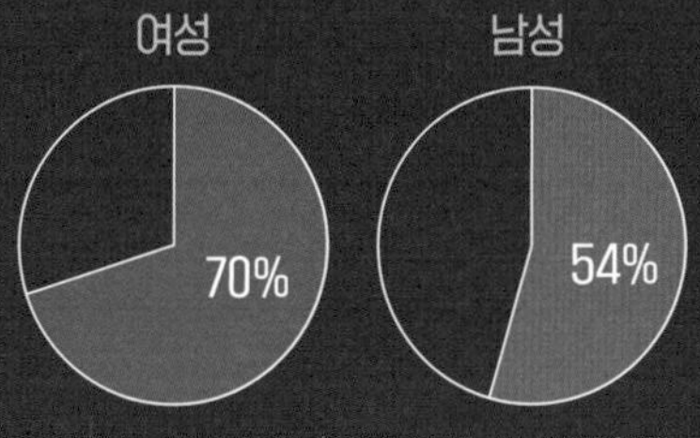

온라인 괴롭힘은 '심각하고 큰 문제'다.

18~29세 여성 21%가 온라인 성희롱을 경험했다고 답했다. 53%는 원하지 않음에도 노골적인 사진이 유포된 경험이 있다.

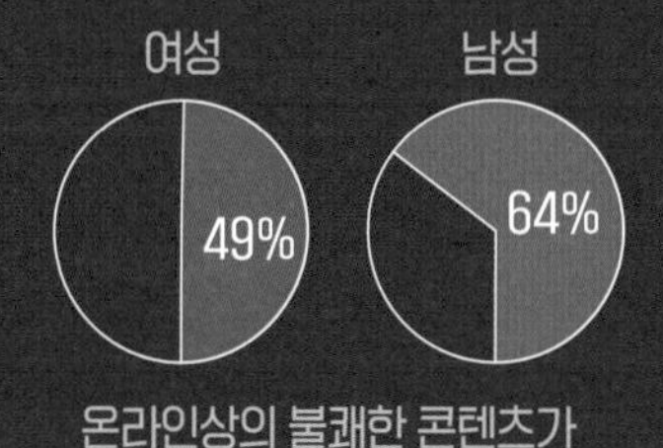

온라인상의 불쾌한 콘텐츠가 너무 심각하다.

온라인상의 불쾌한 콘텐츠가 별로 큰 문제는 아니다.

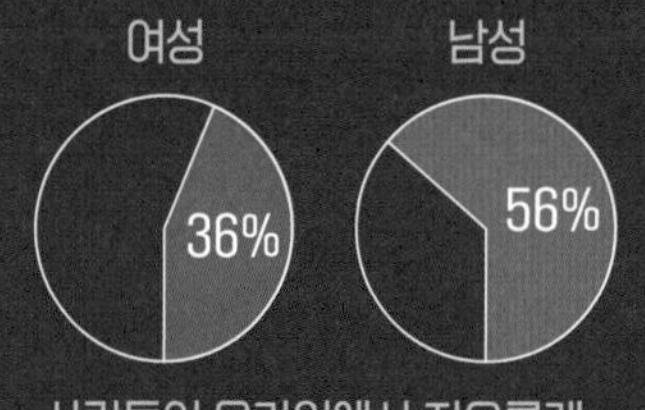

사람들이 온라인에서 자유롭게 자기 생각을 말할 수 있는 것이 더 중요하다.

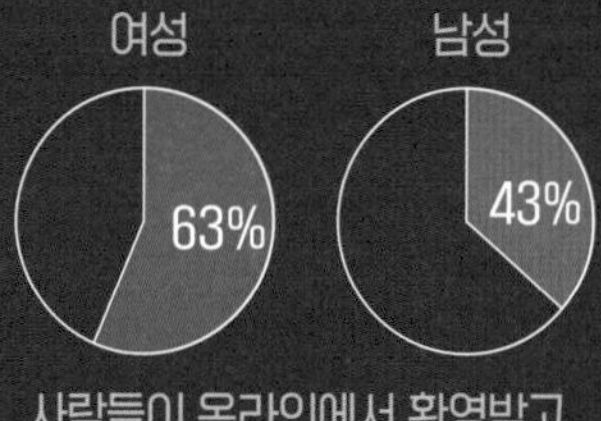

사람들이 온라인에서 환영받고 안전하다고 느끼는 것이 더 중요하다.

#참고 사항

2016년 트위터 대표직의 74%, 페이스북 고위 경영자의 73%가 남성
2017년 구글 대표직의 75%가 남성

'연결된 세계'라는 신화

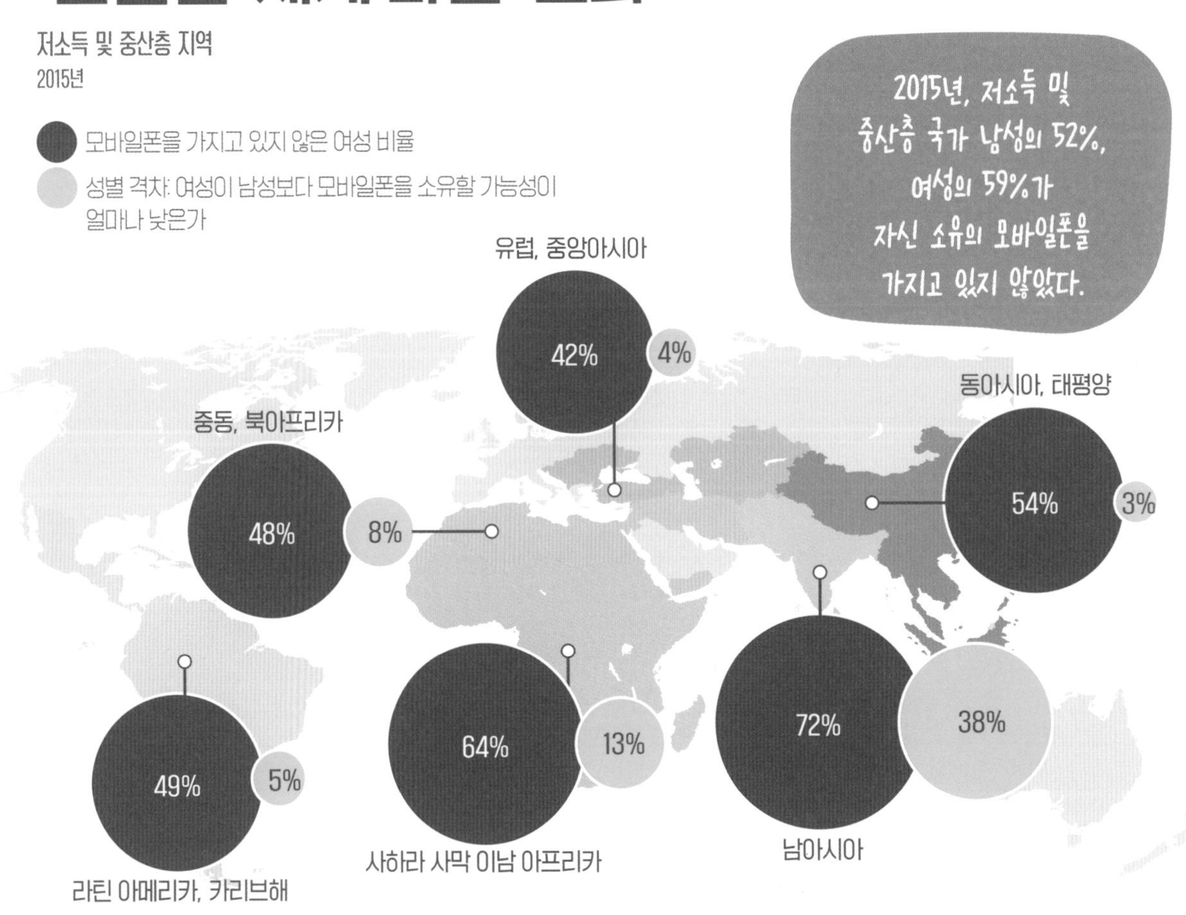

일부 여성에게 더 벌어진 성 격차

재산과 교육 수준에 따른 모바일폰 접근에서의 성 격차
2015년

	인도	요르단	콩고 민주 공화국
부유층	32%	19%	20%
빈곤층	41%	23%	43%
저학력	51%	7%	0%
고학력	24%	24%	32%

격차 해소

라틴 아메리카 및 카리브해 지역

모바일폰 국가별 사용률

2016년

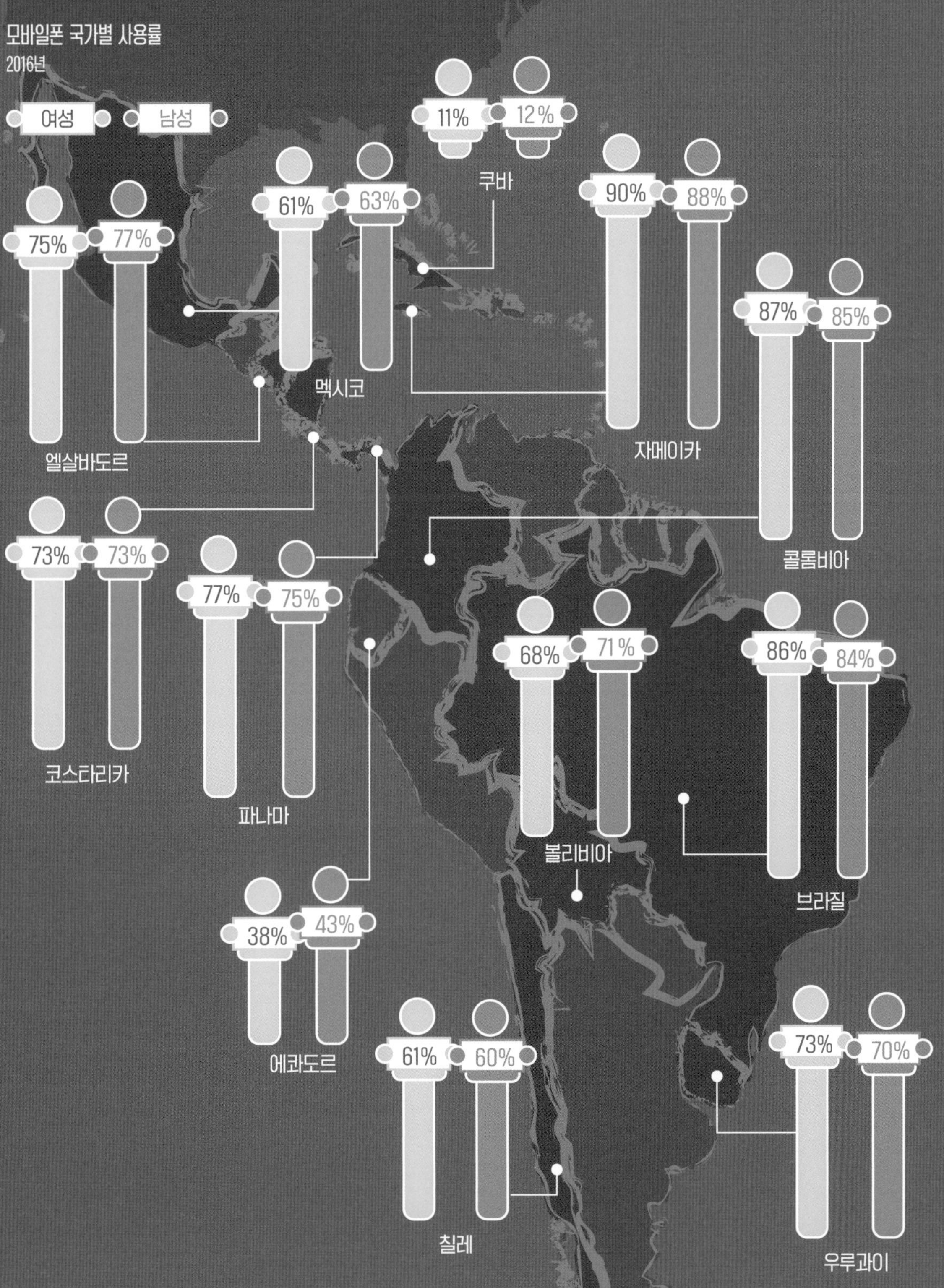

경제적 부담

가격이 비싸 모바일폰 소유나 사용이 어렵다고 응답한 여성 비율 2015년

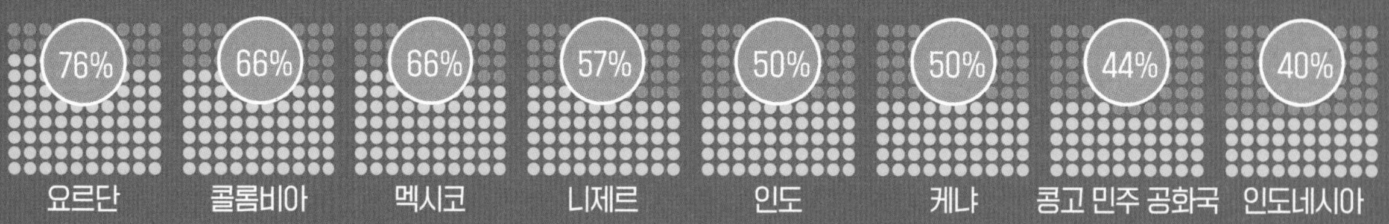

모바일폰 괴롭힘

낯선 이로부터의 괴롭힘이 두려워 모바일폰 소유나 사용이 꺼려진다고 응답한 여성 비율 2015년

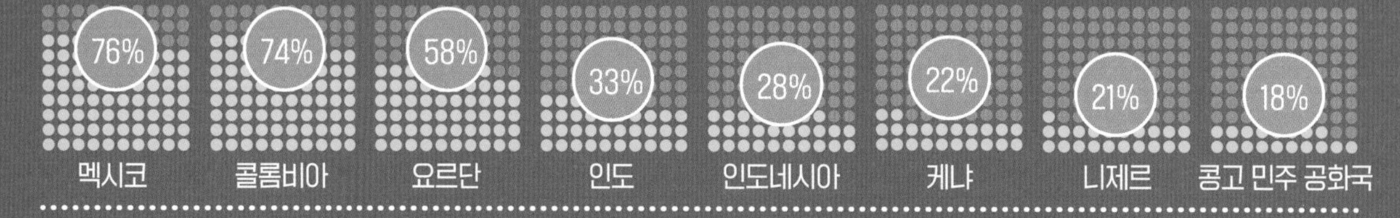

모바일폰이 주는 자유

모바일폰을 소유하면서 자율성과 독립심이 강해졌다고 응답한 여성 비율 2015년

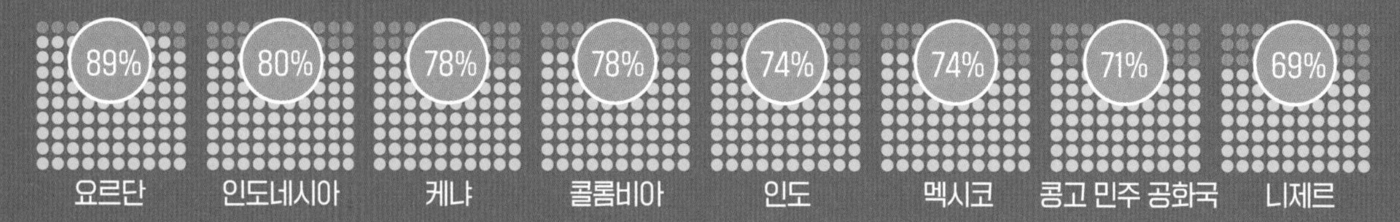

가족의 반대

가족이 모바일폰 사용을 꺼리거나 불편해할 거라고 응답한 여성 비율 2015년

모바일폰을 소유한 남성이 여성보다 1억 1,400만 명이나 더 많은 인도의 상황이 성 불평등을 악화시키고 있다. 구자라트와 우타르프라데시의 일부 지방 의회는 미혼 여성의 모바일폰 사용을 금지하는 법령을 공표했다.

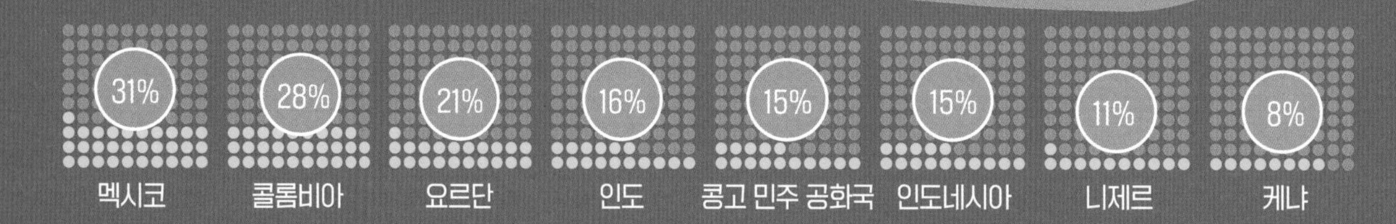

"모바일폰은 여성에게 정말 위험하다. 소녀들에게 수치심을 유발할 수 있기 때문이다."

인도 구자라트 촌락의 남성 장로, 2016년

부와 빈곤

세계 경제 불평등은 성 불평등과 긴밀한 관련이 있다.
세계 대부분 나라에서 여성은 재산을 소유하고 관리할 권리가 없거나 남성과 동등한 재산권을 갖지 못한다. 여성의 재산권을 제한하는 사회적 관습이 양성 평등적인 재산권을 명시한 성문법을 압도하고 있는 것이다. 세계화가 진행되며 공동 소유가 증가하고 가정 경제의 기반이었던 토지가 현금 중심 경제로 대체되면서 여성의 재산권 문제는 악화됐다.
세계경제포럼은 현재 추세대로라면 앞으로 217년간 경제 참여도에서 젠더 격차가 해소되지 않을 것이라 보았다. 이러한 예측은 여성 노동자가 직면한 불리한 현실뿐 아니라 재산, 부동산, 금융 자산을 여성이 관리할 때 겪는 여러 한계와 고충을 반영한다.
지난 십 년 동안 악화된 경제적 불평등 양상은 기존의 재산 형성 방법이 여성에게 불리하게 작동하고 있다는 것을 분명히 보여 준다. 2017년 상위 10% 부자들이 전 세계 부의 88%를 소유하는 가운데, 상위 1% 부자가 전 세계 자산의 50%를 차지했다. 2016년 포브스가 발표한 부자 목록에 있는 1,810명 중에서 89%는 남자였다.
소수의 남성 슈퍼 리치(갑부)는 전 세계 하위 70%와 맞먹는 재산을 소유하고 있는데, 절대다수의 슈퍼 리치(갑부)가 남성이라는 점은 필연적이고 상징적이다.

재산

여성의 토지 보유, 사용, 관리권

2014년 116개 개발 도상국 조사 결과

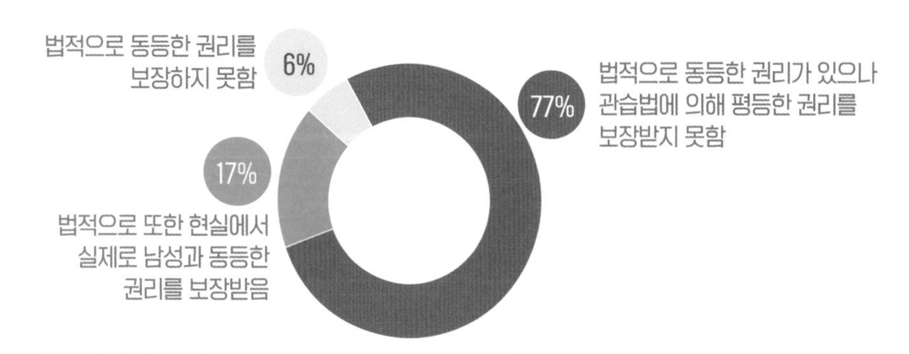

아프리카 '가족 소유' 토지 소유권 현황

2010년 이후 최신 통계

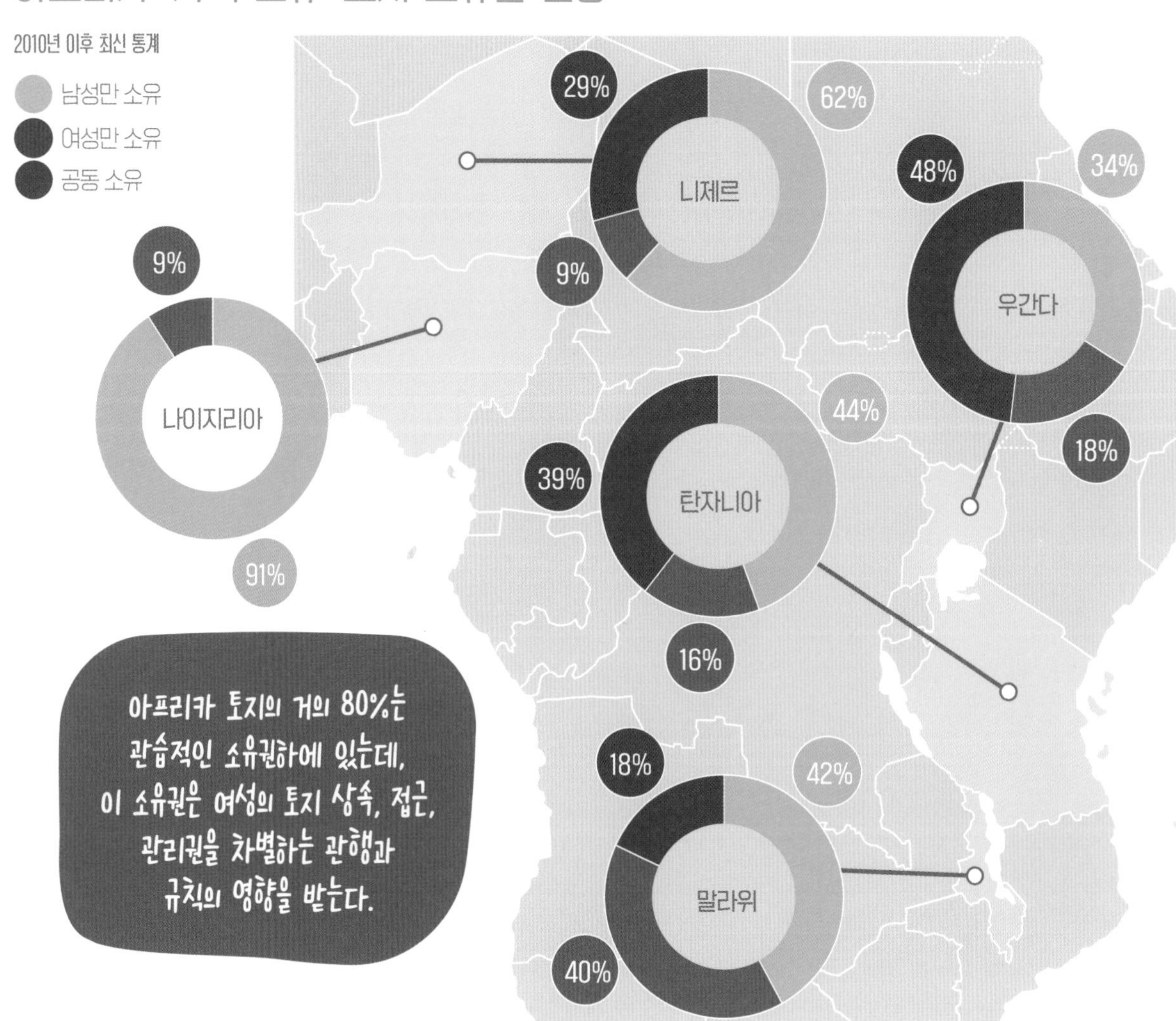

농촌의 여성 지주 비율

2010년 이후 선진국 최신 통계

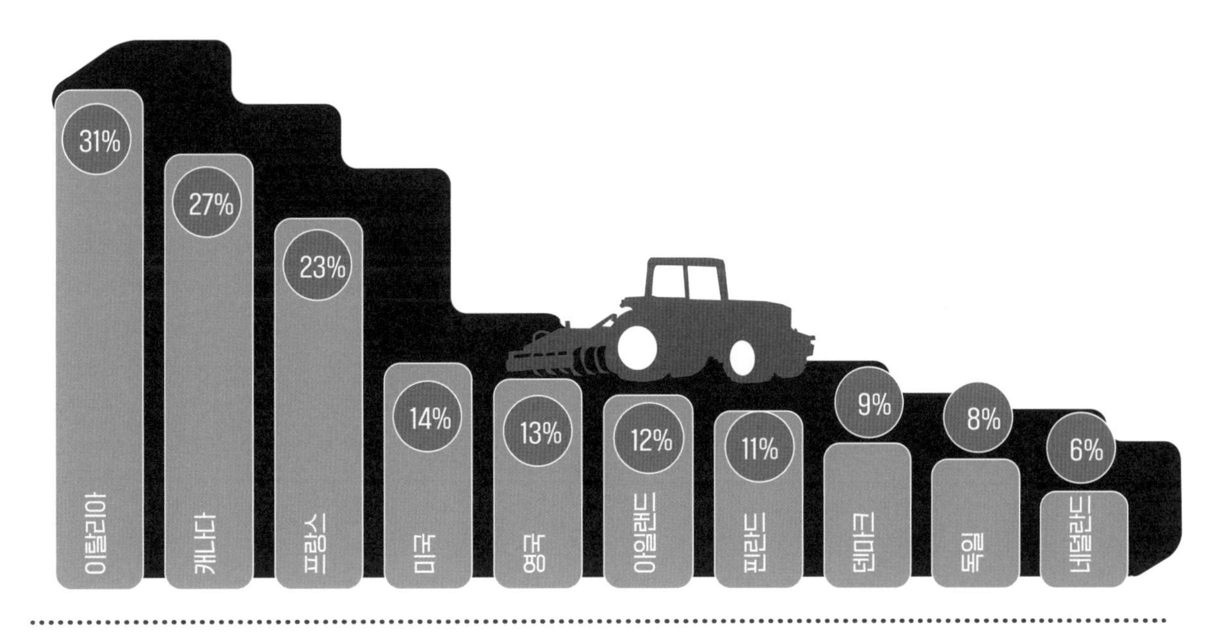

미국 주택 소유 현황

미국 평균 64%

2017년

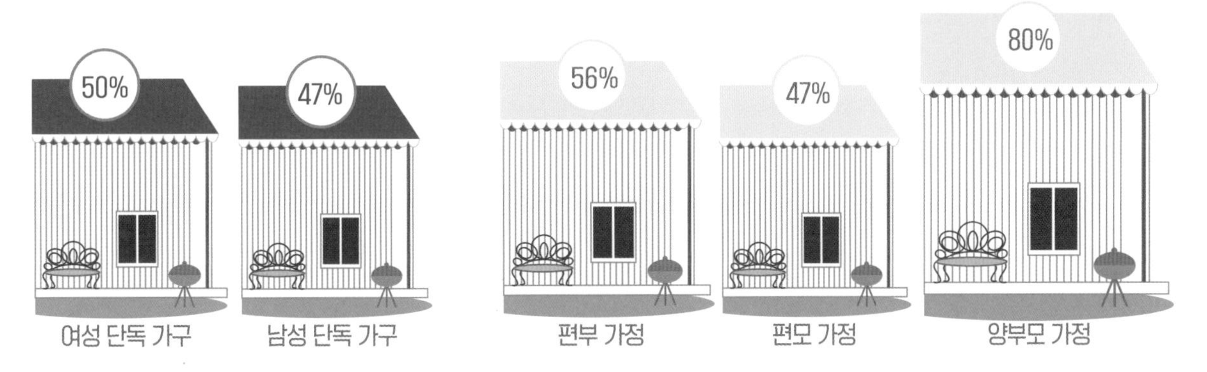

여성 단독 가구 / 남성 단독 가구 / 편부 가정 / 편모 가정 / 양부모 가정

비히스패닉 백인

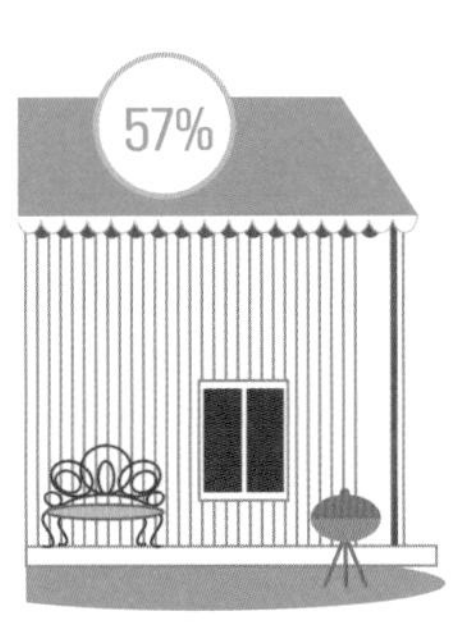

아시아인, 하와이 거주자, 태평양 제도 거주자

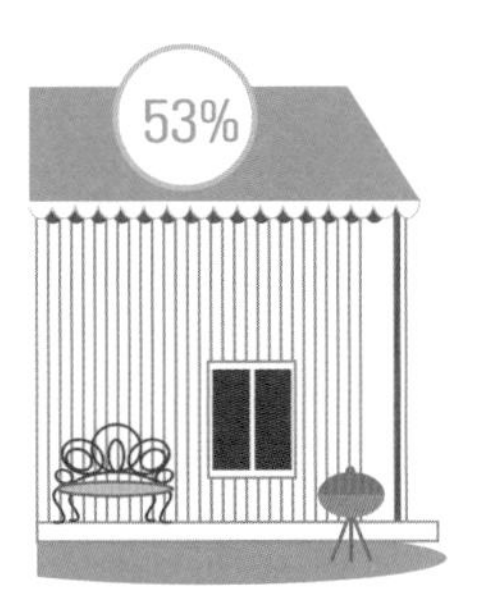

아메리칸 인디언, 알래스카 선주민

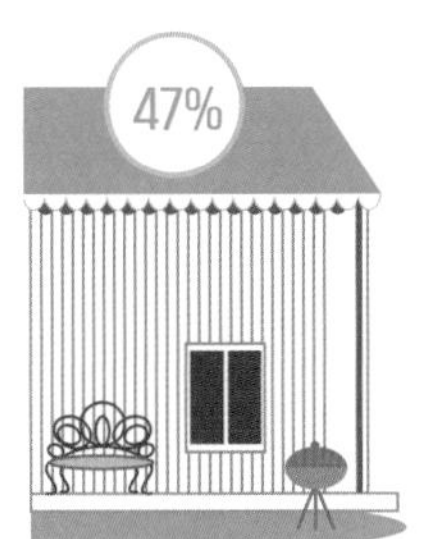

히스패닉

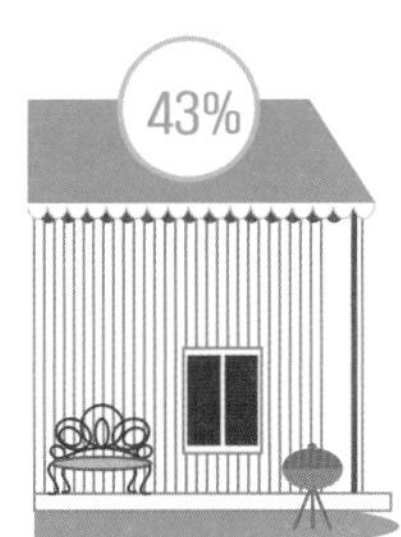

비히스패닉 흑인

상속

35개 이상 국가에서 배우자가 사망했을 때 여성은 남성보다 유산을 적게 상속받고,
부모가 사망했을 때 딸이 아들보다 적게 상속받는 제도가 여전히 유지되고 있다.
10여 개국에서 여성과 딸은 관례와 관습법에 따라
남성 가족과 친척에게 상속권을 양보하라는 압박을 받고 있다.

여성이 상속에서 제외된 국가

2016년 현재

여성과 딸이 남성과 동등한 상속권을 보장받지 못하는 국가

#참고 사항

2016년 현재 영국법은 대부분의 상황에서 세습 귀족의 지위와 재산이
우선 상속자인 딸이 있는지 여부와 상관없이
남성 상속인, 심지어 먼 친척이라도 남성 상속인에게만 승계된다고 규정한다.
딸은 작위를 물려받을 수 없고, 아버지가 딸에게 재산과 현금을 상속한다고
유언장에 명시했을 때만 유산을 받을 수 있다.
그런 경우는 현실적으로 드물다.

비상금이 없는 여성

급전이 필요한 때 비상금이 없는 여성 비율

2014년

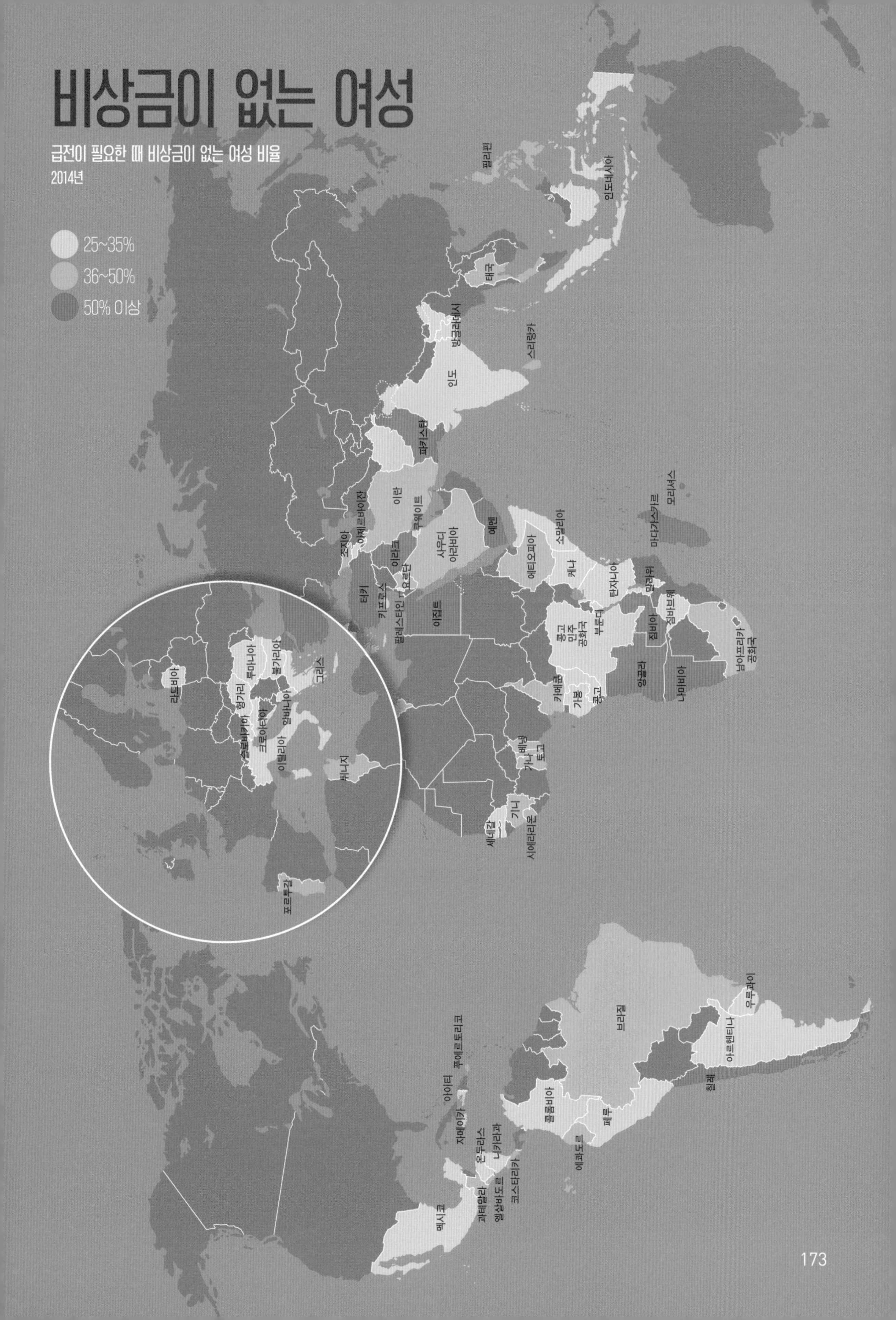

빈곤층의 생활

복합적 빈곤(경제적, 비경제적 빈곤이 결합된 지수)에 처한 가구 비율
2011년 이후 개발 도상국 대상 최신 통계

- 50% 이상
- 30% - 49%
- 10% - 29%
- 10% 미만
- 자료 없음

개발 도상국에서는 15억 명 정도가 복합적 빈곤에 처해 있다. 그들의 54%는 남아시아 및 사하라 사막 이남 아프리카 지역에 살고 있다.

극심한 빈곤

2016년

인구의 50% 이상이 하루 1.9 달러(구매력 평가 지수 기준) 미만의 생활비로 살아가는 국가

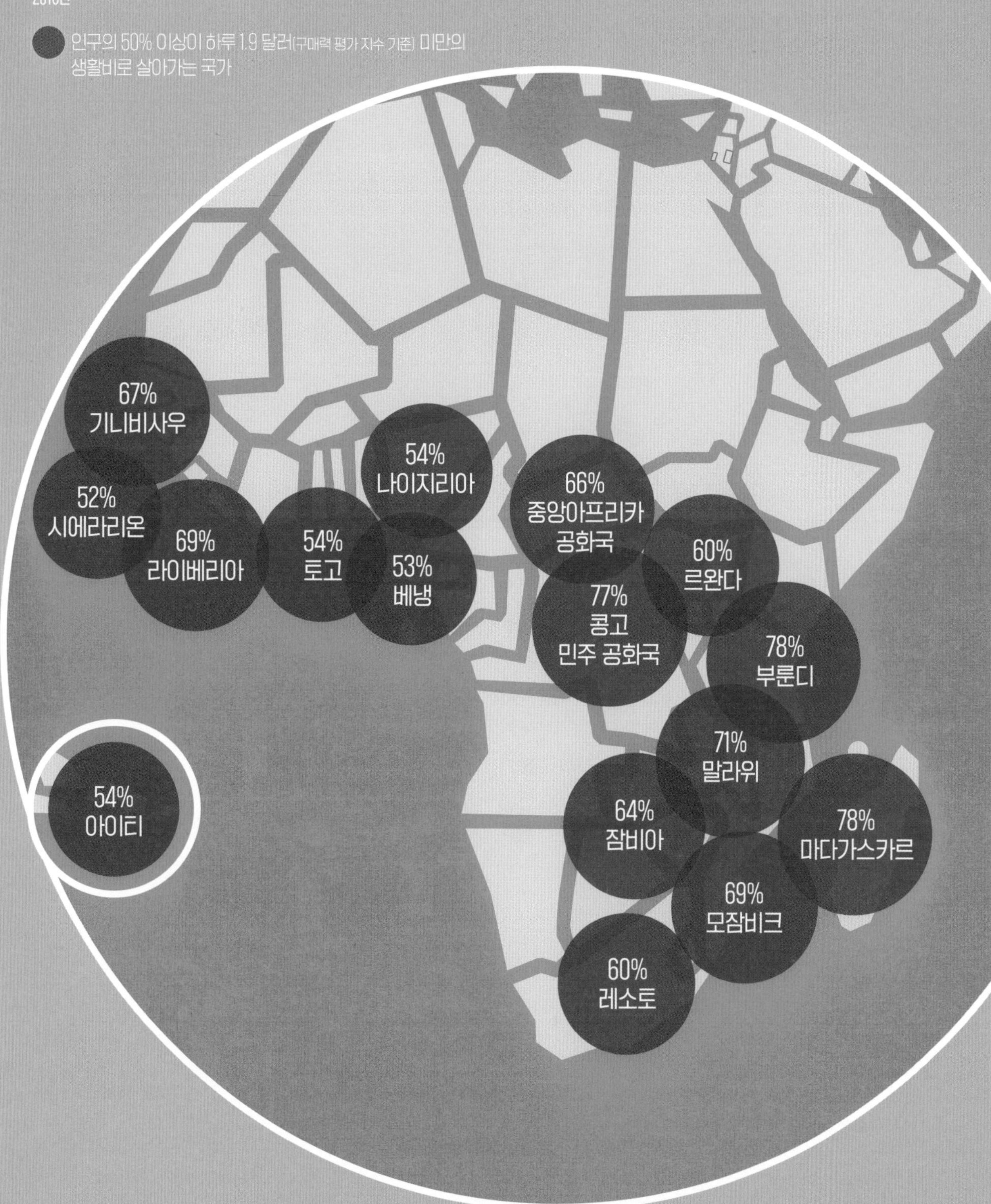

유럽의 빈곤 위기

빈곤 위기에 처한 남녀 비율

2015년 이후 최신 통계

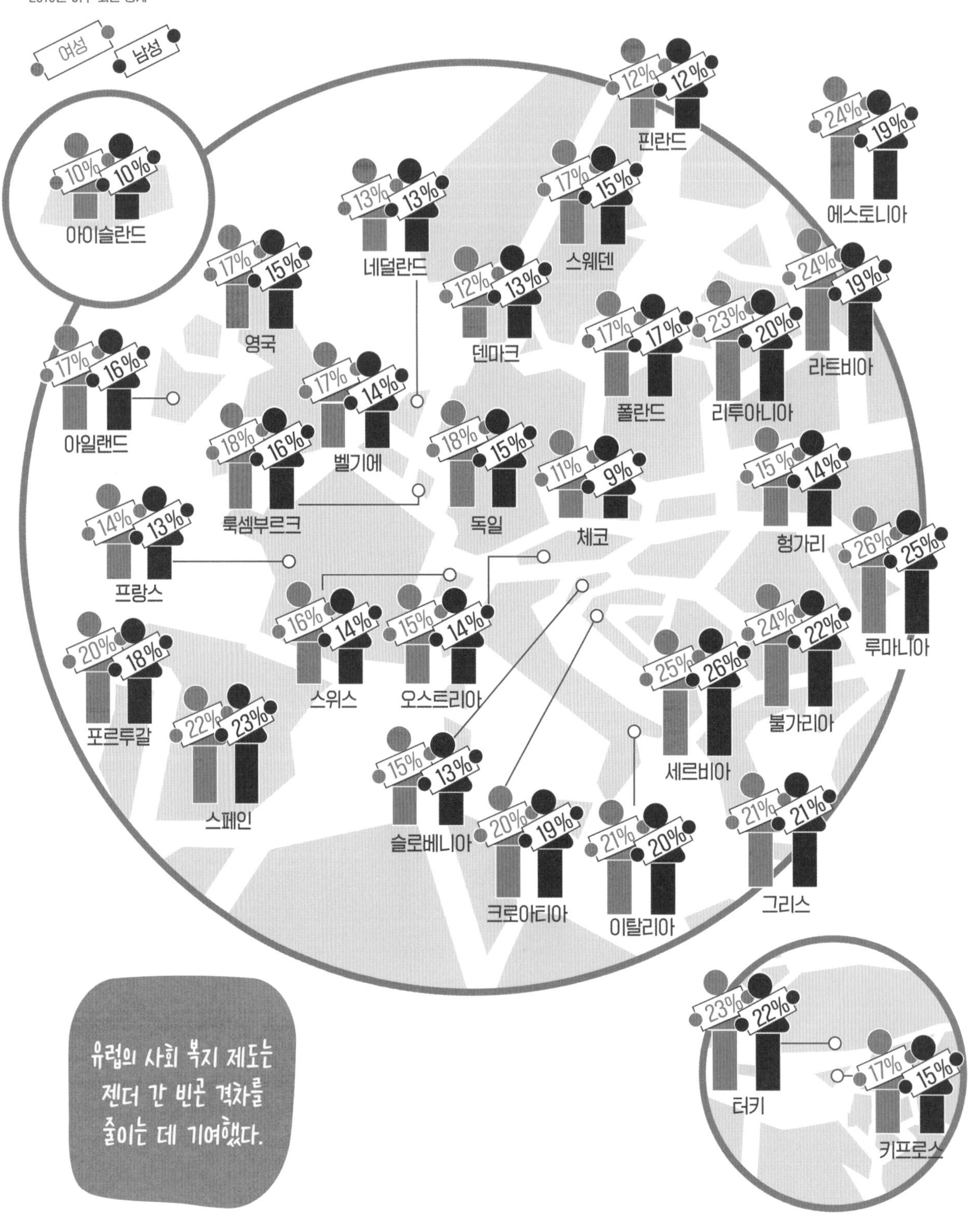

라틴 아메리카의 빈곤

소득이 없는 15세 이상 남녀 비율
라틴 아메리카 17개국 평균 분석 결과, 2013년

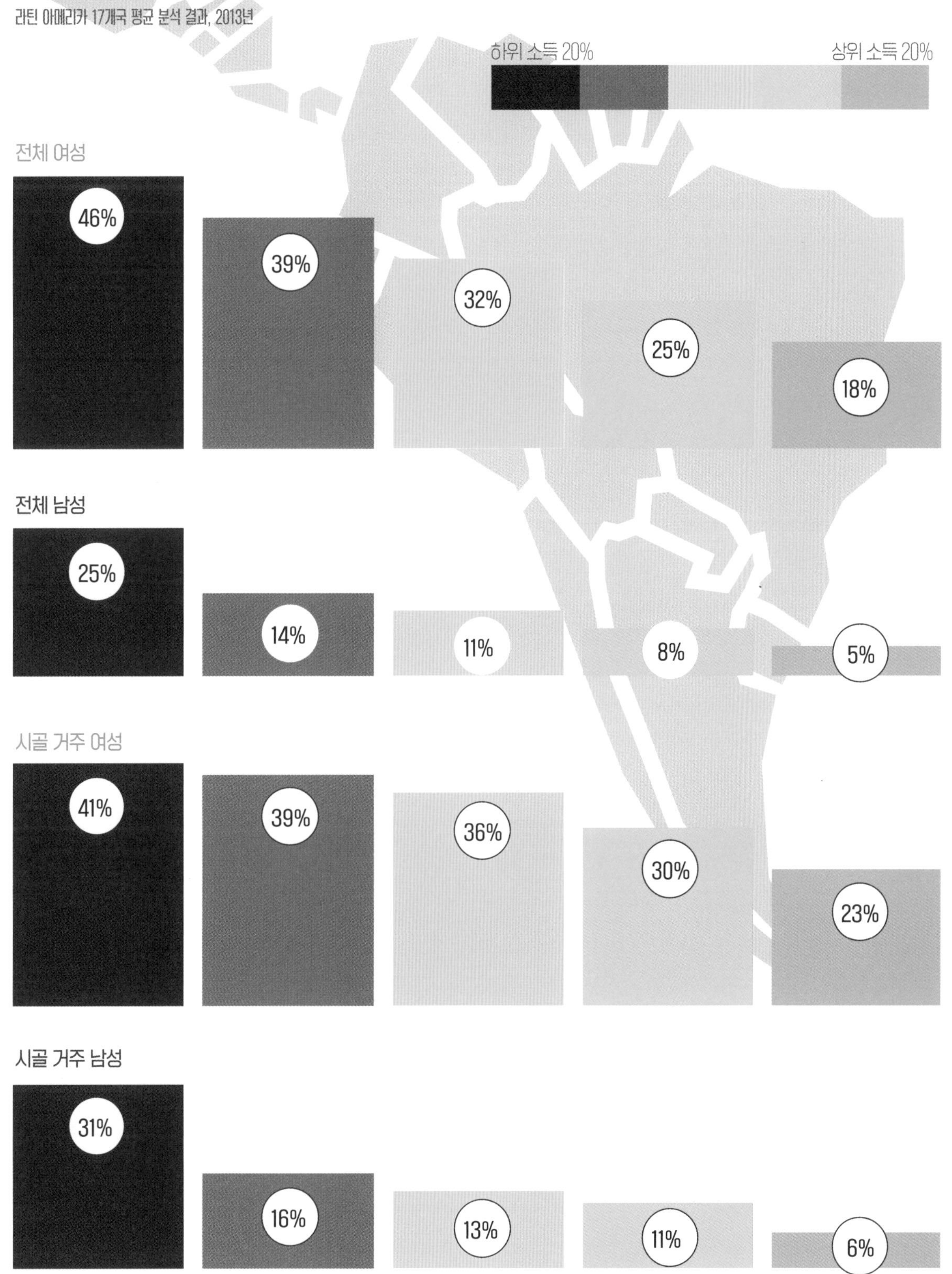

미국의 빈곤 현실

인구 특성에 따른 공식 빈곤율

2016년

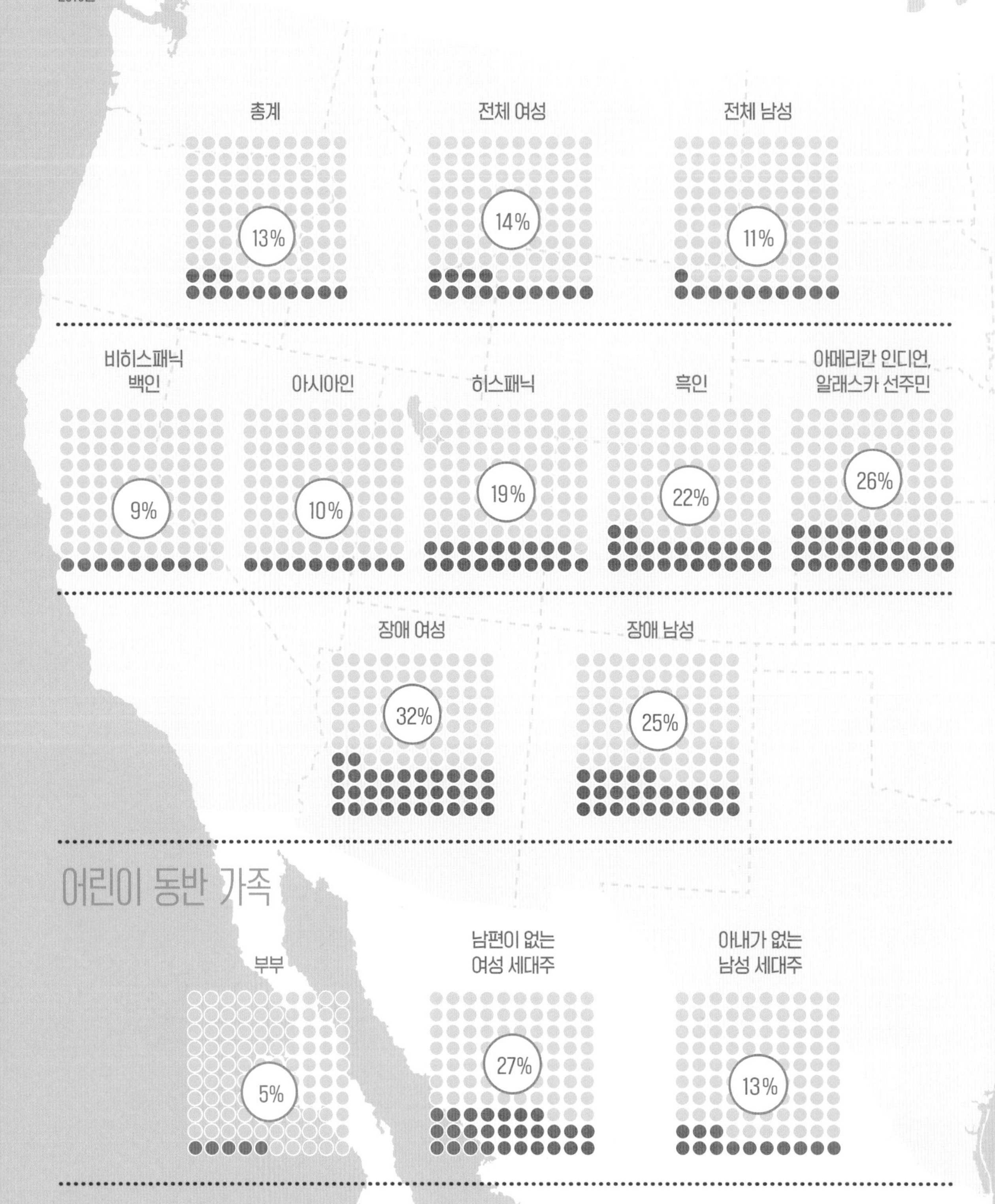

미국의 부

인종 간 부의 격차

인종별 가계 소유 자산의 중위 가격
2013년
(자산, 부채, 부동산, 차량, 은행 예금, 퇴직 연금 등 모두 포함)

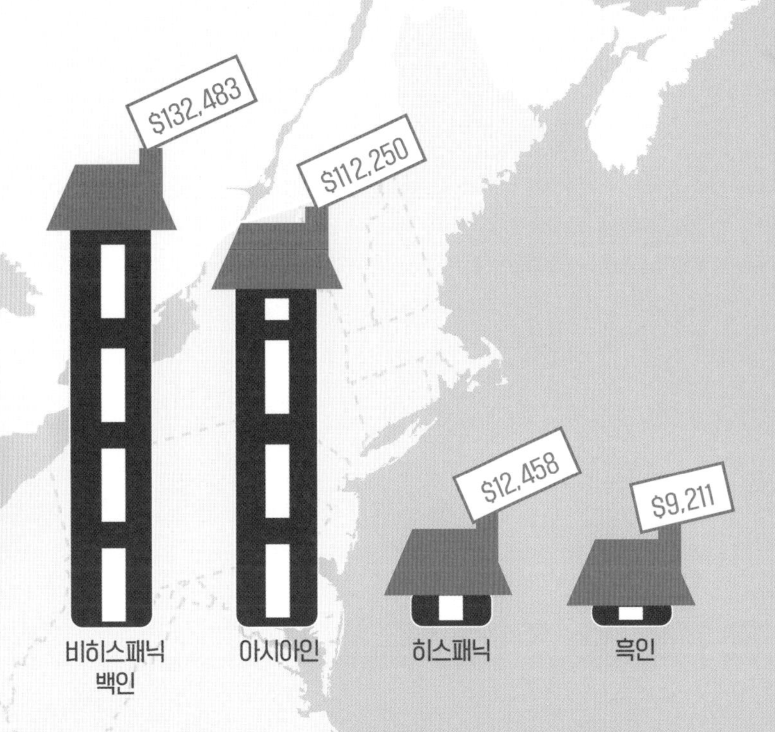

인종, 젠더에 따른 자산 격차

18~64세 독신 여성과 남성의 중위 자산 비교
2016년

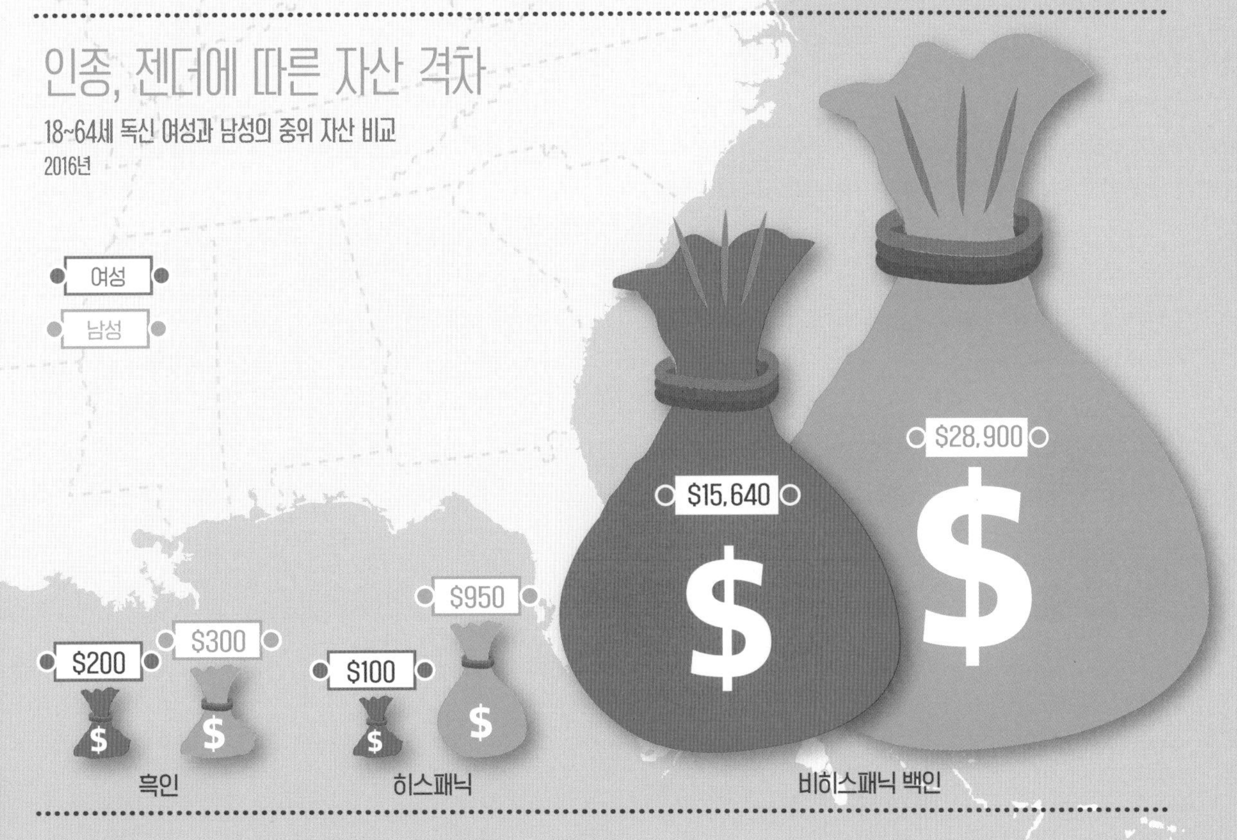

부유한 세계, 빈곤한 세계

극소수의 남성 부자들

소수의 남성 갑부들에게 부가 집중되고 있다. 국제통화기금(IMF)은 경제적 불평등이 사회, 경제적 지속 가능성과 안정성을 저해하고 있다고 경고했다.
2017년 세계경제포럼은 국제 사회의 안정성을 위협하는 요소로 소득 및 자산 격차 확대를 꼽았다.

2017년 42명의 슈퍼 리치가 소유한 부가 세계 인구의 약 절반에 해당하는 37억 명이 보유한 부와 비슷한 수준임이 밝혀졌다.
전 세계 절반이 보유한 부와 동일한 부를 소유한 슈퍼 리치는 2016년 61명이었고, 2009년에는 380명이었다.
2017년에는 전 세계 2,043명에 달하는 슈퍼 리치(그중 남성이 90%)의 재산이 6,720억 달러나 증가했는데,
이때 세계 경제는 10조 달러 상당의 노동을 무상으로 제공한 여성의 희생으로 유지됐다.

인도네시아

최고 갑부 4명(모두 남성)이 인도네시아 하위 1억 명보다 더 많은 재산을 보유하고 있다.

미국

최고 갑부 남성 3명(모두 남성)이 미국 하위 50%(1억 6천만 명)가 보유한 재산만큼의 부를 소유하고 있다.

세계 10대 억만장자

2017년

- 빌 게이츠
- 워런 버핏
- 제프 베이조스
- 아만시오 오르테가
- 마크 저커버그
- 카를로스 슬림 엘루
- 래리 엘리슨
- 찰스 코크
- 마이클 블룸버그

경제가 성장하면 모든 계층의 삶이 나아지는가?

'포용적 개발'은 사회 모든 구성원이 경제 성장과 생활 수준 향상의 혜택을 보는 정도를 측정한다.

2018년 선진국 대상 조사

포용적 개발 국가 상위 10개국
노르웨이, 아이슬란드, 룩셈부르크, 스위스, 덴마크, 스웨덴, 네덜란드, 아일랜드, 호주, 오스트리아

비포용적 개발 국가 상위 10개국
그리스, 포르투갈, 이탈리아, 스페인, 이스라엘, 일본, 미국, 에스토니아, 영국, 슬로바키아

영국 CEO 연봉 Top 10

2015년

- 마틴 소렐 경
- 토니 피즐리
- 라케시 카푸르
- 제레미 다로치
- 플레밍 온조프
- 밥 더들리
- 에릭 엥스트롬
- 마이크 웰스
- 마이클 돕슨
- 안토니오 오르타 오소리오

미국 CEO 연봉 Top 10

2016년

- 마크 로어
- 팀 쿡
- 존 와인버그
- 순다르 피차이
- 일론 머스크
- 버지니아 로메티
- 미치 가버
- 필립 다우먼
- 레슬리 문베스
- 마리오 가벨리

성과 상여금과 주식을 포함한 총급여

영국 FTSE100에 포함된 회사의 회장은 평균 5,500만 파운드의 연봉을 받는다. 2017년 1월 3일 점심이면 FTSE100 회사의 회장들은 이미 그 회사 직원의 2017년 평균 연봉(2만 8,200파운드)보다 많은 돈을 번 상태이다.

일반 급여 소득자 대비 CEO의 급여 비율

2016년 조사 대상 통계

국가	비율
남아프리카공화국	541:1
인도	483:1
미국	299:1
영국	229:1
캐나다	203:1
독일	176:1
노르웨이	101:1
프랑스	68:1
중국	43:1

전 세계 상위 5개 패션 브랜드 CEO는 나흘이면 방글라데시 의류 관련 노동자가 평생에 걸쳐 버는 돈을 번다.

은행 계좌

15세 이상 성인 중
금융 기관 계좌를 보유한 비율
선택된 예시들, 2014년

남성	격차	여성
모로코 52%	25	27% 모로코
아랍에미리트 90%	24	66% 아랍에미리트
바레인 90%	23	67% 바레인
인도 63%	20	43% 인도
미얀마 29%	12	17% 미얀마
아프가니스탄 16%	12	4% 아프가니스탄
부탄 39%	11	28% 부탄
파키스탄 14%	11	3% 파키스탄
니카라과 24%	10	14% 니카라과
수단 20%	10	10% 수단
이란 97%	10	87% 이란
세계 평균 64%	7	57% 세계 평균
브라질 72%	7	65% 브라질
케냐 59%	7	52% 케냐
보츠와나 46%	7	46% 보츠와나
볼리비아 44%	6	38% 볼리비아
태국 81%	6	75% 태국
중국 81%	5	76% 중국
캄보디아 15%	4	11% 캄보디아
프랑스 98%	3	95% 프랑스
자메이카 79%	1	78% 자메이카
일본 97%	1	66% 일본
싱가포르 97%	1	96% 싱가포르
영국 99%	0	99% 영국
스웨덴 100%	0	100% 스웨덴
여성		남성
스리랑카 83%	+1	82% 스리랑카
아르헨티나 51%	+1	50% 아르헨티나
인도네시아 37%	+2	35% 인도네시아
미국 95%	+3	92% 미국
러시아 70%	+6	64% 러시아
필리핀 34%	+12	22% 필리핀

여성은 남성보다 비공식적인 사회 및 가족 네트워크를 통해 경제적 안정을 추구하는 경우가 많다. 그러나 제도권 금융 기관에 참여함으로써 빈곤을 감소시킬 수 있으며, 금융 위기로부터 개인을 보호하고, 경제적 안정성을 높일 수 있다.
제도권 금융 시스템으로 발을 딛는 첫 단계는 은행에 계좌를 개설하는 것이다.
모바일 머니는 금융 상품에 대한 접근성을 변화시키고 있으며, 특히 사하라 사막 이남 아프리카 지역에서 모바일 머니를 이용한 변화가 두드러진다.

케냐에서는 M-Pesa라는 모바일 은행 시스템이 설립된 지 10년이 지나는 동안 20만 가구가 M-Pesa를 이용해 극도의 빈곤에서 벗어났다. 그중 여성이 가계를 책임지고 있는 가구의 비중이 두드러졌다.

전 세계 성인의 2%가 모바일 계좌를 사용하는데, 사하라 사막 이남 아프리카에서는 성인의 12%가 모바일 계좌를 가지고 있다. 케냐에서는 전체 가구의 96%에 모바일 계좌를 사용하는 구성원이 적어도 한 명 있다.

 166쪽 〈'연결된 세계'라는 신화〉 참고

권력

“그들은 우리가
씨앗인지도 모른 채
땅에 묻으려 했다.”

여성 투표권

여성에게 보통 선거권(총선에 남성과 여성이 동등한 조건으로 참여)이 인정된 연도

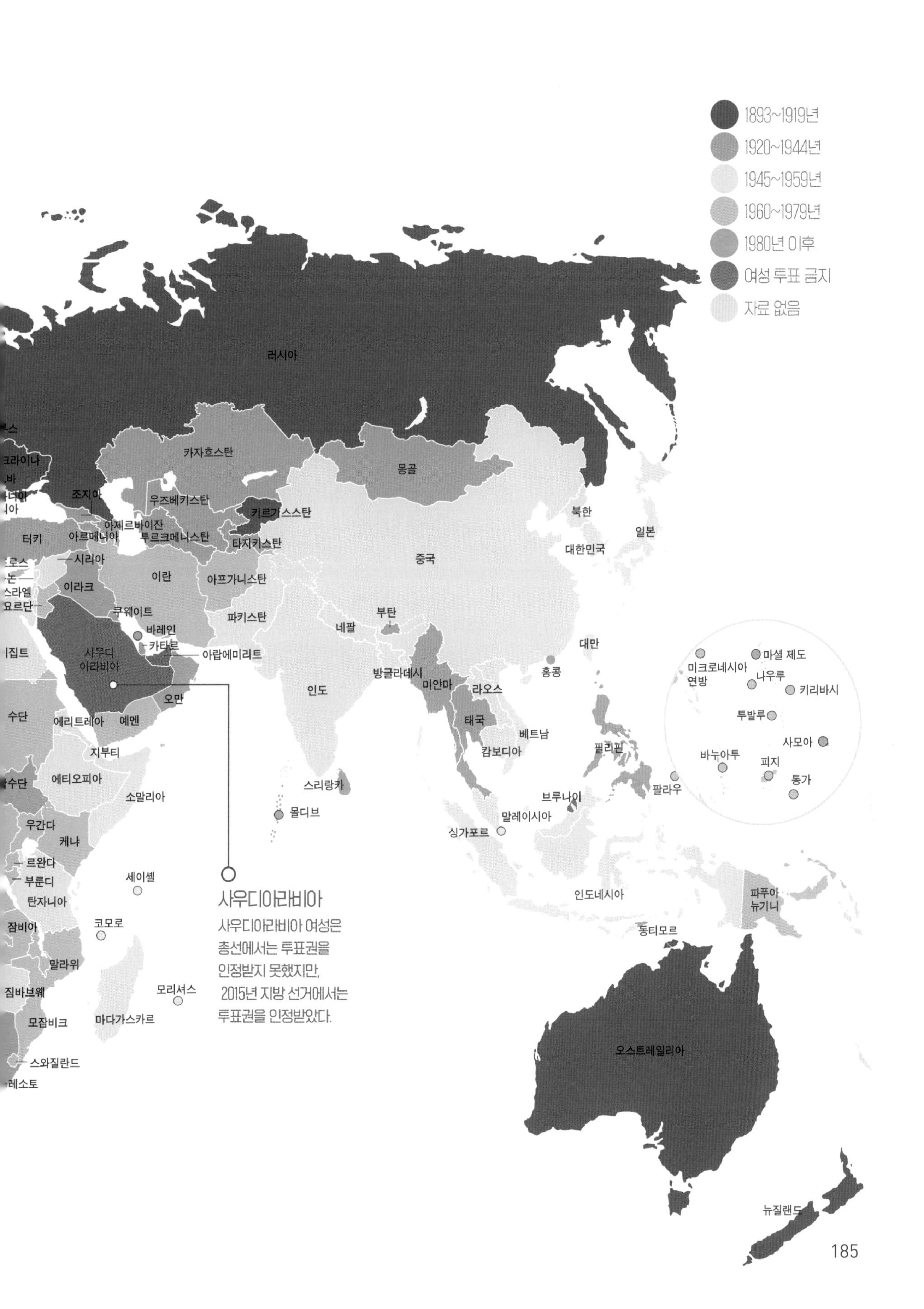
1893~1919년
1920~1944년
1945~1959년
1960~1979년
1980년 이후
여성 투표 금지
자료 없음
러시아
카자흐스탄
몽골
우즈베키스탄
키르기스스탄
조지아
아제르바이잔
아르메니아
투르크메니스탄
타지키스탄
터키
시리아
이란
이라크
아프가니스탄
중국
북한
대한민국
일본
쿠웨이트
바레인
카타르
파키스탄
네팔
부탄
대만
사우디
아라비아
아랍에미리트
방글라데시
미얀마
라오스
홍콩
인도
오만
예멘
에리트레아
수단
태국
베트남
캄보디아
필리핀
지부티
에티오피아
소말리아
스리랑카
브루나이
팔라우
몰디브
말레이시아
싱가포르
우간다
케냐
르완다
부룬디
탄자니아
세이셸
잠비아
코모로
말라위
짐바브웨
모리셔스
모잠비크
마다가스카르
스와질란드
레소토
인도네시아
파푸아
뉴기니
동티모르
오스트레일리아
뉴질랜드
미크로네시아
연방
마셜 제도
나우루
키리바시
투발루
사모아
바누아투
피지
통가
사우디아라비아
사우디아라비아 여성은
총선에서는 투표권을
인정받지 못했지만,
2015년 지방 선거에서는
투표권을 인정받았다.

알려지지 않은 여성 참정권 이야기

'보통 선거권'은 모두에게 인정된 권리가 아니었다.

미국

1920년에 통과된 수정 헌법 제19조로 미국 여성이 투표할 수 있게 되면서, 수정 헌법이 통과된 날은 여성의 투표 해방일로 기억된다. 수정 헌법은 연방 정부와 주 정부가 성별에 따라 투표권을 부여하지 않거나 제한할 수 없다는 내용을 담고 있다.

그러나!

인디언 보호 구역에 살던 아메리칸 인디언은 시민권 자체를 인정받지 못해 1924년까지 투표할 수 없었다. 미국령인 푸에르토리코에서는 1929년에 이르러서야 여성이 투표할 수 있게 됐고, 그마저도 글을 읽을 수 있는 여성에게만 투표권이 부여되었다. 모든 시민에게 투표권이 인정된 것은 1935년이다.

남아프리카 공화국

백인 여성은 1930년에 투표권을 획득했다.

그러나!

인디언과 유색 인종 여성은 1984년, 흑인 여성은 1994년에야 투표권을 인정받았다.

호주

백인 여성은 1902년에 투표권을 인정받았다.

그러나!

원주민은 1962년에 이르러서야 연방 선거에서 투표권이 인정됐다.

투표권 인정 시기

조사 대상 국가별 남성과 여성의 투표권 인정 시기 차이

남성 투표권 여성 투표권

남성 투표권	연도 차이	여성 투표권
덴마크 1915	0	1915 덴마크
네덜란드 1917	2	1919 네덜란드
영국 1918	10	1928 영국
일본 1925	20	1945 일본
이탈리아 1919	26	1945 이탈리아
미국 1870	50	1920 미국
벨기에 1893	55	1948 벨기에
스페인 1869	62	1931 스페인
프랑스 1848	96	1944 프랑스
스위스 1848	123	1971 스위스

군대

현역 여성 군인 비율

2016년 이후 최신 통계

- 5% 미만
- 5~9%
- 10~14%
- 15% 이상
- 군대 내 여성이 있으나 그 비율은 미상
- 자료 없음

캐나다
미국
쿠바
벨리즈
자메이카
온두라스
니카라과
베네수엘라
가이아나
콜롬비아
에콰도르
페루
브라질
볼리비아
칠레
아르헨티나

군대 내 미투 문제

동료 군인에 의한 성폭력이 만연하다. 북한 여성 군인은 '강간이 일상'이라고 증언한다. 2016년 미군에서는 약 8,600명의 여성 군인과 6,300여 명의 남성 군인이 성폭력을 경험했으며, 이 중 대다수는 한 번 이상의 성폭력을 겪어 전체 성폭력 건수는 4만 1천 건에 이르렀다. 21%의 여성 군인과 6%의 남성 군인은 심각하고 지속적인 성폭력에 시달렸다. 성 소수자임을 밝힌 군인들을 대상으로 벌어지는 성폭력은 훨씬 빈번했다.

#참고 사항

전 세계 군비의 10%를 빈곤국의 농업 및 사회 기반 시설 개선에 사용한다면 극심한 기아와 빈곤 문제를 2030년까지 종식할 수 있다. 보편적인 초등 교육과 중등 교육을 실시하기 위한 재원 마련은 전 세계 군비의 3%만 있으면 충분하다.

군대로 인한 일자리 창출 효과, 정치적 영향력, 사회적 명예를 고려하면
여성도 군대에 갈 기회를 보장받아야 한다.
다수의 페미니스트는 집단 폭력 사건이 발생하는 남성화된 조직에
여성이 많이 참여할수록 장기적으로 여성에게 해가 된다는 입장이다.
페미니스트의 목표는 여성의 참여율 제고보다는
군대와 군사주의 자체를 허무는 것이다.

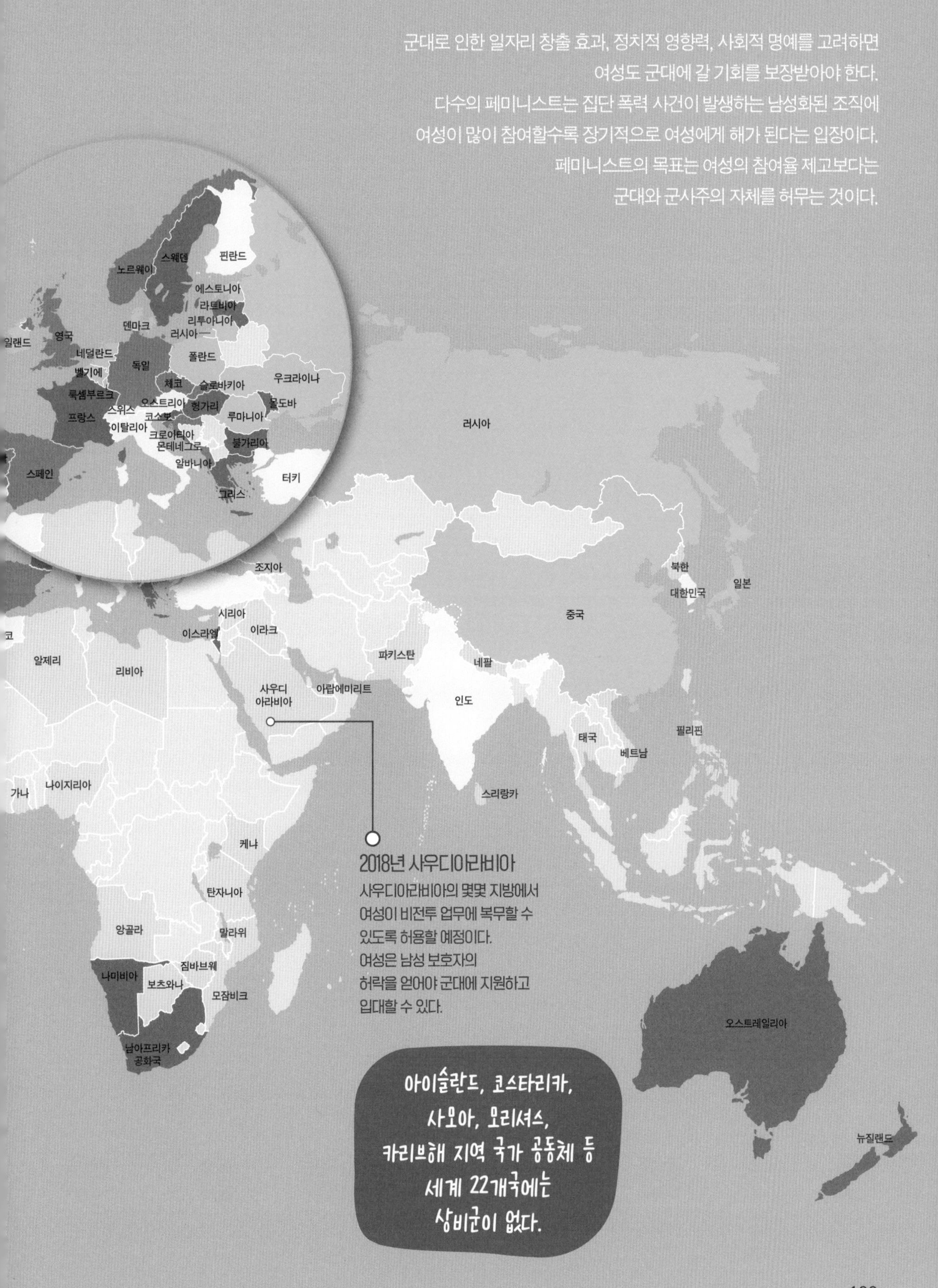

중앙 정부에 진출한 여성

입법부가 양원제일 경우 중앙 정부 선출직에서 여성 비율
2017년 6월

느린 발전

입법부가 양원제일 경우 중앙 정부에 진출한 여성의
세계 평균 비율

러시아의 첫 여성 대통령은?
아직 없음
중국의 첫 여성 주석은?
아직 없음
러시아
카자흐스탄
몽골
우즈베키스탄
키르기스스탄
조지아
아르메니아
아제르바이잔
투르크메니스탄
타지키스탄
터키
북한
일본
대한민국
키프로스
레바논
이스라엘
팔레스타인
몰타
시리아
이라크
이란
아프가니스탄
요르단
쿠웨이트
바레인
카타르
아랍에미리트
사우디 아라비아
파키스탄
네팔
부탄
중국
리비아
이집트
인도
방글라데시
미얀마
라오스
태국
베트남
캄보디아
필리핀
오만
차드
수단
에리트레아
예멘
지부티
중앙 아프리카 공화국
남수단
에티오피아
스리랑카
몰디브
브루나이
말레이시아
싱가포르
팔라우
우간다
소말리아
케냐
콩고
콩고 민주 공화국
르완다
부룬디
탄자니아
세이셸
인도네시아
파푸아 뉴기니
동티모르
코모로
앙골라
말라위
잠비아
마다가스카르
모리셔스
나미비아
짐바브웨
보츠와나
모잠비크
스와질란드
남아프리카 공화국
레소토
오스트레일리아
뉴질랜드
마셜 제도
나우루
미크로네시아 연방
키리바시
솔로몬 제도
투발루
사모아
바누아투
피지
통가
라이베리아
아프리카 최초의 여성 대통령 엘렌 존슨 설리프
1st
2005
쿠웨이트
장관으로 임명된 최초의 여성 마수마 알무바라크
1st
2005
르완다
여성이 다수(56%)를 차지하는 정부를 구성한 최초의 국가
1st
2008
아이슬란드
아이슬란드 최초의 여성 총리이자 세계 최초의 동성애자 정부 수반 요한나 시귀르다르도티르
1st
2009
사우디아라비아
여성이 최초로 공직에 출마하고, 지방 선거에 투표권을 행사할 수 있게 됨.
1st
2015

장관직에 오른 여성들

여성 장관 비율이 30%가 넘는 국가
2015년

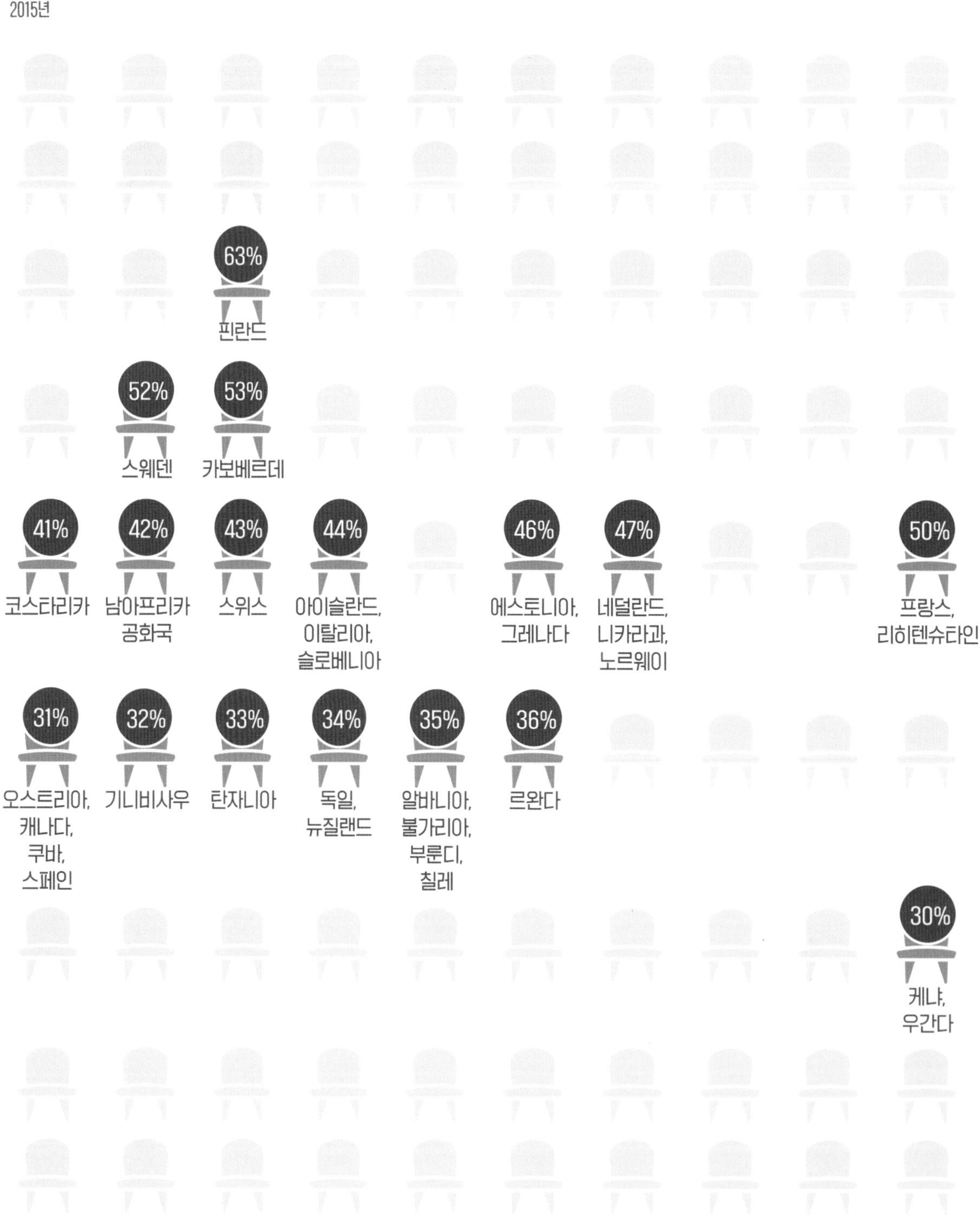

유럽 의회

유럽 의회에 파견된 각국 여성 대표 비율

2017년 2월

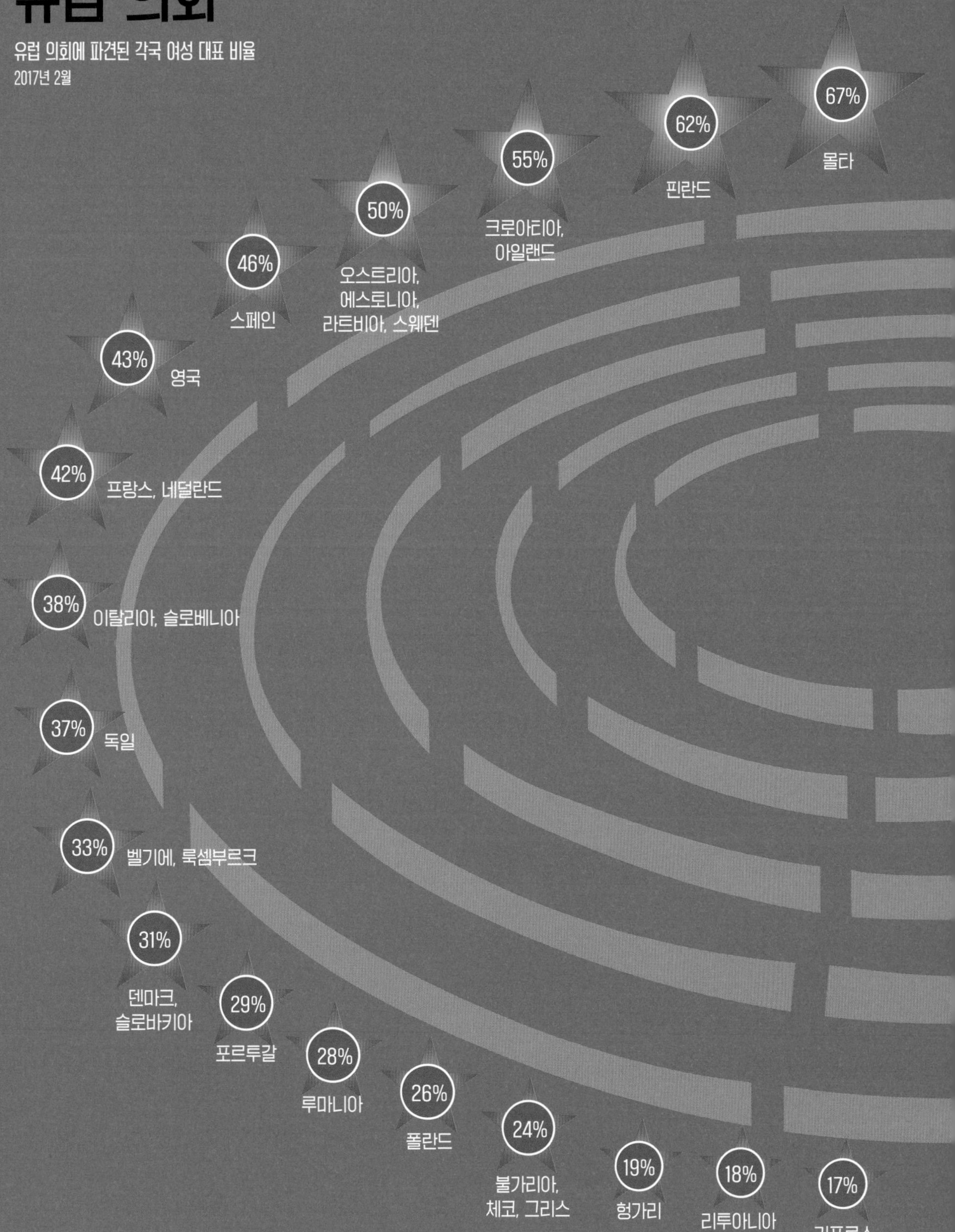

67%
몰타

62%
핀란드

55%
크로아티아,
아일랜드

50%
오스트리아,
에스토니아,
라트비아, 스웨덴

46%
스페인

43%
영국

42%
프랑스, 네덜란드

38%
이탈리아, 슬로베니아

37%
독일

33%
벨기에, 룩셈부르크

31%
덴마크,
슬로바키아

29%
포르투갈

28%
루마니아

26%
폴란드

24%
불가리아,
체코, 그리스

19%
헝가리

18%
리투아니아

17%
키프로스

중앙 정부의 젠더 할당제

젠더 할당제는 중앙 정부 내 여성의 대표성을 높이기 위한 제도

2017년

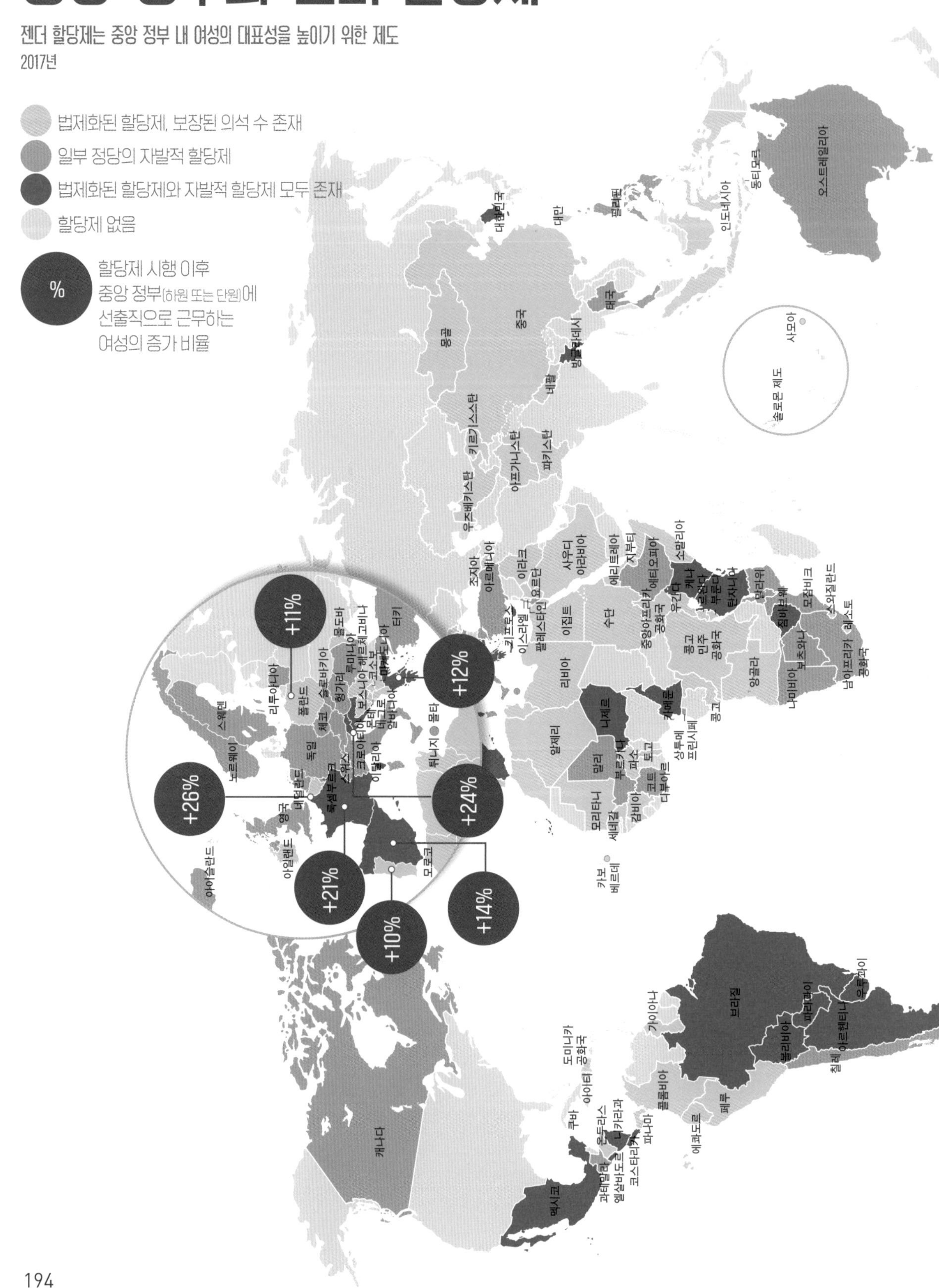

국제연합의 여성들

부국장급(D1) 이상 여성 고위 간부 비율
2015년

페미니즘

50
캐나다
653
미국
24
멕시코
1
버뮤다
1
바하마
4
푸에르토리코
1
케이맨 제도
3
미국령 버진아일랜드
1
과테말라
1
베네수엘라
1
아루바
1
보나이러
2
세인트키츠 네비스
7
코스타리카
3
콜롬비아
1
가이아나
2
에콰도르
2
페루
2
브라질
1
볼리비아
1
파라과이
2
칠레
1
아르헨티나
1
우루과이

2
아이슬란드
4
노르웨이
1
핀란드
18
영국
2
스웨덴
1
라트비아
1
덴마크
1
리투아니아
3
네덜란드
4
아일랜드
1
벨기에
12
독일
1
체코
3
폴란드
1
벨라루스
1
슬로바키아
10
프랑스
1
오스트리아
1
헝가리
1
루마니아
1
스위스
1
슬로베니아
1
세르비아
1
코소보
1
불가리아
6
포르투갈
3
스페인
1
크로아티아
4
이탈리아
2
그리스
1
모로코

1
조지아
1
레바논
1
이스라엘
1
이라크
1
이집트
1
요르단
2
사우디아라비아
1
카타르
1
나이지리아
1
라이베리아
1
가나
1
우간다
1
콩고 민주 공화국
1
르완다
2
케냐
3
탄자니아
1
잠비아
2
말라위
1
짐바브웨
1
나미비아
1
보츠와나
1
마다가스카르
3
남아프리카 공화국

2
남극 대륙

I DIDN'T COME THIS FAR TO ONLY COME THIS FAR.
SOLIDARITY
#WOMENSMARCH
#BRASILIA PODE
FIGHT like a GIRL
NASTY WOMEN UNITE!
NASTY WOMEN FOR PROGRESS
WOMEN'S RIGHTS ARE
PUSSY GRABS
THEY TRIED TO BURY US. THEY DIDN'T KNOW

2017년 1월 21일 행진하는 여성들

각국에서 있었던 행진 수 추정치

여성은 사회 정의 실현과 여권 신장을 위해
연구와 교육을 바탕으로 선거, 직장, 사적 모임, 예술, 문학, 법정
그리고 거리에서 연대하고 있다.

2017년 1월 21일 약 600만 명의 사람들이 거리로 나섰다.
도널드 트럼프가 미국 대통령에 당선되자
이에 대한 반발로 시작된 행진은
반극우적, 반인종주의적인 여성 인권 시위로 발전해
전 세계로 퍼졌다. 소수만 모인 시위도 있었지만,
많은 도시에서 수천 명의 시위 인파가 거리를 채웠다.

러시아 1
일본 2
대한민국 3
중국 1
인도 21
라오스 1
마카오 1
홍콩 1
미얀마 1
태국 2
베트남 3
필리핀 1
캄보디아 1
싱가포르 1

모리셔스 1
오스트레일리아 4

UNEXPLAINED LAUGHTER DISRUPTS THE PATRIARCHY

FEMINISM THE RADICAL NOTION THAT

역자 후기

《말을 듣지 않는 남자 지도를 읽지 못하는 여자》라는 심리학 서적이 한동안 인기였습니다. 여성은 정말 선천적으로 남성보다 길을 못 찾고 지리 문맹이 많은 걸까요? 약 100년 전까지만 해도 중국에서는 딸이 태어나면 '전족'을 시키는 악습이 있었습니다. 제대로 걷기도 힘들었던 중국 여성에게 지도는 무용지물이었을 것 같습니다.
하지만 최근 뇌 과학 연구에 의하면, 길을 찾고 지도를 읽는 능력은 후천적으로 길러지는 경우가 많다고 합니다. '지도 못 읽는 여자'라는 표현은 여성의 이동성을 제한하고 여성 능력을 억압하는 편견일 수 있습니다. 실제로 노르웨이, 스웨덴 같은 양성평등 국가에서는 여성도 남성 못지않게 지도를 잘 읽고 길을 잘 찾는다고 하니까요.

지금은 세계 100개국을 답사한 공간 전략가로서 세계 어디를 가든 지도부터 구하고 낯선 곳에서도 길을 잘 찾지만, 제가 처음부터 지도를 좋아한 건 아니었습니다. 어린 시절에는 차멀미가 심해 먼 곳 가기를 두려워했고요, 비록 말괄량이 삐삐를 좋아했지만, 지도만 보면 머리가 아팠던 길치 소녀였습니다. 대학에서 어쩌다 지리학을 전공하긴 했지만, 지도와는 거리가 멀었던 제가 세계 지도를 펼치기 시작한 것은 20대 중반 무렵이었습니다.
'워킹맘의 지옥'으로 악명 높은 한국에서 이력서에 단 하루도 비는 날이 없을 정도로 최선을 다해 살아왔지만, 캄캄한 절망 속에서 앞이 보이지 않을 때가 많았습니다. 하지만 위기의 순간마다 지도를 펼치면 신기하게 살길이 열리더라고요. 실제로 한국에서는 아무리 약을 먹고 치료를 받아도 낫지 않던 병이 해외로 나가면 바로 좋아지는 기적도 여러 차례 경험했으니, 세계 지도는 인생 역전의 도구이자 만병통치약이 확실합니다.

'여성을 위한 선진국'이 과연 존재할까? 질문을 던지고 싶을 정도로 경제적으로 발전했다고 바로 여성이 살기 좋은 나라가 되는 건 아닌 것 같습니다. 오죽하면 페미니즘의 온상이었던 영국을 대표하는 작가 버지니아 울프가 "여성에게 조국은 없다."라고 한탄했을까요?
실제로 정치 경제적으로는 세계 최강국인 미국조차 여성의 눈으로 보면 후진국일 수 있습니다. 미국에서는 대부분의 선진국에서 떨어지는 추세인 산모 사망률이 유독 증가하고 있습니다. 특히 흑인 산모의 사망률이 아프리카 국가 수준으로 높게 나타납니다. 일하는 여성이 많은 나라지만 출산 휴가를 제대로 보장하지 않고, 미국 일부 주에서는 소녀의 조혼을 장려하는 시대착오적 법안이 존재하기도 합니다.
한편 같은 유럽이더라도 여성의 현실은 국가에 따라 많이 다른 상황입니다. 예를 들어 말괄량이 삐삐가 환영받는 노르웨이, 스웨덴, 독일 등은 여성 인권 선진국이지만, 여성에 대한 편견이 심한 이탈리아, 그리스 등 남유럽에서는 성 격차가 여전히 큽니다.

《지금 여성》 지도책은 한국 여성이 처한 현실을 다채로운 지도를 통해 정확하게 보여 주고, 또 앞으로 나아갈 방향도 분명하게 제시합니다. 비록 한국은 일자리나 소득 부문, 고위직 여성 비율 등에서 남녀 간 성별 격차가 여전히 크지만, 전반적인 여성의 건강과 교육 수준은 빠르게 향상되어 이제 선진국과 어깨를 나란히 합니다. 한국의 유아 사망률은 세계 최저 수준이고, 한국 여성의 평균 수명은 한국 남성보다 높습니다. 또한 한국은 남아 선호 사상으로 왜곡된 성비를 한 세대 만에 바로잡은 역동적인 나라이기도 합니다.
한편 한국은 세계에서 여성이 가장 성형 수술을 많이 하는 나라이기도 한데요, 안타깝게도 성형, 미용 산업이 발달한 나라에서 여성의 정치 경제적 지위가 획기적으로 높아진 사례는 찾기 어렵습니다.

글로리아 스타이넘, 앨리스 워커, 노벨 평화상 수상자 레이마 그보위 등 전설적인 페미니스트들이 강력하게 추천하는 《지금 여성》은 삶의 변화를 꿈꾸는 모든 여성의 필독서입니다. 아직은 모두가 자유롭게 꿈을 펼치고 살아가기 어려운 세계에서 고군분투하는 페미니스트들에게 이 책에 등장하는 지도들은 강력한 무기가 될 수 있습니다. 화장실, 교육, 건강, IT, 전쟁, 성폭력, 뷰티 산업 등 다양한 분야를 넘나들며 어떤 나라가 여성으로 살아가기에 더 안전하고 행복한지 안내해 줄 뿐 아니라 열악한 환경에서 고통스럽게 살아가는 다른 나라 여성의 생활을 보여 줌으로써 국제적 연대와 협력을 가능하게 하니까요.

여성에 대한 뿌리 깊은 편견을 극복하고 '자기만의 방'을 마련해 당당하게 살아가고 싶은 여성에게 이 책은 한 줄기 빛이 될 겁니다. 특히 단단한 유리 천장에 부딪혀 좌절하고 아파하는 한국 여성에게 이 지도책은 캄캄한 밤길을 안내하는 등불과도 같습니다.

과거에 비하면 많이 개선됐지만, 한국은 꿈이 있는 여성에게 여전히 가혹한 사회입니다. 매년 세계경제포럼(WEF)이 발표하는 정치, 경제, 사회 각 분야 남녀 간 차이를 보여 주는 성 격차 지수(Gender Gap Index)를 보면 한국은 항상 세계 100위권 밖에 머물러 아시아에서도 최하위권입니다.
암담한 현실이라고요? 아니요, 절대 그렇지 않습니다! 한국 여성으로서 꿈을 이루기 좋은 나라가 100여 개국이나 된다니……!
아무리 힘든 상황에서도 세계 지도를 펼치면 절망이 희망으로 바뀝니다. 특히 여성이 일하기 힘든 한국 사회에서도 꿋꿋이 살아남은 여성이라면 전 세계 어디를 가든 성공할 확률이 높지 않을까요? 반면 양성평등적인 나라에서 태어나 차별을 덜 경험한 외국 여성이 한국에 살면 매일 열 받을 일 천지일 겁니다.

'여성, 지리학자, 동남아 연구자'.
한국 학계에서는 비주류의 요건을 완벽하게 갖춘 아웃사이더였던 저 역시도 지도를 펼치고 세계로 나가자 상황이 반전됐습니다. 서구 학자들이 연구하지 않았던 새로운 지역을 개척하고 세계 인구의 49.6%에 달하는 여성의 입장을 대변하는 '오리진 지리학자'로 국제적 인정을 받게 됐으니까요. 한국, 일본, 대만, 동남아 국가뿐 아니라 세계 인구의 90%가 살아가는 제3세계 전문가, 영어, 일어, 독어 등 강대국의 언어뿐 아니라 베트남어, 마인어까지 구사하는 현장에 강한 지리학자라는 점을 서구 학계는 높게 평가했습니다. 특히 동남아 무슬림인 미낭카바우족 모계 사회, 멕시코의 테우안테펙 모계 사회 등 지도에도 나오지 않는 오지에서 수행한 연구로 국제 학계와 해외 언론의 주목을 받았습니다. 그저 생존을 위해 세계 지도를 펼치고 숨을 쉴 수 있는 공간을 찾아 나선 것이 해외 유명 출판사에서 책을 출판하고, 세계적 석학들이 기대하는 소장 학자로 성장하는 발판이 되었습니다.

요즘 K-팝, 영화 등 문화 영역에서뿐만 아니라 많은 분야에서 한국의 위격이 대단합니다. 하지만 빛이 강하면 그림자도 짙은 법입니다. 한국은 어린아이부터 노인까지 치열한 생존 경쟁이 일상화된 사회입니다. 가족과 함께 편안히 쉴 집 한 칸, 생계를 이어 갈 일자리 구하기도 어려운 게 현실입니다. 세계에서 가장 높은 수준의 자살률과 최저 수준의 출생률은 우리가 겪고 있는 고통을 단적으로 보여 주는 통계입니다.

부디 이 지도책을 통해 남녀가 서로를 이해하고 마음을 합치는 계기가 생기고, 우리 사회의 많은 문제를 함께 해결하길 바랍니다. 나아가 우크라이나를 비롯해 전 세계에서 벌어지는 잔혹한 전쟁이 종식되고 온 세상이 어머니의 마음처럼 좀 더 너그럽고 평화로워지면 좋겠습니다.

최근 한국에서는 세대, 지역, 계층 간 격차가 벌어지며 다양한 갈등과 충돌이 빚어지고 있습니다. 특히 2022년 3월 대통령 선거를 거치며 여성가족부 폐지를 둘러싼 논란이 증폭되고, 젠더 이슈를 둘러싼 갈등도 극심해졌습니다. 이러한 상황에서 그동안 제대로 주목하지 않았던 여성의 세계를 드러내고 다양한 젠더 이슈를 창의적인 방식으로 다채롭게 표현한 《지금 여성》은 남녀가 서로를 이해하고 대화를 나누는 시작이 될 수 있습니다. 특히 최신 통계와 정확한 수치에 기초해 그려진 지도들은 전 세계 여성이 일상에서 매일 경험하는 고충과 문제 상황을 선명하게 드러내고 한국 여성이 직면한 현실을 직시하게 합니다.

《지금 여성》의 저자인 페미니스트 지리학자 조니 교수가 책을 보고 응원의 메시지를 보내왔습니다.

> "멋진 책이 나왔네요. 특히 표지가 아주 매력적이라고 생각해요. 이번에 한국에서 출간되는 지도책이 현재 도움이 절실한 한국의 페미니스트들에게 큰 힘이 될 것 같아 저자로서 정말 행복합니다. 고맙습니다. 조니."
>
> (This looks great. I think it's a quite striking cover. And right now South Korea feminists need as much support as they can get! So I'm really happy it's going to be published there. Thank you. Joni.)

한국에서 여러 분야의 퍼스트 펭귄으로 고달프게 살아온 인생을 돌아보니 힘든 일도 많았지만 감사할 일도 많습니다. 제가 많이 아플 때 동아일보에 <김이재 교수의 지도 읽어 주는 여자> 칼럼을 연재하도록 도와준 손효림 기자님에게 고마운 마음을 전합니다. 《지금 여성》 지도책 번역 과정에서 도움을 준 김선영, 김예지, 조서영, 김지수, 김영남, 박준석을 비롯해 2010년 어렵게 개설된 <젠더와 지리 교육> 대학원 강의를 수강한 경인교육대학교 대학원생에게도 많은 영감을 받았습니다. 어려운 출판 환경에서 꾸준히 지도책을 출간해 온 청아출판사 이상용 대표님과 편집팀에도 감사의 마음을 전합니다.

서울국제여성영화제(SIWFF)를 창설해 20여 년간 공들여 세계적 행사로 키우고, 지금은 서울여담재 초대 관장으로 잊힌 여성들의 역사를 재조명하고 공유하기 위해 새로운 공간을 개척하고 계신 사단법인 여성문화예술기획 이혜경 이사장님의 추천사로 글을 마무리할까 합니다.

> "그동안 숨 가쁘게 앞만 보고 달려온 한국 여성계가 하나 놓친 게 있다. 바로 지도다. 세계 속 한국 여성의 위치를 정확하게 보여 주고 앞으로 나아갈 방향까지 분명하게 제시하는 이 책을 만난 건 우리 모두에게 행운이다."

지금 한국 사회에 꼭 필요한 책이 딱 좋은 시기에 나오게 되어 저도 정말 기쁩니다.

새봄 《지금 여성》 지도책을 펼치고 새로운 여정을 시작하는 그대에게 행운의 여신이 늘 함께하길 기원합니다.

2022년 4월

김이재

출처

세계 속의 여성

12~13 차별 종식

CEDAW - United Nations Treaty Collection; Hearing before the subcommittee on human rights and the law. Committee on the Judiciary. Nov 18, 2010. US Senate Hearing 111-1143; Poso ML. Palau takes time to ratify the CEDAW. April 19, 2010. www.mvariety.com; WUNRN. Tonga - Ongoing debate over CEDAW ratification, reflects US CEDAW challenges on a smaller scale. Feb 1, 2016. wunrn.com; Women's Committee of the National Council of Resistance of Iran. CEDAW: Why the Iranian Regime does not join the CEDAW. March 2016. http://women.ncr-iran.org; Sudan: Bahsir says Sudan will not sign CEDAW Convention. Jan 14, 2001. allafrica.com

14~15 성차별 측정, 세계 성 격차 지수

World Economic Forum. The Global Gender Gap Report 2017.

16 여성에 관한 차별

OECD. Social Institutions and Gender Index, Synthesis Report 2014. 2015.

17 기대 수명

UNDP. Human Development Report, 2016; UN. The World's Women 2015: Trends and Statistics.

18~19 레즈비언의 권리, 이분법을 넘어서는 성 정체성

Ahnam T. Transgender rights, Bangladesh style. July 2, 2015. www.nytimes.com; Amnesty International. Gender, Sexuality, and Identity. www.amnestyusa.org/issues/gender-sexuality-identity/; Amnesty International Report 2016/17. State of the World's Human Rights; Chiam Z et al. Trans Legal Mapping Report 2016: Recognition before the law. Geneva: ILGA, Nov 2016; Eddy M and Bennett J. Germany must allow third gender category. Nov 8, 2017. www.nytimes.com

20~21 동성애자의 법적 지위, 후발주자

Carroll A. and Mendos LR. State Sponsored Homophobia 2017: A world survey of sexual orientation laws: criminalisation, protection and recognition. Geneva: ILGA. May 2017; International Lesbian and Gay Association. Sexual Orientation Laws. http://ilga.org/what-we-do/maps-sexual-orientation-laws/

22~23 결혼, 비혼

UN Population Division. World Marriage Data 2015.

23 늦어지는 결혼

UN Economic Commission for Europe. Statistical Tables. http://w3.unece.org/PXWeb2015/pxweb/en/STAT/STAT__30-GE__02-Families_households

24 쉬워진 이혼

Eurostat Divorce Indicators. 2017; Yau N. Never Been Married. Data Underload. www.flowingdata.com/2016/03/10/never-been-married/; NCHS. Cohabitation, Marriage, Divorce, and Remarriage in the United States. Series Report 23, Number 22; Raley RK et al. The Growing Racial and Ethnic Divide in US Marriage Patterns. The Future of children / Center for the Future of Children, the David and Lucile Packard Foundation. 2015, 25(2):89-109; US Bureau of Labor Statistics. Marriage and divorce: patterns by gender, race, and educational attainment. October 2013.

25 동성 결혼이 합법화된 시기, 동성 시민 동반자법

Marriage equality law passes Australia's parliament in landslide vote. Dec 7, 2017. www.theguardian.com; Pew Research Center. Gay Marriage Around the World. June 30, 2017.

26 미국의 아동 조혼

Kristof N. 11 years old, a mom, and pushed to marry her rapist. May 26, 2017. www.nytimes.com; Massachusetts Law Updates. Child Brides. https://blog.mass.gov/masslawlib/legal-topics/child-brides/; Morris A. New Hampshire House kills bill that would raise minimum marriage age to 18. 9 March 2017. www.concordmonitor.com; Tahirih Justice Center. Understanding state statues on minimum marriage age and exceptions. Updated July 11, 2017. http://www.tahirih.org; Tsui A et al. Child marriage in America by the Numbers. July 6, 2017. www.Frontline.org; McClendon D. and Sandstrom A. Child marriage is rare in the US, although this varies by state. Nov 1, 2016. www.pewresearch.org; Unchained at Last. www.unchainedatlast.org

27 세계의 아동 조혼 현황

Girls Not Brides. www.girlsnotbrides.org/about-child-marriage/; UN. The World's Women 2015: Trends and Statistics; UNICEF. Ending Child Marriage: Progress and Prospects. 2014; UNICEF Data. Monitoring the situation of children and women. data.unicef.org/topic/child-protection/child-marriage/

28~29 가족 구성원 수

Asia Foundation. A Survey of the Afghan People. 2015; Chamie J. The rise of one-person households. Feb 22, 2017. www.ipsnews.net; China. Statistical Yearbook. 2016; ESRI Demographic Data Release Notes: Botswana. Average Household size; EUROSTAT. Household Composition Statistics. 2016; Government of Canada. 2016 Census Topic: Families, households and marital status; Government of Hong Kong. Living Arrangement and Household Characteristics; Government of Nepal. Central Bureau of Statistics. 2016; Iran Census. 2016; Living alone EUROSTAT. Household Composition Statistics. 2016; OECD Family Database; Office for National Statistics, UK. Families and Households: 2017; UNFPA. Lao People's Democratic Republic. http://lao.unfpa.org/en

30 불평등한 가정

Eurostat Statistics Explained. Quality of Life in Europe. 2015; US Census Bureau. Income and Poverty in the United States: 2016. Table B-1.

31 난민

UNHCR. Global Report 2016; UNHCR. Syria Regional Refugee Response. Feb 22, 2018. UNHCR. Statistical Database; UNRWA In Figures 2017; UNHCR. Iraq Refugee Crisis; UNHCR. Inside the world's 10 largest refugee camps; UNHCR. Dadaab - Kenya: Camp Population Statistics (31 Jan 2017); UNHCR. South Sudan Situation; Where are the Syrian refugees? May 4, 2017. www.aljazeera.com

32~33 위기 지역

Human Rights Watch. World Report 2018; ReliefWeb. www.reliefweb.int/countries; UN Office for the Coordination of Humanitarian Affairs. Global Humanitarian Overview 2018; UN General Assembly. Human Rights Council. Report of the commission of inquiry on human rights in the Democratic People's Republic of Korea. Feb 7, 2014.

34 평화 조정자

Council on Foreign Relations. Women's Roles in Peace Processes.

34 평화 유지

Saghal quote is from: Jordan M. Sex charges haunt UN forces. Nov 26, 2004. www.csmonitor.com; Taylor S. Dispatches: A Year of Reckoning on Sexual Abuse by UN Peacekeepers. Human Rights Watch. Dec 22, 2015; United Nations Peacekeeping: Gender

철저하게 통제당하는 여성

38~39 통제의 왕국

Begum R. The brave female activists who fought to lift Saudi Arabia's driving ban. Sept 29, 2017. www.hrw.org; Hubbard B. Once shunned as "drivers", women who fought ban now celebrate. Oct 7, 2017. www.nytimes.com; Human Rights Watch. Women's Rights. Boxed In: Women and Saudi Arabia's Male Guardianship System. July 16, 2016; Saudi police "stopped" fire rescue. March 15, 2002. www.bbc.co.uk/news; Saudi women will need permission from male "guardians" to drive. Sept 27, 2017. www.alaraby.co.uk; World Bank. Women, Business and the Law.

40 기혼 여성에 대한 법적 구속

DR Congo: Women's Situation. www.thekvinnatillkvinnafoundation.org/country/dr-congo/womens-situation/; Human Rights Watch. Letter regarding the human rights situation in Sudan during the 36th session of the UH Human Rights Council. Sept 21, 2017; Moaddel M. The birthplace of the Arab spring: values and perceptions of Tunisians and a comparative assessment of Egyptian, Iraqi, Lebanese, Pakistani, Saudi, Tunisian, and Turkish publics. College Park, MD: University of Maryland, 2013.

41 복장 단속, 여론

Bruce-Lockhart A. Five countries with the strictest dress codes. World Economic Forum. Jan 7, 2016; Pew Research Center. Restrictions on Women's Religious Attire. Sept 21, 2017.

42 '명예'살인

Honor Based Violence Awareness Network. www.hbv-awareness.com; Honor Killings: Tradition and Law. www.sites.tufts.edu/anth27h/honor-killing-today; Nasrullah M et al. The epidemiological patterns of honour killing of women in Pakistan, European Journal of Public Health, Volume 19, Issue 2, April 1, 2009, 193-197; US Department of State. Country Reports on Human Rights Practices.

43 '정당화'된 구타, 신고하는 여성

UN. The World's Women 2015: Trends and Statistics.

44 국가별 가정폭력 현황

UN. The World's Women 2015: Trends and Statistics.

45 지역별 가정폭력 현황

Bunch C. Women's Rights as Human Rights: Toward a Re-Vision of Human Rights. Human Rights Quarterly, Vol. 12, No. 4, Nov. 1990: 486-498; WHO. Global Health Observatory. Intimate Partner Violence Prevalence. Data by WHO region.

46 친밀한 관계에서의 학대

Breiding M. et al. Prevalence and Characteristics of Sexual Violence, Stalking, and Intimate Partner Violence Victimization - National Intimate Partner and Sexual Violence Survey, United States 2011. CDC. Sept 5, 2014; Chauhan R. and Baraik VK. Mapping Crime against Women in India: Spatio-Temporal Analysis, 2001-2012. Development, 246. 2016; National Coalition Against Domestic Violence. Facts about domestic violence. www.ncadv.org/statistics; National Crimes Record Bureau. Chapter 5 Crime Against Women. www.ncrb.gov.in/StatPublications/CII/CII2015/chapters/Chapter%205-15.11.16.pdf; Office for National Statistics. Domestic abuse in England and Wales, year ending March 2016; Rauhala E. Despite a new law, China is failing survivors of domestic violence. Feb 7, 2017. www.washingtonpost.com

48~49 강간범과의 강제 결혼법, 처벌받지 않는 강간죄

www.abaadmena.org; Barad E et al. Gender-Based Violence Laws in Sub-Saharan Africa. 2007; Equality Now. The World's Shame: The global rape epidemic; Sengupta S. One by One, Marry-Your-Rapist Laws Are Falling in the Middle East. July 22, 2017. www.nytimes.com; World Bank. Women, Business, and the Law. 2016.

50~51 강간

Institute for Security Studies. Rape and other forms of sexual violence in South Africa. 2014; Middleton L. Corrective Rape: Fighting a South African Scourge. March 8, 2011. www.time.com; Raj A. et al. Sexual violence and rape in India. The Lancet, Volume 383, Issue 9920, 865; Smith SG. et al. The National Intimate Partner and Sexual Violence Survey (NISVS): 2010-2012 State Report. National Center for Injury Prevention and Control. 2017; South African Medical Research Council. Understanding men's health and the use of violence; United Nations, 2015. The World's Women 2015: Trends and Statistics; World Health Organization. Global and regional estimates of violence against women: prevalence and health effects of intimate partner violence and non-partner sexual violence. 2013.

52 전쟁 지역의 강간

Goetz AM. Inciting soldiers to rape in the Philippines. June 6, 2017; www.opendemocracy.net; Enloe C. Maneuvers: The international politics of militarizing women's lives. Berkeley: University of California Press, 2000; Human Rights Watch. "They said we are their slaves". Oct 5, 2017; Report of the UN Secretary-General on Conflict-Related Sexual Violence. April 15, 2017; Storr W. The rape of men: the darkest secret of war. July 16, 2011. www.theguardian.com; Thomas DQ and Regan ER. Rape in War: Challenging the Tradition of Impunity. SAIS Review 1994, 82-99; Women's Media Centre. Women Under Siege. Witness Reports: Bosnia.

53 집 안의 강간범

Centers for Disease Control. Intersection of intimate partner violence and HIV in women; Equality Now. The Global Rape Epidemic. 2017; Kentish B. Indian government files legal papers to try to stop marital rape being outlawed. Sept 1, 2017. www.independent.co.uk; Sarkar M and Torre I. Marital rape: Where in the world is it legal? May 2, 2015. www.edition.cnn.com; United Nations, 2015. The World's Women 2015: Trends and Statistics; UN Office on Drugs and Crime (UNODC). Statistics on justice and prison reform; Women Living Under Muslim Laws. Iran: Gender discrimination at its worst. 2014.

54~55 여성 살인

Refuge. www.refuge.org.uk/get-help-now/what-is-domestic-violence/domestic-violence-the-facts/; National Coalition against Domestic Violence; Petrosky E. et al. Racial and Ethnic Differences in Homicides of Adult Women and the Role of Intimate Partner Violence - United States, 2003-2014. MMWR Morbidity and mortality weekly report 2017. 66 (28), 741-746; Salfati C. et al. Prostitute homicides: A descriptive study. Journal of Interpersonal Violence 23.4 (2008): 505-543; Small Arms Survey. Nov 2016. A Gendered analysis of violent deaths. Number 63. November 2016; Statistics Canada. Prostitution Offences in Canada: Statistical Trends; The silent nightmare of domestic violence in Russia. March 1, 2013. www.bbc.com; US Department of State. Country Reports on Human Rights Practices; Vagianos A. 30 Shocking domestic violence statistics that remind us it's an epidemic. June 12, 2017. www.huffingtonpost.com; Violence Policy Center. When Men Murder Women: An analysis of 2015 homicide data. 2017; Waiselfisz JJ. Mapa da Viol ncia 2015: Homic dio de mulheres no Brasil. www.flasco.org.br

56 결혼 지참금 살인

24,771 dowry deaths reported in last 3 years. July 31, 2015. www.indianexpress.com; Corraya, S. In Bangladesh, 87 per cent of women victims of domestic violence. 02/03/2014. www.asiannews.it; Nigam, C. 21 lives lost to dowry every day across India: conviction rate less than 35 per cent. April 22, 2017. www.indiatoday.in; Rao, H. The wedding ritual that kills 2,000 brides in Pakistan every year. Dec 30, 2016. www.en.dailypakistan.com; Violence against women: Dowry. www.askbd.org/ask/2017/01/08/dowry-january-december-2016/

57~58 여성을 억압하는 근본주의

Abdelaziz S. ISIS states its justification for the enslavement of women. Oct 13, 2014. www.cnn.com; Amnesty International. Iraq: Yezidi survivors of horrific abuse in IS captivity neglected by international community. Oct 10, 2016. www.amnesty.org; Amnesty International. Escape from Hell: Torture and sexual slavery in Islamic State captivity in Iraq. 2014. www.amnesty.org.uk; Human Rights Watch. April 5, 2016. Iraq: Women suffer under ISIS. www.hrw.org; Mahmood M. Double-layered veils and despair… women describe life under ISIS. Feb17, 2015. www.theguardian.com; Otten C. The Long Read: Slaves of ISIS. July 25, 2017. www.theguardian.com; The Crisis Group. Women and the Boko Haram Insurgency; UNICEF. Use of children as "human bombs" rising in north east Nigeria. August 22, 2017; Warner J and Matfess H. Exploding Stereotypes: The unexpected operational and demographic characteristics of Boko Haram's suicide bombers. Combatting Terrorism Center. www.ctc.usma.edu

출생권과 임신 중지

60~61 출생

World Bank. Data. Fertility Rate, Total.

62 첫 출산 나이

CIA World Factbook. Mother's mean age at first birth.

62 급변하는 출생자 수

World Bank. Data. Fertility Rate, Total.

63~65 여전히 피임은 여성의 책임, 피임의 종류, 피임법 활용

UN/ DESA. Population Division. World Contraceptive Use 2017.

64 피임법의 변화

Contraception and family planning around the world - interactive. www.theguardian.com

66 2020 가족계획 사업

Clinton Foundation. Family Planning Market Report. August 2016.

67 부족한 피임 기구

UN/DESA. Population Division. World Contraceptive Use 2017; Guttmacher Institute. Adding It Up: Investing in Contraception and Maternal and Newborn Health, 2017. July 13, 2017.

68~69 출산 중 산모 사망

Amnesty International. Deadly Delivery: The Maternal Health Care Crisis in America. 2010; CDC. Reproductive Health; Creanga AA. et al. Maternal Mortality and Morbidity in the United States: Where Are We Now? Journal of Women's Health. January 2014, 23(1): 3-9.

69 위험 지역

WHO. GHO data. Skilled attendants at birth; WHO. Health Service Coverage, data by country; UNICEF. Maternal Mortality.

70 인종, 장소, 민족 그리고 죽음

Amnesty International. Deadly Delivery: The Maternal Health Care Crisis in America. 2010; Australia Institute Health and Welfare. Humphrey MD. et al. Maternal deaths in Australia 2008-2012. Maternal deaths series no. 5. Canberra: AIHW; CDC. Reproductive Health; Creanga AA. et al. Maternal Mortality and Morbidity in the United States: Where Are We Now? Journal of Women's Health. January 2014, 23(1): 3-9; Creanga AA. et al. Pregnancy-related mortality in the United States, 2006-2010. Obstetrics and Gynecology, 125(1): 5-12. 2015; Knight M. Maternal mortality and severe morbidity in the UK: Trends and key messages for care. 2015. www.iss.it/binary/moma/cont/Knight.pdf; Morrison J. Race and Ethnicity by the Numbers. Americas Quarterly. 2012; Singh GK. Maternal Mortality in the United States, 1935-2007. Rockville, MD: US Department of Health and Human Services. 2010.

72~73 임신 중지법

Australia: Children by Choice. www.childrenbychoice.org.au; Guttmacher Institute. International abortion: Legality and Safety; Sedgh G. et al. Abortion incidence between 1990 and 2014: Global, regional, and subregional levels and trends. The Lancet, 2016; World Abortion Laws 2017. Center for Reproductive Rights.

72 남성의 동의

WHO. Global Abortion Policies Database; Gynopedia. Taiwan; Women on Waves. Abortion Law: Malawi.

74 누가 임신 중지를 하는가?

Guttmacher Institute. www.data.guttmacher.org/regions; Sedgh G. et al. Abortion incidence between 1990 and 2014: Global, regional, and subregional levels and trends. The Lancet, 2016.

75 안정성과 접근 가능성

Boseley S. Almost half of all abortions performed worldwide are unsafe, reveals WHO. Sept 27, 2017. www.theguardian.com; Ganatra B. et al. Global, regional, and subregional classification of abortions by safety, 2010-14. The Lancet. Sept 27, 2017; WHO. Fact Sheet. www.who.int/mediacentre/factsheets/fs388/en/

76 임신 중지가 불법이던 시절로 돌아가자

Feminist Majority Foundation. 2016 National Clinic Violence Survey. February 2017; Guttmacher Institute. United States: Abortion; Holter L. Abortion Apocalypse: 7 states have just one abortion clinic and some are in danger of closing. Aug 11, 2017. www.refinery29.com

77 남아 선호

Newport F. Americans prefer boys to girls, just as they did in 1941. June 23, 2011. www.news.gallup.com

78 인도의 극심한 남아 선호

Census of India.

79 남자 신생아가 더 많은 중국

UNICEF. Children in China: An Atlas of Social Indicators. 2014.

78~79 사라진 딸들

Bongaarts J. and Guilmoto CZ. How many more missing women? Excess female mortality and prenatal sex selection, 1970-2050. Population and Development Review 41.2 (2015): 241-269.

80 비정상적인 선택

Alkema L. et al. National, regional, and global sex ratios of infant, child, and under-5 mortality and identification of countries with outlying ratios: a systematic assessment. The Lancet Global Health 2.9 (2014): e521-e530; Brink S. Selecting Boys over Girls is a Trend in More and More Countries. Aug 25, 2015. www.npr.org; Bongaarts J and Christophe ZG. How many more missing women? Excess female mortality and prenatal sex selection, 1970-2050. Population and Development Review 41.2 (2015): 241-26; Hudson V. and Den Boer A. When a boy's life is worth more than his sister's. Foreign Policy. July 30, 2015. Foreignpolicy.com; UNFPA. Gender-biased sex selection: Overview; UNFPA. Sex Imbalances at Birth. 2012.

몸의 정치학

82~83 올림픽과 여성

Center for Human Rights in Iran. Iranian women made history at Rio Olympics. Sept 5, 2016; Factsheet, Women in the Olympic movement, update - January 2016. www.olympic.org; Mooallem J. Once prohibited, women's ski jumping set to take flight. Feb 1, 2018. www.nytimes.com; Shepherd S. Kicking Off: How Women in Sport Are Changing the Game. Bloomsbury, 2016; Think Again Graphics. 2016. The Gender Games.

84~85 한 걸음 앞으로

Acosta V. and Carpenter L. Women in Intercollegiate Sport. A Longitudinal, National Study, Thirty-Seven Year Update. 1977-2014. Unpublished manuscript. www.acostacarpenter.org; Allen, S. John McEnroe: Serena Williams world's best woman tennis player, but would rank "like 700" among men. June 25, 2017. www.chicagotribune.com; Caple, N. et al. Gender, race, and LGBT inclusion of head coaches of women's collegiate teams. A special collaborative report on select NCAA Division I conferences for the 45th anniversary of Title IX. June 2017; How women won the fight for equal prize money. www.weforum.org/agenda/2017/07/wimbledon-women-equal-prize-money/; Isidore C. Women world cup champs win way less money. July 7,2015. www.money.cnn.com; Lines A. FA in twitter storm over "sexist" tweet after welcoming back Lionesses from Women's World Cup. July 6, 2015. www.mirror.co.uk; Longman J. Number of women coaching in college has plummeted in Title IX era. Mar 30, 2017. www.nytimes.com; Press Association. Peter Alliss: Women who want to play at Muirfield should marry a member. May 20, 2016. www.theguardian.com; Rothenberg B. Roger Federer $731,000, Serena Williams $495,000. April 12, 2016. www.nytimes.com; Stark R. Where are the women? NCAA. Champion Magazine; Top 20 tennis earners. www.totalsportek.com/tennis/atp-career-prize-money-leaders

86~87 세계 미인 대회

The Great Pageant Community. thegreatpageantcommunity.com; Miss Universe. www.missuniverse.com/about; Miss World. www.missworld.com

88~89 뷰티 산업의 성장

Abraham M. The complicated ethics of being a dermatologist in a country where many people want whiter skin. Quartz India. September 8, 2017. www.qz.com; Biakolo K. Skin Lightening is a $10 billion industry and Ghana wants nothing to do with it. July 11, 2016. www.qz.com; Bocca B. et al. Toxic metals contained in cosmetics: A status report. Regulatory Toxicology and Pharmacology 68(3): 447-467. 2014; Brown A. Americans' Desire to Shed Pounds Outweighs Effort. Nov 29, 2013. www.news.gallup.com; Campaign for Safe Cosmetics. www.safecosmetics.org/get-the-facts/chem-of-concern/; Environmental Working Group. Skin Deep Cosmetics Database. www.ewg.org/skindeep/; Gallup News. Personal weight Situation. www.news.gallup.com/poll/7264/personal-weight-situation.aspx; Moss R. Two Thirds of Brits Are on a Diet "Most Of The Time", Study Shows. 10/3/2016. www.huffingtonpost.co.uk/; PR Newswire. Europe Weight Loss and Weight Management Diet Market expected to grow to $3120 million by 2025. July 13, 2017. www.prnewswire.com; The Beauty Economy Special Report. Global Cosmetics Market. www.res.cloudinary.com/yumyoshojin/image/upload/v1/pdf/the-beauty-economy-2016.pdf; Top 20 Global Beauty Companies.

www.beautypackaging.com/issues/2016-10-01/view_features/top-20-global-beauty-companies-688974; Twigg M. Where plastic is fantastic. July 5, 2007. www.businessoffashion.com; Westervelt A. Not so pretty: women apply an average of 168 chemicals every day. April 30, 2015. www.theguardian.com; Women in Europe for a Common Future (WECF) Women and chemicals: The impact of hazardous chemicals on women. 2016; WWD's Top 10 Beauty Companies of 2016. www.wwd.com; UNEP 2016. Global Gender and Environment Outlook.

90 비현실적으로 아름다운 몸만들기

American Society of Plastic Surgeons. 2016 Plastic Surgery Statistics Report; Wolpow N. Plastic surgeons are mostly men, but their patients are mostly women. Aug 16, 2017.www.racked.com; International Society of Aesthetic Plastic Surgery. International Study on Aesthetic/Cosmetic Procedures Performed in 2016.

91~94 여성 할례

Center for Reproductive Rights. www.reproductiverights.org/document/female-genital-mutilation-fgm-legal-prohibitions-worldwide; Lubis AM and Jong HN. FGM in Indonesia hits alarming level. Feb 6, 2016. www.thejakartapost.com; UNICEF. Female Genital Mutilation/Cutting Country Profiles. August 2016; UNFPA. For many girls, school holidays means FGM cutting season. Aug 10, 2017; UNFPA. Female Genital Mutilation; UNICEF. Female Genital Mutilation/ Cutting: A Global Concern. 2016; UNFPA-UNICEF Joint Programme on Female Genital Mutilation/Cutting. Accelerating Change: By the Numbers. 2016 report. July 2017; WHO. Female Genital Mutilation; Why is Malaysia still practising female genital mutilation? Feb 6, 2018. www.themalaysianinsight.com

95 경찰에 신고된 아동 성범죄 건수

UNODC. Total Sexual Offences Against Children.

95 강요된 성관계

WHO. Violence against women; UN. The World's Women 2015: Trends and Statistics.

96 섹스 관광

Child sex tourism in the world - countries. Meldkindersekstoerisme.nl; ECPAT International. www.ecpat.org/; ECPAT. Offenders on the Move: Global Study on Sexual Exploitation of Children in Travel and Tourism 2016. May 2016; UN. Report of the Special Rapporteur on the sale of children, child prostitution and child pornography. December 2, 2016.

97 매춘

Garfinkel R. A new twist on the world's oldest profession: Nab the Johns, not the prostitutes. March 13, 2017. www.washingtontimes.com; Marian J. Prostitution Laws in Europe. www.jakubmarian.com; UK House of Commons. Home Affairs Committee. Prostitution. Third Report of session 2016-17.

98~99 성매매(여성 인신매매)

Maiti Nepal. maitinepal.org/; Nazish K. Women and Girls, A Commodity: Human Trafficking in Nepal. Feb 22, 2014. www.thediplomat.com; South China Morning Post. Twin earthquakes in Nepal made it easier for traffickers to sell women into slavery. April 25, 2017. www.scmp.com; UN Treaties Depository; UNODC, Global Report on Trafficking in Persons 2016; US State Department. Trafficking in Persons Report, 2017.

100 포르노물

Darling K. IP Without IP? A Study of the Online Adult Entertainment Industry. Stanford Technology Law Review. 655 (2014)D; Dugan A. Men, Women Differ on Morals of Sex, Relationships. Social and Policy Issues June 19, 2015. www.news.gallop.com; EDsmart. Internet Pornography Stats. www.edsmart.org/pornography-stats/; PornHub Insights. 2017 Year in Review; Ruvolo J. How Much of the Internet is Actually for Porn? Forbes. Sept 7, 2011; Levine LS. Feminist Debates: Pornography. Ms. Magazine Blog. June 10, 2014. www.msmagazine.com; Wright PJ. US Males and Pornography, 1973-2010: Consumption, Predictors, Correlates. Journal of Sex Research. 2013.

건강

102~103 유방암

Data - world age-standardized rate per 100,000 women.

Ferlay J et al. Cancer incidence and mortality worldwide: Sources, methods and major patterns in GLOBOCAN 2012. International Journal of Cancer. 136: E359-E386. 2015; IARC. Global Cancer Observatory. www.gco.iarc.fr/today/home; World Cancer Research Fund International. Breast cancer statistics. www.wcrf.org

102 주간 사망자 수

IARC. Global Cancer Observatory. Estimated number of deaths, breast cancer, worldwide in 2012. www.gco.iarc.fr

104 유방암과 지역적 차이

Data - age-standardized rate per 100,000 women.

Ferlay J. et al. Cancer incidence and mortality worldwide: Sources, methods and major patterns in GLOBOCAN 2012. International Journal of Cancer. 136: E359-E386. 2015.

104 유방암과 인종, 민족의 관련성

Data - age-standardized rate per 100,000 women.

CDC. USA. Breast Cancer rates by race and ethnicity. www.cdc.gov

105 동남부 아프리카의 HIV 비율

AVERT. www.avert.org/professionals/hiv-around-world; UNAIDS. AIDsInfo. www.aidsinfo.unaids.org/; UNAIDS. Global AIDS Update 2016.

106~107 HIV 감염자의 삶

UNAIDS. AIDsInfo. aidsinfo.unaids.org/; UNAIDS. Global AIDS Update 2016; CCD. HIV in the USA: At a glance. New HIV diagnoses in the USA. www.cdc.gov

107 주간 사망자 수

AVERT. HIV Around the World. www.avert.org; CDC. HIV in the United States at a Glance. www.cdc.gov; UNAIDS. AIDsInfo. www.aidsinfo.unaids.org/; UNAIDS. Global AIDS Update 2016.

108 HIV 치료

AVERT. HIV Around the World. www.avert.org; UNAIDS. AIDsInfo. www.aidsinfo.unaids.org/; UNAIDS. Global AIDS Update 2016.

109 신규 HIV 감염자와 젊은 여성

AVERT. HIV Around the World. www.avert.org; UNWomen. Facts and Figures: HIV and AIDS. www.unwomen.org/en; UNAIDS. AIDsInfo. www.aidsinfo.unaids.org/; UNAIDS. Global AIDS Update 2016.

110 결핵

CDC. USA. Tuberculosis: Data and Statistics. 2016. www.cdc.gov; TB Facts.Org. www.tbfacts.org/tb-statistics/; WHO. Gender and Tuberculosis. January 2002. apps.who.int/iris/bitstream/10665/68891/1/a85584.pdf; WHO. Global Tuberculosis Report 2017; WHO. Tuberculosis Factsheets. October 2017. www.who.int

111~112 말라리아, 연간 말라리아 사망률

Murray CJL et al. Global malaria mortality between 1980 and 2010: A systematic analysis. The Lancet. Volume 379, 9814: 413-431; Roll Back Malaria. Gender and Malaria. September 2015. Factsheet on Gender and the SDGs. www.rollbackmalaria.org; UNDP. December 2015. Discussion Paper: Gender and Malaria. www.undp.org; Wang H. et al. Global, regional, and national under-5 mortality, adult mortality, age-specific mortality, and life expectancy, 1970-2016: A systematic analysis for the Global Burden of Disease Study 2016. The Lancet, Volume 390, 10100: 1084-1150; WHO. Gender, Health and Malaria. Gender and Health Information sheet. June 2007; WHO. World Malaria Report 2015; WHO. World Malaria Report 2017; WHO. World Malaria Report 2016.

113 기본 위생 시설

UNICEF and WHO. Progress on drinking water, sanitation and hygiene: 2017 update and SDG baselines.

114~115 식수, 오염된 물

Environmental Working Group's Tap Water Database. www.ewg.org/tapwater/#.Wu7rVZoh3IU; Pr ss-Ust n A. et al. Burden of disease from inadequate water, sanitation and hygiene in low- and middle-income settings: A retrospective analysis of data from 145 countries. Tropical Medicine and International Health, 2014, 19(8): 894-905; UNEP 2016; Stehle S. and Schulz R. Agricultural insecticides threaten surface waters at the global scale. Proceedings of the National Academy of Sciences, 2015, 112(18): 5750-5755; UN Environment. Global Gender and Environment Outlook. web.unep.org/ggeo; UNICEF and WHO. Progress on drinking water, sanitation and hygiene: 2017 update and SDG baselines.

116~117 화장실 문제, 화장실을 이용할 권리!

Ingraham C. 1.6 million Americans don't have indoor plumbing. April 23, 2014. www.washingtonpost.com; Mundy K. et al. No girl left behind - education in Africa. 2015. www.globalpartnership.org; OECD. Housing Quality Database. HC2.3.A1. Share of households without exclusive flushing toilet, by poverty status and year. Roma E. and Pugh I. Toilets for Health. London School of Hygiene and Tropical Medicine in collaboration with Domestos. London. 2012; UN Environment. Global Gender and Environment Outlook. www.web.unep.org/ggeo; UNICEF and WHO. Progress on drinking water, sanitation and hygiene: 2017 update and SDG baselines; United States Census. American Community Survey. 2015; WHO. Sanitation Fact Sheet. July 2017.

118 오염된 지구

Grandjean P. and Martine B. Calculation of the disease burden associated with environmental chemical exposures: application of toxicological information in health economic estimation. Environmental Health 16.1. 2017; Landrigan PJ. et al. The Lancet Commission on pollution and health. The Lancet. 2017; Rachel Carson quote: Carson R. Silent Spring. NY: Fawcett Crest 5th edition, 1967, original 1962. p. 244; Sylvia Earle quote: Earle S. Natural History Museum Annual Lecture. Channel 4 News. UK Dec 3, 2017. www.channel4.com/news/; USA NIEHS/EPA. Children's Environmental Health and Disease Prevention Research Centers. Impact Report. 2017.

119 치명적인 화학 물질, 실내 독성 화학 물질

Gore, AC et al. EDC-2: The Endocrine Society's second scientific statement on endocrine-disrupting chemicals. Endocrine Reviews 36, no. 6 (2015): E1-E150; Knower KC et al. Endocrine disruption of the epigenome: a breast cancer link. Endocrine-related cancer 21, no. 2 (2014): T33-T55; Mitro SD. et al. Consumer product chemicals in indoor dust: a quantitative meta-analysis of US studies. Environmental Science and Technology. Oct 4, 2016. US EPA. Indoor Air Quality. Pesticides' Impact on Indoor Air Quality. www.epa.gov

120 공기 오염

Pr ss-Ust n A. et al. Preventing Disease through Healthy Environments: A Global Assessment of the Burden of Disease from Environmental Risks. WHO. Geneva. 2012; Smith KR. et al. Millions dead: how do we know and what does it mean? Methods used in the comparative risk assessment of household air pollution. Annual Review of Public Health 35 (2014): 185-206; WHO. Burden of disease from household air pollution for 2012. Summary of results; WHO. Guidelines for Indoor Air Quality: Household Fuel Combustion. 2014; WHO. Ambient Air Pollution: A global assessment of exposure and burden of disease. 2012; WHO. Global Health Observatory Data: Household Air Pollution. www.who.int/gho/phe/indoor_air_pollution/en/

121 수은 오염

Fontaine J. et al. Re-Evaluation of Blood Mercury, Lead and Cadmium Concentrations in the Inuit Population of Nunavik (Qu bec): A Cross-Sectional Study. Environmental Health 7 (2008): 25. PMC. Web. Dec. 6 2017; Mortensen ME. et al. Total and methyl mercury in whole blood measured for the first time in the US population: NHANES 2011-2012. Environmental Research 134 (2014): 257-264; UN Environment, BRI, IPEN. Mercury Monitoring in Women of Child-Bearing Age in the Asia and the Pacific Region. April 2017.

노동

123 직업군의 성차별

American Dental Association. Women in Dentistry. www.ada.org; Catalyst. Women in Male-Dominated Industries and Occupations. May 30, 2017. www.catalyst.org; Chalabi M. Dear Mona, How many flight attendants are men? Oct 3, 2014. fivethirtyeight.com; Gender Gap Grader. How many women in "the Airman Database"?

www.gendergapgrader.com/studies/airline-pilots/; Joshi S. Meet India's courageous women cab drivers. Dec 14, 2015. www.mashable.com; Kelly G. Veterinary medicine is a woman's world. May 07, 2017. www.vmdtoday.com; Medical Council of New Zealand. Workforce statistics: The New Zealand Medical Workforce. www.mcnz.org.nz; UN. The World's Women 2015: Trends and Statistics; UNESCO. Percentage of female teachers by level of education. www.data.uis.unesco.org; Women in Informal Employment: Globalizing and Organizing. Women in India's Construction Industry. www.wiego.org; World Bank. World Development Report. Chapter 5. Gender Equality and Development. 2012; WHO. Global Health Observatory Data. apps.who.int/gho/data/view.main.92400

124~125 직장에서 여성의 지위

ILO. Labour Force Participation by Age and Sex. www.ilo.org/ilostat; OECD. Labour force participation rate (indicator). 2017. www.stats.oecd.org

124 '내돈내산'

USAID. The DHS Program. Demographic and Health surveys. www.dhsprogram.com/data/available-datasets.cfm

126~127 소득 격차

AAUW. The Simple Truth about the Gender Pay Gap. 2017; BBC's 9% gender pay gap revealed. October 4, 2017. www.bbc.com/news/entertainment-arts-41497265; Business and Human Rights Resource Center. Walmart Lawsuit. www.business-humanrights.org/en/walmart-lawsuit-re-gender-discrimination-in-usa; Drogan R. Statistical Analysis of Gender Patterns in Wal-Mart Workforce. 2003. www.walmartclass.com/staticdata/reports/r2.pdf; Eurostat. Labour Market Tables, Earnings. www.ec.europa.eu/eurostat/web/labour-market/earnings/main-tables; ILO. Global Wage Report 2016/17: Wage inequality in the workplace; Kottasova I. Iceland makes it illegal to pay women less than men. CNN Money. January 3, 2018. http://money.cnn.com

128~129 여성의 노동

ILO. Informal employment. www.ilo.org/ilostat/

128~129 지구촌 조립 라인, 수출 자유 지역

Beneria L. "Globalization and Gender: Employment Effects", workshop. Cairo. 2005; Boyenge J. ILO database on export processing zones (revised). ILO. 2007; Enloe C. Bananas, Beaches and Bases. Berkeley: University of California Press. 2014; Hoskins T. Reliving the Rana Plaza factory collapse: A history of cities in 50 buildings, day 22. www.theguardian.com; Sukthankar A. and Gopalakrishnan R. Freedom of association for women workers in EPZs: a manual. ILO. 2012.

130 정상은 외롭다

For EU countries, Iceland, Norway, and Turkey, data refers to the proportion of seats held by women on boards for the largest 50 members of the primary blue-chip index in the country concerned (including only those companies that are registered in the given country). "Board members" refers to all members of the highest decision-making body in the given company, such as the board of directors for a company in a unitary system, or the supervisory board in the case of a company in a two-tier system. For countries with data based on MSCI (2015), data refer to the proportion of seats held by women on boards for companies covered by the MSCI's "global director reference universe", a sample of 4,218 global companies covering all companies of the MSCI ACWI, World, EAFE, and Emerging Markets indexes, plus an additional 1,700 large and mid-cap developed market companies, 900 of which are either incorporated or primarily traded in the United States.

The Netherlands, France, Germany, Belgium, and Italy have enacted board quota laws since 2011. In India, a gender quota law requires that every board have at least one female director.

Guynn J. Women can't crack the glass ceiling when it comes to tech boards. Aug 25, 2017. www.usatoday.com; Harvard Law School Forum. Gender Parity on Boards around the World. Jan 5, 2017. www.corpgov.law.harvard.edu/2017/01/05/gender-parity-on-boards-around-the-world/; Jones S. White Men Account for 72% of Corporate Leaderships of the Fortune 500 Companies. June 9, 2017. www.fortune.com; OECD. Female share of seats on boards of the largest publicly listed companies. www.stats.oecd.org/index.aspx?queryid=54753; Tam P. Dec 30, 2016. Join Our Board: Companies Hotly Pursue New Wave of Women in Tech. www.nytimes.com; The Economist. The glass ceiling index 2017. www.infographics.economist.com/2017/glass-ceiling/

131 출산과 배우자 출산 휴가

ILO. Maternity and paternity at work: law and practice across the world. 2014.

132 실업

ILO. Key Indicators of the Labour Market. ILO Stats. 2017.

132 Race and gender: intersectionality at work

Department of Women, South Africa. The Status of Women in the South African Economy. 2015; US Department of Labor, Bureau of Labor Statistics. www.bls.gov/web/empsit/cpsee_e16.htm

133 시간제 근무

ILO. Key Indicators of the Labour Market, Time-Related Unemployment; ILO. INWORK Policy Brief 7, The Diversity of "Marginal" Part-Time Employment.

134 가사 노동과 육아

UN Statistics Division. Unpaid work. Minimum Set of Gender Indicators. www.genderstats.un.org/#/indicators; Fletcher R. Women spend 50% more time in unpaid housework. June 01, 2017. www.cbc.ca; OECD Stats. Employment: Time spent in paid and unpaid work by sex. www.stats.oecd.org; Bureau of Labor Statistics. American Time Use Survey. Charts by topic: Household activities. www.bls.gov

135 누가 빨래를 하는가?

Singh A. 36 household chores men don't bother to do. Oct 6, 2014. www.telegraph.co.uk

136 가정 내 의사 결정자

USAID. The DHS Program. Demographic and Health Surveys, Country Reports. www.dhsprogram.com

137 아동 노동

ILO. Global estimates of child labour: Results and trends, 2012-2016. 2017; UNICEF. Child Labor Database. www.data.unicef.org/topic/child-protection/

child-labour/

138 물 긷기, 물을 길어오는 사람은?

Office of the UN High Commissioner for Human Rights. The Right to Water. Human Rights Fact Sheet #35. 2010; UN Women. SDG 6: Ensure availability and sustainable management of water and sanitation for all. 2016; UN Women. Progress of the World's Women, 2015-16: Transforming Economies, Realizing Rights; UNEP. Global Gender and Environment Outlook. 2016; UN Department of Economic and Social Affairs, Statistics Division. The World's Women 2015: Trends and Statistics.

139~141 농업에 종사하는 여성, 농업 연구 기관 종사자 중 여성 비율, 농업 연구자의 도움을 받은 농부 비율

Action Aid. Policy Brief 2015: Delivering Women Farmers' Rights; Archambault CS. and Zoomers A. eds. Global Trends in Land Tenure Reform: Gender Impacts. London: Routledge, 2015; Beintema N. An assessment of the gender gap in African agricultural research capacities Journal of Gender, Agriculture and Food Security Vol 2, Issue 1. 2017; Doss C. et al. Women in agriculture: Four myths. Global Food Security. Nov 6, 2017; Global Forum for Rural Advisory Services. Fact Sheet on Extension Services. June 2012; World Bank. Employment in Agriculture, Female (% of female employment). www.data.worldbank.org

142 농장 일에 대한 일차적 책임, 젠더화된 살충제 노출 경로

Catholic Relief Services. Women's work in Coffee. www.coffeelands.crs.org; FAO/ EU/ Pesticide Action Network. Protecting farmers and vulnerable groups from pesticide poisoning. May 2014-2015; Lusiba GS. et al. Intra-household gender division of labour and decision-making on rice postharvest handling practices: A case of Eastern Uganda. Cogent Social Sciences 3.1. 2017; UNEP. Global Gender and Environment Outlook. 2016.

143 어업, 생선 가공, 수산물 양식

Asian Fisheries Society. Gender in Aquaculture and Fisheries: Engendering Security in Aquaculture and Fisheries. Vol 30S. 2017; Brugere C. and Williams M. Women in aquaculture profile. 2017. www.genderaquafish.org/portfolio/women-in-aquaculture/; FAO National Aquaculture Sector Overview (NASO) Fact Sheets; FAO. The State of World Fisheries and Aquaculture 2016. Contributing to food security and nutrition for all; UNEP. Global Gender and Environment Outlook. 2016; World Bank. Hidden harvest: The global contribution of capture fisheries. 2012; World Bank/FAO. Gender in agriculture sourcebook. 2018.

144~145 구직을 위한 이주, 가사 도우미

Altorjai S. and Batalova J. Immigrant Health-Care Workers in the United States. Migration Information Source. June 28, 2017; Cort s P. and Pan J. Foreign Nurse Importation to the United States and the Supply of Native Registered Nurses. Federal Reserve Bank of Boston Working Papers. July 31, 2014; ILO. Global estimates of migrant workers and migrant domestic workers: results and methodology. 2015; ILO. Domestic workers across the world: global and regional statistics and the extent of legal protection. 2013; International Migration Organization. www.gmdac.iom.int/gmdac-migfacts-international-migration; House of Commons Briefing Paper. # 7783. NHS Staff from Overseas. Oct 16, 2017; Li, H. The benefits and caveats of international nurse migration, International Journal of Nursing Sciences Volume 1, Issue 3, September 2014: 314-317; McCabe K. Foreign-Born Health Care Workers in the United States. June 27, 2012. www.migrationpolicy.org; Philippine Government. Overseas workers. www.poea.gov.ph/ofwstat/compendium/2015.pdf; www.poea.gov.ph/ofwstat/deppercountry/2010.pdf; WHO. Migration of health workers: the WHO code of practice and the global economic crisis. 2014.

교육과 연결성

147 평균 학교 교육 기간

UN. The World's Women 2015: Trends and Statistics; UNWomen. Progress of the World's Women 2015-2016: Transforming Economies, Realizing Rights.

148~149 성적 미달, 초등학교 졸업률의 성 격차, 소득과 학력

UNICEF. Primary Education. www.data.unicef.org/topic/education/primary-education/; World Bank. World Development Indicators. Education Completion and Outcomes. wdi.worldbank.org/table/2.10#

150~151 중등 교육을 넘어서

UNESCO. Gross enrolment ratio by level of education. www.data.uis.unesco.org/?queryid=142

150 미국에서 인종, 민족, 성별에 의한 격차

National Center for Education Statistics. Digest of Education Statistics.

152~153 학위에 따른 진전, 고등 교육

D'ujanga FM. et al. Female physicists in Ugandan universities. AIP conference proceedings, 1697. 2016; Reid DM. Cairo University and the Making of Modern Egypt. Cambridge: CUP, 1990; The University of Tokyo. History of Todai Women. www.kyodo-sankaku.u-tokyo.ac.jp; Women's access to higher education: an overview (1860-1948). July 21, 2012. www.herstoria.com

154 지금 이 문장을 못 읽는 5억 2천만 명의 여성

World Bank. DataBank. Literacy rate, adult female. www.data.worldbank.org/indicator/SE.ADT.LITR.FE.ZS?end=2015&start=2015

155~156 반가운 소식, 위대한 도약

UN. The World's Women 2015: Trends and Statistics; World Bank. DataBank. Literacy rate, adult female. www.data.worldbank.org/indicator/SE.ADT.LITR.FE.ZS?end=2015&start=2015

157 실질적 문맹

ETS Research. Understanding the Basic Reading Skills of US Adults: Reading Components in the PIAAC Literacy Survey. www.ets.org; OECD. Time for the U.S. to Reskill?: What the Survey of Adult Skills Says. 2013; Rampey, BD. et al. Highlights from the US PIAAC Survey of Incarcerated Adults: Their Skills, Work Experience, Education, and Training. Program for the International Assessment of Adult Competencies, 2014 (NCES 2016-040). 2016; US Department of Education, National Center for Education Statistics, Program for the International Assessment of

Adult Competencies (PIAAC), 2012 and 2014.

158~159 컴퓨터 업계의 여성 선구자들, 소녀들만의 세계

Blitz M. The true story of "Hidden Figures". Popular Mechanics. Feb 3, 2017; Engel K. Admiral "Amazing Grace" Hopper, pioneering computer programmer. Oct 21, 2013. www.amazingwomeninhistory.com; Fessenden M. What happened to all the women in computer science? Oct 22, 2014. www.smithsonianmag.com; Galvin G. Study: Middle school is key to girls' coding interest. Oct 20, 2016. www.usnews.com; Garber M. Computing power used to be measured in kilo-girls. The Atlantic. Oct 16, 2013; Henn, S. When women stopped coding. Oct 21, 2014. www.npr.org; National Center for Education Statistics. www.nces.ed.gov/; NPR. "Most Beautiful Woman" by Day, Inventor by Night. Nov 22, 2011. www.npr.org; The ENIAC programmers project. www.eniacprogrammers.org/; Varma R. and Kapur D. Decoding Femininity in Computer Science in India. Communications of the ACM, Vol. 58 No. 5: 56-62. www.cacm.acm.org; Wenner M. Hedy Lamarr, Not Just a Petty Face. Scientific American. June 3, 2008.

160 컴퓨터를 보유한 가정 비율, 데스크톱 또는 노트북을 보유한 미국 가정 비율

Anderson M. and Perrin A. Disabled Americans are less likely to use technology. www.pewresearch.org; Camille R. and Lewis JM. Computer and Internet Use in the United States: 2015; Internet use by gender. Jan 11, 2017. www.pewresearch.org; ITU. Key ICT indicators. www.itu.int; Perrin A. Digital gap between rural and non-rural America persists. www.pewresearch.org; US Census Bureau. Computer and Internet Use in the United States: 2015. Report number: ACS-37. 2107.

161 인터넷 사용자의 성별 차이를 나타낸 국가별 통계

ITU. Gender Internet stats 2017. www.itu.int

162 정보 격차

ITU. ICT Facts and Figures 2016; ITU. ICT Facts and Figures 2017; ITU. Measuring the Information Society. 2016; World Bank. Individuals using the internet, percentage of population. www.data.worldbank.org/indicator/IT.NET.USER.ZS

163 뉴스 살펴보기, 건강 정보 살펴보기

ITU. Measuring the Information Society. 2016; Pew Research. Internet seen as positive influence on education, negative on morality in emerging and developing nations. 2015.

165 #온라인 괴롭힘

Duggan M. Online Harassment 2017. July 11, 2017. www.pewinternet.org; Facebook Newsroom. Facebook Diversity Update: Positive Hiring Trends Show Progress. July 14, 2016. newsroom.fb.com; Ghosh, S. Google is making slow progress on hiring people who aren't white men. June 30, 2017. www.businessinsider.com/; Siminoff J. Building a more inclusive Twitter. Jan 19, 2017. blog.twitter.com; Wagner K. Twitter says it "met many" of its goals around diversity last year, so it's setting new goals for 2017. Jan 19, 2017. www.recode.net

166~168 '연결된 세계'라는 신화, 일부 여성에게 더 벌어진 성 격차

Bellman E. and Malhotra A. Why the vast majority of women in India will never own a smartphone. Oct 13, 2016. www.wsj.com; Connected Women. Bridging the Gender Gap: Mobile access and usage in low- and middle-income countries. 2015. www.gsma.com; UNCTAD. Measuring ICT and gender: An assessment. 2014; World Economic Forum. Global Gender Gap Report. 2016.

부와 빈곤

170~171 여성의 토지 보유, 사용, 관리권, 아프리카 '가족 소유' 토지 소유권 현황, 농촌의 여성 지주 비율

Note: The "agricultural holder" has technical and economic responsibility for the agricultural unit of production.

Doss C. et al. IFPRI Discussion Paper 01308. Gender Inequalities in Ownership and Control of Land in Africa: Myths versus Reality. Dec 2013; FAO. Gender and Land Rights Database. www.fao.org; Landesa. Rural Development Institute. www.landesa.org; Massay G. Africa's women are still waiting for equal inheritance rights. June 21, 2017. www.womendeliver.org; OECD. Social Instructions and Gender index 2014 Synthesis Report; UN. The World's Women 2015: Trends and Statistics; UNEP. Global Gender and Environment Outlook. 2016; Women's land: Closing the gender gap in Sub-Saharan Africa. www.womendeliver.org

171 미국 주택 소유 현황

Rickert L. US Census Bureau: Native American Statistics. Nov 24, 2016. www.nativenewsonline.net; US Census. Table 15. Annual estimates of the housing inventory by age and family status and Table 16: Homeownership rates by race and ethnicity. www.census.gov

172 상속

Iqbal, S. Women, Business and the Law 2016: Getting to Equal. World Bank Group. 2015; Dray K. "This is some Jane Austen-level BS": why it's time to stamp out Britain's sexist inheritance rules. Stylist. 2016; Lyall S. Son and heir? June 22, 2013. www.nytimes.com; Women could inherit if they change gender, says Earl. Nov 30, 2017. www.bbc.com; World Economic Forum. The Global Gender Gap Report 2017.

173 비상금이 없는 여성

Demirguc-Kunt A. et al. The Global Findex Database 2014: Measuring Financial Inclusion around the World. Policy Research Working Paper 7255. World Bank. Washington DC. 2015; World Bank. Global Findex Database 2014: Measuring Financial Inclusion Around the World.

174 빈곤층의 생활

UNDP. Human Development Reports. Multidimensional Poverty. www.hdr.undp.org

175 극심한 빈곤

UNDP Human Development Reports. Population living below income poverty line. www.hdr.undp.org

176 유럽의 빈곤 위기

Eurostat. At-risk of poverty rate by sex. www.ec.europa.eu

177 라틴 아메리카의 빈곤

Economic Commission for Latin America and the Caribbean (ECLAC). Social Panorama of Latin America, 2015.

Santiago, 2016.

178~179 미국의 빈곤 현실, 미국의 부

Economic Policy Institute. Racial gaps in wages, wealth, and more: a quick recap. Jan 26 2017. www.epi.org; Economic Policy Institute. 2016 ACS shows stubbornly high Native American poverty and different degrees of economic well-being for Asian ethnic groups. Sept 15, 2017. www.epi.org; Heller School for Social Policy and Management. We need to talk about the Gender Wealth Gap. Sept 27, 2016. www.huffingtonpost.com; Semega J. et al. US Census Bureau, Current Population Reports, P60-259, Income and Poverty in the United States: 2016, US Government Printing Office, Washington, DC, 2017; US Census Bureau. Facts for Features: American Indian and Alaska Native Heritage Month: November 2015; US Census Bureau. Wealth, Asset Ownership, and Debt of Households Detailed Tables: 2013.

180~181 부유한 세계, 빈곤한 세계

Ratio of CEO pay to the average person's income, technical note: CEO pay is in companies that are members of each country's primary equity index.

Allen K. UK bosses will earn more in two and a half days than workers earn all year. Jan 4, 2017. www.theguardian.com; Bloomberg News. Bloomberg Pay Index. Best Paid Executives 2016. www.bloomberg.com/graphics/2017-highest-paid-ceos/; Bloomberg News. The best and worst countries to be a rich CEO. November 2016; Credit Suisse. Global Wealth Report 2017; High Pay Centre. 10% pay rise? That'll do nicely. www.highpaycentre.org; OXFAM. 5 Shocking Facts About Extreme Global Inequality; OXFAM. Reward work, not wealth: To end the inequality crisis, we must build an economy for ordinary working people, not the rich and powerful. Briefing Paper January 22, 2018; Mayah E. et al. Inequality in Nigeria: Exploring the drivers. OXFAM. 2017; World Economic Forum. The Global Risks Report 2017; World Economic Forum. The Inclusive Development Index 2018.

182 은행 계좌

Demirguc-Kunt A. et al. The Global Findex Database 2014: Measuring Financial Inclusion around the World. Policy Research Working Paper 7255, World Bank, Washington, DC. 2015; Tavneet S. and Jack W. The long-run poverty and gender impacts of mobile money. Science 354.6317 (2016): 1288-1292; UN. The World's Women 2015: Trends and Statistics; World Bank. Global Findex Database 2014: Financial Inclusion.

권력

184~187 여성 투표권

Daley C. and Nolan M. Suffrage and Beyond: International Feminist Perspectives. NY: NYU. 1994; Inter-Parliamentary Union. www.ipu.org; UNDP. Arab Human Development Report, 2005.

188~189 군대

Enloe C. Globalization and Militarism: Feminists Make the Link. Rowman & Littlefield. 2016; NATO. Summary of the National Reports of NATO Member and Partner Nations to the NATO Committee on Gender Perspectives. 2016; Mohan M. Rape and no periods in North Korea's army. Nov 21, 2017. www.bbc.co.uk; South African Army. Republic of South Africa; Celebrating Women's Month: Rise of Women in the SA Army. Aug 17, 2017; Stockholm International Peace Research Institute (SIPRI). Military versus social expenditure: the opportunity cost of world military spending. April 5, 2016; Telsur News. Feb 27, 2018. Saudi Arabia government to allow women to join army. www.telesurtv.net; UN Women. www.unwomen.org/en/what-we-do/peace-and-security/facts-and-figures; US DoD. Annual Report on Sexual Assault in the Military; Fiscal Year 2016; Women in the military in Africa. Jan 27, 2017. www.joburgpost.co.za

190~191 중앙 정부에 진출한 여성

Inter-Parliamentary Union. Women in National Parliaments Database. www.ipu.org/wmn-e/classif.htm

192 장관직에 오른 여성들

World Bank. Gender Statistics. www.databank.worldbank.org/data/reports.aspx?Code=SG.GEN.MNST.ZS&id=2ddc971b&report_name=Gender_Indicators_Report&populartype=series#

193 유럽 의회

European Parliamentary Research Service. Women in Parliaments. www.europarl.europa.eu/RegData/etudes/ATAG/2017/599314/EPRS_ATA(2017)599314_EN.pdf

194 중앙 정부의 젠더 할당제

United Nations, 2015. The World's Women 2015: Trends and Statistics; International Institute for Democracy and Electoral Assistance. Gender Quota Database. www.idea.int/data-tools/data/gender-quotas/database

195 국제연합의 여성들

Bryant N. At the UN women play increasingly powerful roles. 17 Nov 2014. www.bbc.com; Data on the status of women in the UN. www.unwomen.org/en/how-we-work/un-system-coordination/women-in-the-united-nations/current-status-of-women

196~197 페미니즘

The pink pussyhat™ was originally designed as a symbol of defiance against US presidential candidate Trump's boasts about sexually abusing women; it became the symbol of the 2017 Women's March and endures as a signifier of broader resistance against patriarchal privilege.

Pressman J. and Chenoweth E. Women's Marches. Crowd Estimates. docs.google.com/spreadsheets/d/1xa0iLqYKz8x9Yc_rfhtmSOJQ2EGgeUVjvV4A8LslaxY/htmlview?sle=true#gid=0; Women's March. www.womensmarch.com/sisters

사진 저작권

49쪽: Marry-your-rapist laws: advertisement for ABAAD, www.abaadmena.org.

94쪽: A campaign against female genital mutilation - road sign near Kapchorwa, Uganda. Photographer: Amnon Shavit, Wikimedia Commons.

117쪽: Right to pee: photograph courtesy of DNA Syndication.

135쪽: "Mercy, it's the revolution" cartoon: reprinted with permission of the author, Nicole Hollander.

색인

지금 여성

지은이 조니 시거 **옮긴이** 김이재 **발행인** 이상용 **발행처** 청아출판사 **출판등록** 1979. 11. 13. 제9-84호 **주소** 경기도 파주시 회동길 363-15
대표전화 031-955-6031 **팩스** 031-955-6036 **전자우편** chungabook@naver.com **발행일** 초판 1쇄 인쇄 · 2022. 4. 15. 초판 1쇄 발행 · 2022. 5. 1.

—

ISBN 978-89-368-1203-4 03300

—

값은 뒤표지에 있습니다. 잘못된 책은 구입한 서점에서 바꾸어 드립니다. 본 도서에 대한 문의사항은 이메일을 통해 주십시오.

전 세계 많은 여성은 단지 여성이라는 이유만으로
고문, 굶주림, 테러, 굴욕, 신체 절단 등 일상적인 고통을 경험하며
심지어 살해당하기도 한다.